重庆英才 · 名家名师（哲学社会科学领域）专项支持

重庆市高等教育教学改革研究项目"新时代高校网络舆情'科研 – 课程 – 咨政 – 实践'四维育人体系构建研究"（项目编号：233283）阶段性成果

Jiyu Jushen Renzhi de Gaoxiao

WANGLUO
KECHENG

Sheji Yanjiu

基于具身认知的高校
网络课程设计研究

杨维东　◎著

中国财经出版传媒集团
经济科学出版社
Economic Science Press
·北京·

作者简介

　　杨维东（1973.10 – ），男，博士，教授，硕士生导师，重庆工商大学舆情研究中心执行主任，重庆市高校网络舆情与思想动态研究咨政中心执行主任。享受国务院政府特殊津贴专家，教育部"高校网络教育名师培育支持计划"人选，首届重庆英才－名家名师（哲学社会科学领域），重庆工商大学高层次人才特聘教授。重庆市"网络舆情治理"研究生导师团队负责人，重庆工商大学重点科研机构"网络思想政治教育"团队负责人。重庆市委网信办网络舆情风险评估专家咨询委员会副主任，重庆市科学社会主义学会副会长，重庆市普通本科高等学校马克思主义理论类专业教学指导委员会委员，重庆市高校思想政治理论课教学指导委员会总教指委委员，"四史"学习教育分教学指导委员会主任委员。

　　主要研究方向为网络思想政治教育、网络舆情。先后主持国家社科基金项目"基于大数据视角的政府社会舆情治理策略研究"等国家级、省部级课题21项；在《人民日报（理论版）》《光明日报（理论版）》《教育研究》《国际新闻界》等重要期刊发表学术论文30篇，部分论文被《新华文摘》《人大复印资料》等摘编或转载；出版专著5部；研究成果获省部级及以上领导批示20余份；获第七届重庆市政府发展研究奖一等奖、2021年重庆市教学成果一等奖、重庆市第八次社会科学优秀成果二等奖、2017年重庆市科技进步奖二等奖等省部级奖项。

　　先后被中宣部、中共重庆市委宣传部表彰为优秀个人，被中共重庆市委教育工委表彰为重庆市教育系统优秀党务工作者、重庆市教育系统优秀共产党员、重庆市高校优秀思想政治教育工作者、重庆市教育系统法制宣传教育先进个人等，2021年入选《渝教先锋　榜样力量——重庆教育100个榜样访谈录》。

前　　言

　　大数据、人工智能、5G等现代信息技术的更新迭代，不仅颠覆人类的认知与行为，也给教育领域带来深远的影响，促使网络教育进一步发展。与此同时，教育领域也经历着深刻的变化，以往传统教育理论的弊端日渐暴露，无论是传统教育还是网络教育都亟待改变。2019年末，一场突如其来的新冠疫情，使网络教育大范围普及与发展，其所存在的弊端与不足也暴露在公众的视野中。本书结合网络课程的发展，针对当前网络课程所面临的问题，通过引入具身认知理念，对具体的网络课程进行设计，以期能够从理论和实践层面有所突破。

　　当前，高校网络课程很大程度上延续了传统课堂的设计与开展模式，但实际上，高校网络课程理应有自身的独特之处，如果网络课程设计不能结合自身特性，就无法充分发挥网络课程的优势，也会因缺乏面对面交流和情境场域熏陶而影响教学实效。因此，本书分析了高校网络课程设计的传统指导理论，认为行为主义理论、认知主义理论、建构主义理论对当前高校网络课程设计的指导性还需要加强，其原因在于这些课程设计理论上都具有较强的离身化特征。本书所讲的离身化主要是指在学习或认知过程中只注重学习者的大脑或心灵，而忽视了学习者身体的重要作用，由于传统理论对离身化所带来的后果估计不足，在当前的网络教育中这种后果更加被放大，而具身认知理论的出现能够在一定程度上弥补这一缺陷。

为更好践行"互联网＋教学""智能＋教学"等理念，本书通过对高校网络课程设计、传统课程设计理论的讨论与分析，认为当前的网络课程设计亟须一种新的指导理论以克服离身化所带来的一系列问题。具身认知作为第二代认知科学的一个新取向，在身心关系、认知模式以及心智建构上全面突破了传统认知科学，转而开始从整体性维度审视身体、认知与环境的关系。具身认知的许多特征都是由有机体的身体及身体的各个方面决定的，并进一步强调认知的情境化、时间压力性和可卸载性。这为高校网络课程设计提供了全新的视角，开始重视学习者的身体参与，转变以往的课程设计理念，从纯粹的大脑认知转向了身心融合学习，通过教学环境的设计，使学习者全身心地沉浸其中，获得更强的参与感。

鉴于此，本书首先从具身认知理论对高校网络课程设计的影响出发，运用统计分析法、大数据技术法以及综合测评法等方法对具身认知理论指导下的网络课程设计进行了定性与定量分析，总结了目前具身化网络课程的学习需求以及学习者的现状。通过对具身化网络课程的调研发现，高校网络课程教学现状的重要特征表现为：直播为主的教学形式、照搬现场授课的教学模式、侧重内容的课程设计，以及整合互动的教学方法。存在的主要问题有：课程设计缺乏系统的理论指导、无法突破课程平台的客观限制以及参与者自身素质的不足等。通过对具身化网络课程的分析发现，多数教师认同具身认知理论，并在教学中有意识或者无意识地践行具身认知教育理念，但存在理解碎片化和理解不够深刻的问题。通过对学习者的分析发现，在缺乏情境和互动的情况下，多数学习者不能进入积极主动的学习状态，而是采取消极应对的态度，他们认为教师适当的语言描绘情境或表演模仿动作可以帮助他们更好地理解知识点。总体而言，具身认知理论在教师与学习者群体中都有一定的接受度，但是对如何在教学实践中进行具体应用尚不明晰，因而如何在网络课程设计加强具身认知理论的指导，如何在课程开展中加强学习环境的创建和互动活动等具身化设计是高校网络课程急需破解的问题。

其次，基于具身认知理论和实证调研分析，本书提出了高校网络课程教学设计的基本原理，在此基础上进一步构建了具身认知理论指导下的高校网络课程教学设计框架。在学习目标与学习任务的设计上，坚持情境导向和深度原则，激发并培养学生的好奇心，做到有目的、有依据、有情境；在学习内容的设计上，坚持目标导向和适应原则，综合考虑多媒体呈现方式，减轻学习者的认知负荷；在学习活动的设计上，坚持建构主义与参与原则，让学习充满挑战性、机遇性、协作性和参与性，提升学习活动体验、被关注度和获得感；在学习环境的设计上，坚持有机融入与整合原则，通过感官整合、内容匹配、隐性渗透和可视化操作，提升学习的沉浸感与在场感；在学习评价设计上，遵循过程动态性、系统全面性、代表性、可行性原则，采用模糊综合评价、云模型评价、神经网络评价等方法，促进学习者与网络课程本身的共同发展。

再次，本书对国内目前主流的网络课程平台进行了分析，并在此基础上以"数据科学导论"网络课程体系为例，进行了具身化的网络课程设计，在充分考虑师生角色、课程内容、教学媒体、教学环境等课程因素之后，将课程划分为数据挖掘、数据科学可视化、社交网络、神经网络图像识别四个专题，每个专题分别从课程目标、课程内容、课程活动、课程评价入手进行了体系化设计，兼顾理论与实战，根据专题内容的不同进行了量身化设计原则分析，结合课程与专题内容，充分利用网络环境与网络技术，并借助软硬件设备的支撑改善教学环境，为学习者创造具身体验的机会，最终构建了关于"身心学习—身心经验—教学环境"三位一体的"数据科学导论"课程体系的具身认知设计和学习实施两个模型。

最后，本书又针对"数据科学导论"这门课程，对具身认知视域下高校网络课程设计的实效评价进行了分析。本书认为，对于一门网络课程的实效性评估应该从两方面入手：一方面，通过对教学输入指标、教学过程指标、教学输出指标的开发来构建网络课程效果评估的体系；另一方面，在网络课程效果评估体系的基础上，通过各种方法获得主观满意度文本、客观满意度文本以及对课程基本信息、教学输入、教学过程、教学输出等描述，再通过对这些文本以及描述的分析来获得模糊综合评价效果，最终对网络课程的效果进行评估。

总而言之，具身认知立足于大脑—身体—环境的统一，强调学习过程中身体的重要性。本书将其运用到高校网络课程设计的过程中，并以"数据科学导论"为例进行基于具身认知理论的课程体系设计应用与评价研究。目前，国内学术界对具身认知在网络课程领域产生的影响关注度较弱，尤其是如何将具身认知理论与网络课程设计相结合的探索更是较为匮乏，因此本书的创新点就在于将具身认知理论深度融入网络课程教学设计中。具身认知理论的复杂性以及高校网络课程的多样性，虽然增加了研究的难度，但也使得本书更加具有现实意义。

作　者

2023 年 9 月

目　　录

第1章
绪　　论

1.1　研究背景

中华人民共和国成立以来，我国的教育事业一直深受苏联教育家凯洛夫的教学理论影响①，"组织教学—复习旧课—讲授新课—巩固新知—布置作业"成为传统课堂中稳定的五个环节，时至今日，依然是我国教学活动的基本形式。传统课堂中，师生地位不平等，教师是教学活动的主体，学生处于被动地位。在教与学的过程中，教师依据其知识体系和个人偏好向学习者灌输知识，多数情况下，教师对学生的个人兴趣和学习习惯并不特别关注。学生的学习活动主要包括听课、记录、练习、背诵，学生的个性特点在"填鸭式"的教育过程中被抹杀。在教学活动中，教师与学生处于"控制与被控制"的状态下。

2007年，教育部颁布了《教育部关于进一步深化本科教学改革全面提高教学质量的若干意见》，强调"提倡启发式教学，注重因材

---

① 黄济，王晓燕. 历史经验与教学改革——兼评凯洛夫《教育学》的教学论 [J]. 教育研究，2011，32（4）：3-9.

施教"；2014 年，教育部又出台了《教育部关于全面深化课程改革落实立德树人根本任务的意见》，期望树立"以学生为本"的教育理念。在经历了一轮又一轮的课程改革后，不少教师已经意识到"师本位"的课程设计存在问题，希望通过改革将教学过程中的重心从"教"转变为"学"。但在实践中，"穿新鞋、走老路"成为了显著问题，理念与实践两张皮，新的教学理念层出不穷，旧的课程设计依然没有变化。如何改变"教"与"学"的割裂状态，让师生互动不再是作秀而是日常实践，成为教育工作者们普遍思考的问题。

目前，我国社会正处于快速发展阶段，互联网的普及让网络教育成为未来教育趋势之一。早在 1998 年，教育部就正式批准了清华大学、北京邮电大学、浙江大学，以及湖南大学作为第一批院校进行国家现代远程教育试点，后来试点院校增至 68 所。在很长一段时间内，所谓网络教育主要指这些试点院校所开展的成人教育活动，因而这些试点院校也就成为我国高校网络教育和网络课程技术的技术和资源主力。2020 年，在新型冠状病毒感染疫情防控阶段，包括清华大学、北京大学、浙江大学、上海交通大学在内的多所高校利用网络开展了线上教学。随着 MOOC、超星、网易云课堂等在线学习平台的出现，高等教育如何适应技术变革，如何让学习者更想学习、更会学习，成为新时代教育工作者面临的一项新课题，考验着教育工作者的智慧。

学习是获得知识或技能的过程，教学是一方引导另一方获得知识或技能的过程。课程设计、实施与评估都是为了提高学习者的积极性，提升学习者的学习能力。在信息技术被广泛应用的背景下，新网络课程设计应该具备哪些特征？

从学习主体上讲，要让学习者真正成为学习活动的主体。网络课程设计要从学习者的角度出发，既要重视基本知识的传授，又要重视学习者能力的培养。教师设计的课程要从学习者已有知识经验出发，激发学习者的学习欲望，促使学习者在自主学习的过程中激发学习潜能。

从教学环境上讲，要塑造平等和谐的课堂氛围。学习者在学习过程中的心情是否愉悦，影响其对知识的接受效果。在无拘无束的环境中，学习者将有更大的勇气与更饱满的热情去接触新知识。同时教师尊重每位学习者的意见，给予每位学习者平等讨论问题的权利，对调动学习者的积极性也有很大作用。

从教学开展上讲，要形成互动式的学习过程。一方面，教师和学习者之间要形成良性互动。教师和学习者的身份不是一成不变的，在对话交流过程中，学习者可以启发教师思路，教师也可以从学习者身上学到新的知识。另一方面，学习者之间要进行平等交流，当学习的自主权被学习者掌握时，学习者之间互相帮助，共同发现问题、解决问题就变得尤为重要。

从教学内容上讲，要丰富学习者的学习内容。现代课堂应该突破传统课堂的局限，用开放的学习内容取代固定的学习内容。教师选择的课程材料应该更加贴合实际，力求给学习者呈现一个真实的世界。随着教学内容的变化，教学方式和手段也要发生改变。在课堂内，学习者可以更多地参与讨论会、辩论赛、角色扮演等活动；在课堂外，学习者要从封闭的课堂环境中走出去，在实践中感受课本内容鲜活的生命力。

从教学技术上讲，要充分运用现代教育技术。随着信息技术的不断发展，互联网对学习平台的渗入让教学场所不再局限于教室空间。以网络技术为基础的"虚拟课堂"正在颠覆传统上课流程。一方面，互联网平台为学习者提供了海量的学习资源，学习者是否有学习的积极性和自主学习能力将成为影响学习者学习效果的重要因素；另一方面，互联网让学习者可以自由选择学习空间，让"个性化"学习成为可能。

虽有研究已经认识到传统课堂教育和课程教学设计存在问题，也提出了新式课程设计的目标，但是，如何才能将"应然"变成"实然"？如何让理想照进现实？具身认知理论作为当代认知科学的一种新取向，当代认知科学新发展的具身认知理论为人们提供了一种解决思路。具身认知理论认为，认知与身体相连，当学习者将身体作为信息获取的工具时，他们将获得更好的学习效果。随着学习者年龄的增长，人们对学习者学习过程中身体体验的关注逐渐减少，在高校课堂中，学习者往往安静地坐在课桌前学习，学习者身体感觉系统和周围环境的互动很少，这种学习方式正是传统课程教学设计带来的问题。将具身认知理论带入网络课程设计中，可以在很大程度上改变当前传统课程设计出现的问题。

基于上述问题背景，本书提出如下几大研究议题：

第一，高校网络课程设计的离身化困境是什么？

第二，高校网络课程设计困境的现状如何？

第三，具身认知理论能够给高校网络课程设计带来怎样的突破？

第四，如何将具身认知理论应用到高校网络课程设计中？

第五，如何在实践中实现具身化网络课程设计？

第六，具身化网络课程设计的实效性如何进行评价？

1.2 研 究 意 义

在现阶段，培养大学生的核心素养是高校教育工作者的重要任务之一。在此背景下，具身认知视域下的高校网络课程设计不仅要完成知识传递的任务，更重要的是要改变以往的教育观，促进教育过程中身体的参与，促使学习者充分利用身体的认知功能，改变只注重心灵训练的现状，进而改变以往教育过程中的离身化倾向。具身认知对人类的认知能力提出了一种完全不同于以往的理解，对整个教育领域都产生巨大的影响。随着互联网技术的发展与普及，网络课程在教育领域中的地位也日渐凸显，成为高校培养计划中不可缺少的一部分。因而，如何将具身认知与高校网络课程设计结合起来，将会具有重大的理论与现实意义。

1.2.1　理论意义

拓展教育技术学理论研究视域。从理论上说，能认识到具身认知理论应用于高校网络课程设计的教育价值，为将具身认知理论应用于高校网络课程设计提供理论指导。在教育学领域，尽管目前已经有不少学者将目光集中到具身认知理论上，但是现有研究多数将具身认知理论放到现实课堂环境中加以应用，对网络课程设计的关注较少，相关成果稀缺。本书将具身认知理论的应用范围扩展到网络教学过程中，尝试在网络课程设计中引入具身认知理论，深入分析具身认知理论被引入教育领域的原因，探索以具身认知为基础的具身学习将给师生带来怎样的影响。这些研究将深化人们对具身学习及教育技术专业理论的认识。

1.2.2　现实意义

为网络课程设计提供更加科学的对策性建议。对教育工作者而言，课程设计是教学实践中的专业行动，长期以来人们对课程设计进行了诸多探索尝试。本书从具身认知理论出发，在明确大学生学习诉求和大学教师教学困惑的基础上，对网络课程进行了重新设计，这对解决目前我国高等教育中存在的教学问题有所帮助。对学习者而言，将具身认知理论应用于实践，能帮助大学生改变单一"从听中学"的状态，转变学习者的学习理念，让大学生从单纯学习知识变为学习获取知识的方法，提升思维能力。

1.3　文　献　综　述

1.3.1　关于网络课程设计的相关研究

联合国教科文组织在《教育——财富蕴藏其中》中提出了面向21世纪教育的四大支柱，其中第一点就是"学会认知"。[①] 网络课程的出现顺应时代发展的潮流，其设计开发必须以科学的理论为指导，本书将在明确课程、网络课程与网络课程设计概念的基础上，对网络课程设计主要的理论进行梳理。

1.3.1.1　课程、网络课程与网络课程设计的内涵

"课程"一词在我国出现较早，唐代经学家孔颖达在为《诗经》注疏时写道"教护课程，必君子监之，乃依法制也"。宋代理学家朱熹在《朱子全书·论学》中有"宽著期限，紧著课程""小立课程，大作功夫"等论述。[②] 在西方，"课程"与"curriculum"相对应，英国教育思想家斯宾塞将其解释为对教学内容的系统组织。目前，关于"课程"的定义非常多样。学者们分别从教育目标、教学内容、师生关系等视角出发对其进行界定。例如，史密斯（Smith，1957）认为课程是以训练青少年儿童思维方式和行动方式的活动，戈德（Good，1959）认为课程是学校向学习者提供教学计划和具体教材，帮助学

① 联合国教科文组织编. 教育——财富蕴藏其中［M］. 联合国教科文组织总部中文科，译. 北京：教育科学出版社，2001.

② 王淑英. 学校体育课程体系研究［D］. 石家庄：河北师范大学，2012.

习者取得知识、取得证明、进入职业领域。贝斯特（Bestor，1954）提出课程是语言、数学、科学、历史等领域的系统学习。韦斯特伯里和施泰默（Westbury & Steimer，1971）表示课程是由学习者、教师、科目与环境共同构成的方法探索。综合来看，"课程"是指在特定环境下，教师选择、组织教育内容，指导学习者学习并帮助其实现一定的教育目标。

随着电子信息技术的发展，教育的网络化已经成为现代教育的一大特征，国内外学者对网络课程（online courses）的认识也在不断深化。金斯伯格（Ginsburg，1998）认为网络课程的发展经历了三个阶段：第一阶段，教师通过网络给学习者提供学习材料；第二阶段，互联网除了可以承担教材传递的功能外，还可以通过电子邮件、电子公告栏、线上练习题等实现师生异步双向交流；第三阶段，大型开放式网络课程（MOOC）出现，师生可以通过视频、语音等实现同步交流。随着各种移动设备的普及，以及虚拟现实等技术的发展，第四代网络教育也正在发展过程中（Tesone & Ricci，2003）。纵观网络课程发展的历史，可以发现网络课程除了具备传统课程的特点外，还融合了互联网开放、共享、自主、互动的优势。我国教育技术专业的泰斗何克抗曾从工具手段、指导思想、学习环境与学习过程四个方面来总结网络课程的概念。本书梳理何克抗对网络课程的界定，将其视为"在先进教育理论指导下，基于互联网技术且学习过程具有开放共享、互动协作特点的课程"。①

设计是以创造具有实际效用的新事物为目的的探索性活动（姜大源，2009）。网络课程设计是一个可以分为前、中、后期的系统工程，前期工作主要包括教学目标和教学内容确定、学习者特点和教学

---

① 何克抗．现代教育技术和优质网络课程的设计与开发［J］．中国电化教育，2004（6）：5 – 11.

环境的分析；中期工作主要包括教学中组织管理策略和内容传授策略的确定；后期工作主要包括教学效果和教学效率的反馈（洪延姬，2004）。本书将网络课程设计界定为从教学目标与教学方案确定，到教学方案执行，再到教学效果评估的整个设计流程。

1.3.1.2　网络课程设计研究的现状

网络课程设计是网络课程研究中最有活力的部分（胡志金，2011），其内容涵盖课程理念创新、课程内容设计、教学情景创设、课程意见反馈等几大部分，并在国内形成了以"大学计算机基础"（张红艳，2013）、"C语言程序设计"（陈鹏等，2013）、"网站设计与开发"（张学军，巩璐雲，董晓辉，2016）为主题的实践研究。

就课程理念创新而言，学者们普遍认为新时期的网络课程要改变重结果轻过程的传统教学理念，要将促进学习者对知识的理解和运用视为网络课程设计的关键。胡小勇和林晓凡（2011）基于认知弹性理论，提出了促进认知迁移的网络学习框架，提出要通过创设有意义的在线环境，促使学习者将过分简化的知识实际应用于具体情境中，促使学习者通过实际运用真正掌握相关知识。钱玲和李征（2011）引入记忆原理理论，根据信息编码、存储、提取流程，总结影响学习效果的网络课程信息表征，从情绪、目标、材料性质、组块和复习五方面分析了提高学习效率的记忆原理。杨进中运用认知负荷理论，提出认知负荷一共有三种，分别是内在认知负荷、外在认知负荷和关联认知负荷，网络课程设计应在尽可能减少外在认知负荷的情况下，增加关联认知负荷，并且控制认知负荷总量，使其不超出个体承受范围。

就课程内容设计而言，在多媒体技术的助力下，网络课程可以更好地针对学习者差异提供个性化信息。张红艳（2013）在总结当前网络课程教学的现状后，提出了基于分层目标的网络课程设计方法，要求无论是课程目标，还是教学内容，都应给予学习者更大的自由，促使学习者能够根据自身水平和兴趣爱好进行自主学习。金青和杨岩（2017）针对网络课程完课率低的现状，提出在教学活动中加入"研究性学习活动"和"课堂讨论"两大模块，通过学习者之间的互动讨论，增加学习者对网络课程的黏着度。郭文革和沈旭东（2015）从如何表达知识的角度，以国际知名的哈佛视频公开课"公正：该如何做是好"为例，说明了好的网络课程内容不仅需要教师有深厚的学术素养，还要对通俗话语体系有所了解；教师在讲授网络课程时，要建立完整的内容结构，要把碎片化的知识串联成有逻辑的教学内容。

　　就教学情景创设而言，多媒体技术的发展给予了网络课程自由搭建教学环境的便利。尚俊杰等（2012）提出游戏化网络课程设计的思想，尝试利用游戏环境激发学习者学习兴趣，他们以"农场狂想曲科学探究网络课程"为例，设置了模拟地球 9 大气候特征的游戏基本环境，以人机交互的形式描绘农业、工业以及自然环境之间的相互作用关系；在游戏中学习者可以自己开发农场，尝试发展不同产业。董宏建等（2012）对网络学习环境进行了专项研究，对网络课程中的协作学习环境进行了定义，在基础学习环境中加入了支持系统和调用机制，具体设计了网络课程中协作学习环境实现的框架。陈卫东和席秋玉（2009）以《教育技术学导论》为例，在 Claroline 平台上建立了网络课程学习社区，该社区充分考虑学习者的基础水平、个性特征、文化背景、学习习惯、技能特长，不断引导学习者通过参加社区活动，使其从学习的边缘区域向核心区域靠拢。

　　就课程意见反馈而言，网络的出现给师生双向交流带来了便利，和传统课程相比，网络课程的反馈可以更加及时。贾义敏和桑新民（2014）以美国圣塔菲研究所开设的"复杂性科学"网络课程为研究个案，重点介绍了该课程的评价反馈方法，并将其归纳为以下四点：

多样化、团队化、智能化、创作化。其中多样化是指评估方式包含课堂练习、随堂测试、小组作业等多种形式；团队化是评价指标中包含对团队作业完成情况的评估；智能化是指评估系统中运用了人工智能技术；创作化是指评价体系中包含没有唯一答案的课程内容。刘永福和李静辉（2015）通过总结网络课程特性，运用层次分析法最终提出了包含四个维度的网络课程评价指标体系。

1.3.1.3　网络课程设计的基础理论

网络课程设计长期以来并没有形成自己独特的指导理论，从其诞生之时就一直沿用传统的课程设计或者教学理论，其中又以以下几种最具代表性。

（1）行为主义学习理论。

20 世纪初，美国心理学家华生创立了行为主义学习理论。[①] 该理论认为学习塑造人类行为，环境决定了人类行为模式。环境刺激和行为反应之间存在因果关系，人们可以通过刺激预判个体行为，也可以根据个体行为追溯环境刺激。这表明条件反射构成了人类行为的很大一部分，行为主义学习理论就是希望以条件反射为依据，总结出强化次数和行为之间的时距关系，以便进行适当的强化安排。在行为主义学习理论的影响下，学习和机器产生了关联，机器可以通过及时性、重复性的程序化教学，督促学习者学习。

桑代克和斯金纳为行为主义学习理论在美国的普及同样做出了重要贡献。桑代克是现代教育心理学的奠基人，他认为情境（用 S 表示）意味着刺激，反应（用 R 表示）是肌肉、腺体和情感的内部变化。学习的实质就是建立情境和反应之间的联结（即 S－R 联结）。

---

①　塞缪尔·史密斯. 主要心理学家的思想［M］. 陆士杰，王襄业，卢惠民等，译. 青海：青海师专、青海师大教育系，1985.

桑代克指出，人类所有的行为都可以被分解为基本单位的 S－R 联结，联结要通过反复尝试才可以建立起来。学习的过程就是试错的过程，在此过程中，错误反应会逐步被正确反应所取代。[①]

斯金纳认为强化是改变反应概率的手段，人类和所有动物一样，其行为可以被分为应答性行为和操作性行为，前者遵循巴普洛夫的经典性条件作用原理，类似于狗在面对食物时会流口水；后者不与特定刺激相联系，受强化规律制约，是通过反复在操作完成后给予强化刺激建立起的操作性条件反射。斯金纳的操作性条件反射理论可以在人类学习过程中得到印证。学习者上课认真听讲受到教师表扬与不认真听讲被教师批评就代表了正强化和负强化。[②]

20 世纪 60 年代，班杜拉进一步发展了行为主义学习理论，将认知、行为与环境三者统一起来。他认为在实验室环境中人的表现和在自然社会环境中会有所差别，提出了"观察学习"的概念。班杜拉通过一系列研究，发现人类学习的重要形式是观察示范者的行为并进行模仿。儿童在看到成人因攻击他人而受到奖励时，其行动的攻击性会增强；在看到成人因攻击他人而受到惩罚时，其行动的攻击性会被抑制。观察学习就是由注意示范者行动、观察示范者行动的结果、以符号化的方式记忆示范者行动、复现示范者行动的四个子过程构成。[③]

在儿童早期教育中，行为主义学习理论被格外重视。例如，于开莲（2012）提出，幼儿个性的发展、人际关系的建立、对环境的理解、对社会规范的遵守，受家长、教师等成年人的影响，成年人可以在幼儿成长过程中起到示范作用。刘霞（2012）运用内容分析法，对美国早期学习标准内容进行了分析，发现美国对幼儿教育非常重

① 爱德华·李·桑代克.卓有成效的学习方法　康奈尔大学最受欢迎的学习课 ［M］.北京：中国商业出版社，2016.
② 叶浩生.西方心理学理论与流派 ［M］.广州：广东高等教育出版社，2004.
③ 班杜拉.社会学习心理学 ［M］.郭占基等译，长春：吉林教育出版社，2003.

视，在制定标准的时候综合考虑了对学术知识、技能与态度的培养，教材内容的上下衔接性强，低一年级的重点学习内容会在高一年级的教材中变换形式重复出现。

作为认知研究的早期理论，尽管行为主义理论给教育领域带来了很多启发，但是行为主义理论仅仅强调学习过程中经验与强化训练的作用，难以解释人类复杂的学习行为，正如乔姆斯基指出的："将动物研究中的行为原则应用到实验室之外的人类身上是毫无意义的，要理解在人类身上表现出来的各种复杂行为，我们必须假定负有终极责任的大脑中有一些无法被观测到的实体。显然，这些观点都是与以斯金纳为代表的激进行为主义所持之立场针锋相对的。"[①] 行为主义将动物行为与人类行为作对比的方法，在人类早期的教育当中或许会存在一定的作用，但是显然并不适用于更加复杂的高等教育，因为行为主义在某种程度上只关注人类心理的外部行为表现，而没有注意到人类心理的内部认知变化的理论，无法解释知识的内化过程，也就无法对教育目标的进一步需求进行指导，很快便被认知主义学习理论所取代。

（2）认知主义学习理论。

认知主义学习理论认为，知识的获得是外部刺激和内部心理过程相互作用的结果。学习过程中，个体会根据自己的兴趣爱好和已有的知识经验，对外部刺激作出有选择性的信息加工反应。这就意味着，在学习新技能、记忆新信息的时候，个体心理状态很重要。格式塔学派就曾表示，学习的成功是"顿悟"的结果，也就是个体会突然理解知识，而非"试误"。布鲁纳、奥苏贝尔、加涅等推动了认知主义学习理论的发展。[②]

---

① 川外学坛. 艾弗拉姆·诺姆·乔姆斯基［EB/OL］.［2014－01－02］（2020－09－08）. http：//blog. sina_coin. cn/s/blog_5f573400010fasj. html.

② 库尔特，考夫卡，格式塔心理学原理（上）［M］. 黎炜译，杭州：浙江教育出版社，1997.

美国教育心理学家布鲁纳认为，从根本上来说，学习依赖于个体主动形成的认知结构。认知结构是个体对外部世界的概括方式，学习就是推动人类认知由低级向高级发展。人类学习的主动性至关重要，奖励与惩罚等外在刺激不是学习者产生学习动力的关键，真正能促进学习者学习的是学习者对所学材料本身感兴趣。每一门课程的学习，都包含知识获得、转化与评价三个过程。无论是世界级顶尖学者，还是普通的中小学生，学习都是用自己的头脑对现象进行重新组织与转换的过程，中小学生也可以像科学家一样主动学习、自行发现知识。①

奥苏贝尔从学习内容和学习者的认知结构出发，将学习的类型分为了机械学习和有意义学习。有意义学习就是让学习者真正掌握知识的含义，让学习者将原有认知结构中存留的内容和新概念、新知识、新方法联系起来，让旧知识得到改造、新知识获得现实意义。如果学习者只是机械的学习知识，而没有在旧知识和新知识之间建立联结，那么这种学习就是死记硬背式的机械学习。无论是教师传授知识，还是学习者自主学习知识，只要能将新知识活学活用，就都是有意义的学习。②

加涅认为学习过程是信息加工使用的过程，学习者通过眼睛、耳朵等感觉器官捕捉到环境刺激后，会将相应信息传递到中枢神经系统。有的信息只会在中枢神经系统中停留片刻，这就形成了短时记忆；还有的信息会被长期保留，形成长时记忆。学习者在使用这些信息的时候，会将信息从长时记忆中提取出来，将信息加工转化为行为并作用于环境。加涅根据人的心理认知过程，将学习划分为动机产生、了解、获得、保持、回忆、概括、作业和反馈八个阶段。③

近年来，由认知主义学习理论延伸出的"认知弹性理论""认知

---

① 杰罗姆·布鲁纳. 布鲁纳教育文化观［M］. 北京：首都师范大学出版社，2011.
② 汪凤炎，燕良轼，郑红. 教育心理学新编［M］. 第4版. 广州：暨南大学出版社，2016.
③ 杨春艳著. 世界著名教育思想家丛书—加涅［M］. 北京：北京师范大学出版社，2012.

迁移理论""认知负荷理论"也在教育类论文中频繁出现。王超杰（2001）对认知弹性理论进行了解释，认为学习者要在不同时间和情景中对相同的学习内容进行不同角度的重复，以此来获取更高级的知识。胡小勇和林晓凡（2011）基于认知迁移理论，提出在不同情景中知识的展示形式不同，只有面向实际问题解决应用，让学习者学会知识的迁移，才能改善当下线上教学刻板乏味的状态。张晓君等（2014）以认知负荷理论为基础，探讨了如何设计多媒体课件，以达到充分展示学习内容、降低原生性和无关性认知负荷、提高学习者学习效率的目的。

尽管认知主义学习理论较行为主义更进一步，其对教育领域的影响也更加广泛和深刻，但是二者之间实际上存在某种深层次的相似性，比如行为主义将人类视为是某种程度上的"动物"，而认知主义实际上在某种程度上是将人类视为一种认知"机器"，这一点在认知主义理论对问题解决的研究中体现得较为明显，因而也同样在解释人类的复杂学习行为上存在局限性。因为，认知主义对人类认知能力的研究所采用的是一种分析—还原的方法，但实际上人类的认知能力无法被彻底还原为一个个的认知单元，而是一种整体性的。同时认知主义对人类认知能力的分析是一种封闭式的、孤立的分析，然而人类所处的环境始终是复杂的、多变的，这也是认知主义在人工智能领域的尝试最终被认为失败的原因，同样，其在教育领域所取得的效果也始终存在争议。所以说，认知主义实际上并没有最终说明人类的认知机制，而仅仅是对人类认知的某些方面作出了说明。

（3）建构主义学习理论。

建构主义学习理论认为个体对外部世界的建构产生了知识，当学习者现有的观念和对现实世界的新观察出现差异时，学习者就会萌生创造新规则的想法，而学习正是学习者运用自己的经验去建构新理解的过程。建构主义学习理论强调了学习积极性和学习环境的重要性。

对学习积极性而言，学习者主动学习可以促进认知结构的变革与重组；对学习环境而言，在学校等特定的环境中，教师指导学习者学习，该活动具有明显的社会建构性质，学习是学习者、教师、环境共同作用的结构，环境既是学习的必要条件，也是决定学习水平的重要因素。[①] 斯皮罗等（Spiro et al.，1988）认为，人类学习的过程可以划分为低级阶段和高级阶段。在低级阶段，学习者需要记忆概念与事实，学习内容主要来源于结构良好领域；在高级阶段，学习者要把握概念的复杂性，并将所学知识应用到具体情景中，在该阶段学习者学习的知识主要来源于结构不良领域。[②] 以建构主义学习理论为基础，研究者们提出了探究学习、合作式学习、支架式教学、抛锚式教学等思想。

探究学习是将问题和现实环境联系起来的学习方式。在探究学习过程中，教师要引导学习者不断从情景中发现问题并解决问题，促使学习者形成自主学习和主动解决问题的技能（徐学福，2002）。合作式学习是以学习小组为单位，通过讨论、辩论、修改等互动（师生之间、学习者之间）形式，促进学习者学习，完成学习者对知识意义建构的过程（余文森，2004）。

支架式教学借鉴了苏联心理学家维果斯基的"最邻近发展区"理论，借用建筑行业中的"支架"将概念形象化。本质上，该理论希望教师通过搭建支架将学习者引入一定的情景中，鼓励学习者独立探索。起初教师可以给予学习者更多引导，随着教学活动的深入，教师要逐步放手，直至撤去支架让学习者独立行动（范琳，张其云，2003）。抛锚式教学格外重视情景在学习中的作用，要求教学过程建立在真实事件和现实问题的基础上，学者们将这些事件与问题比喻为

---

① 高文，徐斌艳，吴刚．建构主义教育研究［M］．北京：教育科学出版社，2008.
② Spiro R J. Cognitive flexibility theory：Advanced knowledge acquisition in ill-structured domains ［J］. Center for the Study of Reading Technical Report；No. 441，1988.

"抛锚"，在事件或问题确定后，相应的教学目标和教学内容也会被确定下来，这就类似于船被锚固定住了。选择问题和创建情景是抛锚式教学的核心，教师要根据教学安排，选择和学习主题密切相关的事件或问题为中心内容，引导学习者自主思考在现实情景中，如果类似事件发生要如何解决（陈桂芳，2005）。

建构主义学习理论在教育领域的应用催生了一系列教育模式，比如探究式学习、支架式教学、情境教学和合作学习等，目前在教育领域内颇受欢迎。总体而言，建构主义强调个体的主观性，因而教学过程就不再仅仅是简单的信息传递过程，而是要求教育者根据学习者已有的知识经验与知识结构，引导学习者从自身的知识经验与知识结构出发，主动建构知识，实现教学相长。但是建构主义理论虽然注意到了个人经验的特殊性，却忽视了教育本身的普适性，尤其是忽视了在一定的教育体系下，有特定的教育目标需要实现，因而问题不在于让学习者主动建构经验。实际上，个人经验的主动建构过程是自然而然发生的，无论在什么理论下，这一点都不会发生改变。因此，建构主义学习理论在某种程度上只是注意到了人类认知的某些特性，而没有揭示人类认知的结构，这也是建构主义学习理论需要进一步完善的主要问题。

1.3.2　关于具身认知学习与技术的相关研究

1.3.2.1　具身认知的概念界定

传统上，认知心理学的研究者将人类认知过程视为计算机的运算过程，各类符号在人类大脑中不断被处理，身体只不过是承载认知过程的一个载体（Wilson，2002）。1991年，瓦雷拉等（Varela et al.，1991）提出了一种新的观念，认为认知依赖于人的运动与感觉，运动与感觉嵌在人类的心理文化背景中，认知过程与运动过程、感受过程不可分割，感知差异会让不同有机体获得不同的信息。泰伦等（Thelen et al.，2001）认为，具身认知体现了身体和世界的互动，认知来源于身体通过各种感觉器官捕捉到的环境信息，记忆、情感、语言、动作都交织在一起。可以说，具身认知理论的提出改变了大脑与身体脱离的状态，人们逐渐意识到身体决定了大脑可以获取哪些信息，大脑和身体协同工作构造信息，共同产生了对事物的认识（Shapiro，2011）。莱考夫等（Lakoff et al.，2011）同样强调了身体活动和认知机制的关联性，说明人类的观念、思想、推理、总结并不是对客观事物的镜像反映，而是经过感知运动系统的加工，从个体经验出发得到的。

综上所述，学者们共同指出认知、身体及环境三者彼此相连，负责感知运动功能的系统和负责阅读计算的系统并不完全独立，不同人体系统彼此交流、相互影响。本书基于前人的研究成果，将具身认知定义为感知运动系统对人类的思维有影响，认知取决于个体所处的环境及个体的身体状态。从具身认知的视角出发，可以认为学习者的学习效果和学习环境、身体情况都有关联，探索学习者在怎样的环境及身体状态下才能获得更好的学习效果成为了有意义的研究课题。

1.3.2.2　具身认知在学习中的效果

在默认认知和身体分离的"离身认知"视角下，研究者很少关注身体在教育中的作用（Osgood - Campbell，2015）。但经过海德格尔①、梅洛·庞蒂②、杜威③等学者的反思，人们逐渐发现心智和身体

---

① 海德格尔. 形而上学导论 ［M］. 北京：商务印书馆，2017.
② 梅洛·庞蒂. 可见的与不可见的 ［M］. 北京：商务印书馆，2016.
③ Dewey J. Experience and thinking ［J］. Democracy and Education：Free Press，Collier - Mac-Millan Ltd，1916：139 - 51.

并不截然分开。作为一名杰出的教育思想家，玛利亚·蒙台梭利曾断言："只学不做是不够的，学习者只有在环境中积极体验才能更好地学习，运动可以发展学习者的认知能力。"①

从观念转向实践，近年来众多研究显示运动对学习有积极影响。当人们阅读到"踢""拿""舔"等涉及动作的词汇时，大脑内负责相应运动的区域会被激活，如果人们做出相应的腿部动作就会对"踢"这个词汇产生更深入的理解（Hauk，Johnsrude & Pulvermüller，2004）。将认知能力基本相同的低年级小学生分为两组：一组将阅读材料中的内容表演出来；另一组只是大声朗读材料。实验对比结果显示将故事表演出来的孩子比只是大声朗读的孩子对材料的理解力更好，同时也会记住更多细节（Glenberg et al.，2004）。在检验不同戏剧排练策略对叙事独白记忆的影响时，研究者发现在阅读、写作、独立讨论、协作讨论与即兴创作等不同的环境中，学习者对故事信息的记忆力不同，通过表演的方式学习者能够记住更多有关主角和情节的信息（Scott，Harris & Rothe，2001）。这意味着学习者在学习过程中做出的动作对记忆有实质性影响（Yang，Gallo & Beilock，2009）。从儿童阶段到成年阶段，运动信息始终左右着对个体的认知水平（Borghi & Cimatti，2010）。

除了语言学习外，将具身认知应用于数学、物理等自然科学的学习中，也有利于提高学习者的学习效果。在数学学习过程中，教师的手势帮助学习者实现了数学概念的具体化（Alibali & Nathan，2012），在儿童时期人们用手指数数同样表现出手势是人们对数字概念认识的基础（Bahnmueller et al.，2014）。当词汇和物体之间没有直接的联系时，动作对学习者学习数学的帮助会大大降低。如果一道数学题中涉及的对象是河马和鳄鱼，那么让学习者数河马和鳄鱼的数量对其

---

① 玛利亚·蒙台梭利. 童年的秘密［M］. 北京：光明日报出版社，2013.

数学问题的解决最有帮助；如果让学习者数乐高积木，其解决数学问题的准确率并不会比什么都不数更高（Glenberg et al.，2007）。人体手臂形成的角度会影响儿童对角度的理解，在运动过程中学习者对角度的理解力会提高（Smith et al.，2014）。甚至在大学课堂中，用实物仿真辅助进行物理学习，也会让学习者学到更多（Johnson – Glenberg et al，2016）。

或许正如莱考夫（2000）所言，人类身体进化的历程构成了数学学科发展的历程。不仅在数学领域，在其他学科领域身体也可以成为辅助学习者理解的工具，而这也正是具身认知学习效果的体现。

1.3.2.3 具身认知与学习产生关联的原因

学习者在学习过程中做出的动作对记忆有实质性影响（Yang，Gallo & Beilock，2009）。从儿童阶段到成年阶段，运动信息始终左右着个体认知水平（Borghi & Cimatti，2010）。那么，运动影响认知的原因是什么呢？经过多年探索，学者们逐渐发现镜像神经元或许可以解释为什么具身认知可以在学习中发挥作用。

神经生理学的研究显示，灵长类动物大脑内有关运动的神经元不仅会在其做动作时兴奋起来，还会在看到别人做动作时兴奋起来（Rizzolatti et al.，1996）。这部分神经就被称为镜像神经元，它可以在执行特定动作或观察他人动作时被选择性激活（Di Pellegrino G，1992）。这部分神经元和其他运动神经元的区别在于，无论是动作还是动作的观察都可以将其激活（Kilner & Lemon，2013）。

人类神经系统和灵长类动物的神经系统相类似，在镜像神经元的帮助下运动系统不断观察别人的行为，通过行为帮助大脑理解他人的目标和意图（Kraskov et al.，2009）。和灵长类动物相比，人类的镜像系统得到进一步进化。阿尔贝勃等（Arbib et al.，2014）的研究显示，当个体发现模仿他人对社会交往有利时，人们就开始模仿他人手势甚至语言。人类对语言的理解在很大程度上建立在自身经历基础上（Jeannerod，2005），镜像神经元可以帮助个体从大脑中复制他人行为进而了解他人意图。

目前，有关人类镜像系统的研究还停留在简单动作层面，在学习这种复杂的活动中，镜像系统又是如何发挥作用的呢？学者们通过研究发现，身体和体验不仅让个体认识到他人正在做什么，还能让个体理解他人为什么这么做，进而帮助个体学会模仿被观察者的行为。对人类来说，自主进行模仿活动是人类社会化的重要过程（Wilson，2001）。婴儿会模仿他们眼中别人正在做的事情，当婴儿真的通过别人"拾取"的动作拿到玩具时，他们才会真正理解"拾取"的含义（Sommerville，Woodward & Needham，2005）。在教学过程中，教师向学习者传递的信息不仅通过语言来表达，还通过动作来表达。学习者会在心里模拟教师所做的动作（如钉东西），来帮助自己理解课堂上学习的内容（Zwaan，Stanfield & Yaxley，2002）。在进行图片分辨的时候，和没见过真实动作的人相比，见过真实动作的人对图片信息的反应速度更快（Ping，Goldin – Meadow & Beilock，2014）。在打结学习中，肩并肩向学习者展示内容会比面对面向学习者展示内容取得的学习效果更好，这是因为以学习者为中心视角去执行某个动作会让学习者的镜像神经元更活跃（Garland & Sanchez，2013）。这些研究结果表明，在镜像神经系统的影响下，学习者会模仿教师的动作，而这也正是具身认知与学习产生关联的原因。

1.3.2.4　非沉浸式电子技术与具身认知学习

所谓的电子化学习，就是指利用现代信息技术的学习方式（张翠凤，2002）。其支持者认为，技术提高了教学的灵活性，给予学习者更多反馈的机会，消除了个性化教育的障碍（Kiser，1999）。伴随着互联网普及率的提升，教师使用电子技术的频率和复杂程度都有所提高（Bichsel，2013）。本书根据沉浸感的强弱，将电子学习技术分为非沉浸式电子技术和沉浸式电子技术。

目前，在教学中 PowerPoint 是人们最常使用的一种沉浸式电子技术工具（Parks，2013）。在线下课堂中，PowerPoint 已经取代了板书，成为了教师向学习者展式课程内容的主要方式。不过，这种多媒体技术并不一定可以提高学习者的学习表现。阿玛雷（Amare，2006）在写作课程中，让一半学习者看教师板书、使用传统学习材料（如讲义）进行学习；让另一半学习者通过听教师讲 PowerPoint 接受学习指导。研究结果显示，虽然多数学习者更喜欢有 PowerPoint 展示的学习环境，但是利用传统方式进行学习的学习者取得了更好的考试成绩。邦斯等（Bunce et al.，2010）发现，幻灯片会让学习者无法集中注意力，在听课过程中他们会跑神思考与课程内容无关的事情。

不过，电子技术也并非在所有情况下都会对学习产生负面影响，是否加入互动要素是能否提升非沉浸式电子环境中教学水平的关键之一。相关研究显示，如果电子感应白板、感应笔、计算机和投影仪等硬件设备和 PowerPoint 等软件设备不再单纯作为教师课堂内容展示的工具，而是成为促进学习者参与（Winzenried，Dalgarno & Tinkler，2010）和加强师生互动（Kerawalla，Petrou & Scanlon，2013）的手段，那么电子技术就会对学习者学习产生积极影响。教师传授的内容也会变得更有趣，学习者也可以更加积极主动地独立思考问题（HL Lujan & SE DiCarlo，2005）。对线上学习而言，学者们同样发现互动是提高学习者学习效果的因素。科丁格等（Koedinger et al.，2015）发现，在 MOOC 平台中互动课程比单纯的视频课程更有助于学习者学习。

1.3.2.5 沉浸式电子技术与具身认知学习

虚拟现实技术（VR）的出现，为具身学习的实现提供了更强力的支撑。将这些技术应用于教育领域，可能会开辟新的学习途径（Chen & Tsai，2012）。在 VR 塑造的虚拟环境中，学习者可以自主探索，通过逼真的感知体验理解复杂的学习内容，从而提高学习者的认知能力和学习成绩（Kotranza，Lind，Pugh & Lok，2009）。具体而言，在教育领域 VR 技术的应用主要有以下三种形式。

（1）虚拟环境。

为学习者提供沉浸体验是 VR 的最大优势之一，与非沉浸式电子技术相比，VR 技术可以创造丰富的虚拟空间，活动不便的残疾学习者也有机会参与体验（Lange et al.，2010）。VR 技术一方面可以模拟出现实中无法出现或很难到达的地方，为学习者提供实地考察的机会，例如，在历史课上，VR 技术可以虚拟出不同时期的风土人情，让学习者在历史的长河中徜徉（Roussou，2004）；另一方面可以模拟真实环境，让学习者在远程教学中犹如置身于真实的课堂或校园环境中（柯蒂斯·邦克，2011）。

（2）实验教学。

在医学领域，学习者在完成基础知识学习后要进行手术训练，将动物器官运用于人体解剖学实验中是常见的一种教学方式。如果将 VR 技术应用于医学教学，VR 实验可以在一定程度上代替动物实验，医学学习者可以在更加逼真的环境中进行学习（Liu Y，2014）。此外，在建筑工程等领域，VR 技术可以模拟具有危险性的现实环境，让学习者在更加安全的环境中进行学习（Le，Pedro & Park，2014）。

（3）内容可视化。

对于物理、化学、生物等学科而言，一些教学内容很难通过传统教学方式展现，VR 技术的出现为学习者感知这些过去难以可视化的知识提供了便利。例如，在生物课上，VR 技术可以呈现心脏结构图，学习者可以利用 VR 技术的交互性深入了解心脏构造（Wierzbicki et al.，2004）；在物理课上，"中微子"等概念也可以被展示出来

（Izatt et al.，2014）；在化学课上，学习者可以通过 VR 技术观察不同的分子结构，甚至可以自主探索，构造新的分子结构（Teplukhin & Babikov，2015）。

1.3.3 关于具身认知与课程设计的相关研究

学习环境是支持学习者学习的内外部条件总和（王美倩和郑旭东，2015）。随着具身认知理论的发展及技术的不断进步，如今人们可以使用更多手段改变教育的时空结构，深化学习者对学习内容和学习方式的认知。

1.3.3.1 传统课堂中的具身认知学习

本书所指的传统课堂是指不使用电子教具的课堂。在传统课堂中，教师就是课堂环境的一部分，其肢体语言可以帮助学习者理解学习内容、激发学习者学习的积极性。现有研究显示，教师的肢体动作对学习者的学习效果有明显影响（Khuwaileh，1999）。教师在教室里的踱步、在黑板上板书的动作、解释说明内容时做出的手势，都可以让学习者更好地将注意力集中在教师身上（Pitt & Orlander，2017）。

在不使用电子教学设备的传统学习环境中，教师的手势尤为重要。诺迪赫尔等（De Nooijer et al.，2013）发现，手势具有促进交流和强化认知的功能，感性认知和运动信息可以帮助学习者解决实际问题。有时通过手势传递的信息在讲话内容中完全找不到，在向学习者传授如何解决类似 "$4 + 5 + 3 = \_\_ + 3$" 之类的问题时，教师用食指和中指做出 "V 形" 手势分别指向 4 和 5，然后合并起来指向等式右边的空白处，这样的手势会明显提高学习者的理解力（Goldin - Meadow，Cook & Mitchell，2009）。为了让学习者更好的理解安全带的警报声是如何停止的，教师除了可以用语言进行解释外，还可以在黑板上画一辆车并写下"beep"这个词，然后再写下"seatbelt on"并划掉"beep"这个词，这种教学方法更能让学习者在实际生活中不由自主地做出系安全带的动作（Johnson-Glenberg & Megowan-Romanowicz, 2016）。布莱（Bligh, 1998）的研究表明，和口头讲解相比，视觉刺激更有助于学习者学习，教师手部位置的变动会吸引学习者的注意力，当教师根据教学内容做出相应动作时，学习者会更主动地将精力放在教师讲授的内容上。

教师除了用手势辅助教学外，鼓励学习者做手势动作也对课堂教学有积极作用。在化学课程的学习过程中，让学习者用手指搭建出分子结构可以帮助其记忆相关内容（Flood et al., 2015）。用手势模拟水杯中水的高度和宽度的儿童，会比仅用眼睛观察的儿童，认知结果更准确（Ping & Goldin-Meadow, 2008）。此外，组织讨论会、展示会等让学习者在学习中"动起来"也有助于调动学习者的积极性（Chi & Wylie, 2014）。在数学"游园课程"中，利用分球、拍球、投球等活动，能让学习者更好的感知数学中的加减法，相比常规教学方式，具备具身认知特点的新课程取得的教学效果更好（潘旭东和丁秀红，2019）。

1.3.3.2　具身认知视域下的课程设计

在新的教育环境下，具身认知在不同层级的课程设计中均有体现，具身认知视域下的课程设计对教学环境、师生互动、教学方式等有了新的要求。

在学前教育中，胡瑞月等（2020）以"让水变蓝的牛奶"教学活动为实例，提出在学前科学实验的教学过程中，教师要引导幼儿调动感知觉经验，在促使幼儿保持相关经验的同时巩固新经验、进行新的意义建构。

在中小学教育的课程设计中，陈兴冶等（2020）基于具身认知理论，设计出"信息技术学科教学实施模型"，并以《信息与计算机》中的"初识二进制"一节为具体教学内容，进行了详细的课程设计，得出了"具身认知理论的运用应重视与学习内容的适切性""学习环境直接影响具身认知活动的效果"和"具身认知教学能够促进元认知的发展"的三条结论；刘硕等（2020）主张将"身体—情境—认知"有机结合，分别用"化学反应中的质量变化""牙膏成分的探究""氧化还原反应"和"人工合成有机化合物"四门化学课程，说明如何运用具身认知理论创设生动真实的问题情境、加深交互的具身体验、整合具有不同意义的新旧知识、促使学习者自我反思；蒋唯丹等（2018）以译林版小学英语五年级下册第八单元为例，从内容、活动和环境设计三个方面具体进行课程设计，内容设计中强调可视化、活动设计中强调教师和学习者肢体的调动、环境设计中强调模拟情景和相互合作；李佳颖（2019）在初中英语写作课中融入具身认知理论，经过课时教材分析和学情分析两部分，具体设计教学目标、教学难点和教学过程；高萌等（2016）运用具身认知理论，从中小学数学教育的视角出发，设计具身教学模型，突出以学习者为主体的教学内容、以实际参与为核心的教学方法、以知识内化为要求的教学活动。

在职业教育的课程设计中，卢娟（2020）以影视编导专业为例，将课程设计分解为"分析、设计、开发、实施、评价"等环节，说明如何运用具身认知理论，通过二次开发和资源整合提升教学效果；栗甜（2020）以"传感器技术及应用"课程为例，在充分预设的具身教学情境下，促使师生双方共同围绕"氧传感器"进行互动，教师通过引导学习者动手制作、回味过程、总结收获，不断推进教学过程；黄晓军（2019）以"电子商务物流模式"为例，重点突出智慧课室环境的作用，具体要求课前上传丰富的开放课程资料、课中引入平板电脑并构建浸润式情境、课后进行互联互动多向协作探究；张帆等（2019）从手语实训的现实出发，从具身认知的视角对教学模块的选择、教学情境的设计和教学技术的应用进行了具体说明。

在成人教育和社区教育的课程设计中，胡炳福（2020）着重强调了整合技术、搭建叙事平台以及创建学习情景的重要性；李甦等（2018）认为旧的成人教学设计受离身认知的影响，学习者处于被动接受知识的状态，而在具身认知视角下，教学目标、教学环境、教学内容、教学过程、教学活动、教学评价都要进行重构；方素文（2019）从地域文化传承的现实出发，提出"社区教育的方式不只是停留在传统的说教、听讲层面"的观点，说明现场观摩和实操演练的教学效果要优于讲授式的传统教学方式。

在高校教育的课程设计中，陈瑾羲（2020）对高校一年级建筑设计的教学设计进行探索，从日常经验出发提出相关设计题目，利用"我的身心调动""我的学习/休息空间设计""我的休闲空间设计"和"我的家庭空间设计"4个教学板块，分别开展空间认知教学、空间单元设计训练、建筑小品设计训练和小型建筑设计训练；王丽英（2019）从数字化资源、沉浸式环境和交互式引导三个维度，设计了基于混合学习的具身教学模式，重点突出了"以评促学"的观点，并利用《软件工程》课程教学实践说明了相关课程设计效果；王贞贞等（2019）主张医学学习者在学习医患沟通技巧的过程中身体力行，灵活运用案例分析、小组讨论、角色扮演、情景模拟等方法，通过反复实践实现理论知识向实践技巧的转化；许艳（2019）认为在目前的口译学习中，学习者们普遍存在焦虑现象，在课程设计中，口译教师可以从增加面部表情和手势动作、缩短音频播放时长、给予学习者一定的身体自由的角度，提高教学方法的具身性；杨雯（2018）以天津师范大学公共体育形体课为例，通过比较实验班和对照班学习者对形体课训练和体育运动参与的兴趣，发现引入具身认知理论有利于提升学习者在体育学习方面的主动性。

1.3.4 文献评析

在当下，网络教育的重要性不言而喻，因而众多教育学者都在不断探索适合网络课程本身的课程设计方法。随着电子信息技术的发展，如何进行网络课程设计、如何提升网络教学效果，成为人们面临的新课题。20 世纪以来，网络课程设计的指导理论经历了从行为主义学习理论到认知主义学习理论，再到建构主义学习理论的变迁。其中，行为主义学习理论强调重复性强化学习的作用，认知主义学习理论希望在旧知识和新知识之间建立联系，建构主义学习理论鼓励学习者将所学知识应用到具体情景中。从这种变化中可以看出，人们越来越重视发挥学习者在学习中的主观能动性，越来越希望利用多种手段激发学习者的学习潜能。然而，以往的课程设计理论也有其难以克服的问题，导致当前的网络课程进展遇到了瓶颈，很多教师及学习者对网络课程的效果带有某种程度上的质疑，究其原因就在于传统课程设计理论的离身化特征对教师、学习者乃至教育本身的异化，因而亟须寻找一种新的指导理论来克服这一问题。

具身认知作为认知科学的最新研究成果，很好地契合了当前教育理念的变化趋势。具身认知强调了身体在认知过程中不可或缺的重要性，这就意味着在教育领域，身体也应参与到学习者的学习过程中，它可以帮助学习者学习，帮助学习者理解人类所处的世界。众多研究结果显示，让学习者的身体动起来对改善学习效果有显著正向影响。从神经科学的角度来看，在镜像神经元的帮助下，运动系统可以通过行为帮助大脑理解他人的目标和意图，而这正是具身认知与学习产生联系的根本原因。随着技术的不断进步，如今人们可以采用各种手段，塑造有利于具身认知的学习环境。传统课堂中，教师的肢体语言可以发挥辅助教学的作用，在 PowerPoint 中插入互动要素也有利于提升课堂教学效果。人工智能时代来临后，VR技术的发展为具身学习提供了新的条件，在技术的支撑下，人们可以对具身学习效果进行更加深入的探索。

目前，我国学术界关于具身认知在教育领域的研究还处于初级阶段，多数研究侧重宏观分析、思辨归纳，但得出的结论都不尽如人意。尽管已经有不少学者将目光集中到具身认知理论上，但是现有研究多数将具身认知理论放到现实课堂环境中加以应用，对网络课程设计的关注较少，且具身设计、教学均旨在解决具体学科的教学问题，缺少针对问题解决的理论模型或实践框架研究。本书采用问卷调查、深度访谈、案例研究和综合测评法等研究方法进行定性与定量分析，基于具身认知视角总结当前网络课程设计存在的问题，并运用大数据可视化技术进行结果呈现。再以"数据科学导论"课程体系为例，创造性构建"身体学习—身体经验—教学环境"三位一体的具身认知教学设计和教学实施模型，完成了认知心理学理论在网络教学环境中的检验，实现了对教育学领域相关研究的补充。

1.4 研究设计

本书将具身认知理论引入网络课程设计中，旨在思考如何提高网络课程学习者的参与度和教学实效性。首先对高校网络课程设计的概念进行了分析，并对高校网络课程设计传统理论的离身化倾向进行了批判，在此基础上结合对当前高校网络课程设计现状及教学困境的分析，提出了具身化的网络课程设计方案，讨论了具身认知理论的内涵及其对高校网络课程设计传统理论的突破。其次分析了具身化高校网络课程设计应遵循的原则，根据网络课程设计和具身认知相关理论，设计出基于具身认知的网络课程框架。最后，以"数据科学导论"课程体系为例，研究了具身认知理论在高校网络课程设计中的实践应用并设计了一套对其进行实效性评价的体系。具体研究框架、研究方法与创新点如下。

1.4.1　研究框架

本书研究的内容分为以下 8 章。

第 1 章为绪论，概述研究背景、研究意义、文献综述和研究设计。在对已有文献进行回溯总结的基础上，提出以具身认知理论为基础，综合运用问卷调查、半结构化访谈、深度访谈、案例研究等方法，梳理具身认知视域下的高校网络课程设计进行整体规划的思路，并对研究意义、创新点等进行了相应描述。

第 2 章为高校网络课程设计及其离身化困境，梳理了高校网络课程设计的含义及其存在的理论困境。本章主要分为三大部分，第一部分对高校网络课程设计的含义及特点进行梳理；第二部分阐述高校网络课程设计的传统理论并对其进行了分析，包括行为主义理论、认知主义理论以及建构主义理论；第三部分则分析了传统理论视域下高校网络课程设计的离身化困境，探讨了离身化困境的表现和根源，并对其进行了批判分析。

第 3 章为高校网络课程设计现状与困境调研分析。本章分为三个部分，第一部分说明了具身认知下的高校网络课程设计现状调研方案；第二部分利用问卷调查法，探究高校教师和学习者对具身化网络课程的需求分析；第三部分则基于前述分析，探讨了当前网络课程中具身化参与所存在的一些现实困境。

第 4 章为具身认知理论及高校网络课程设计传统理论的突破。首先对具身认知理论的内涵从其发展脉络、基本观点、核心概念进行了述评。其次论述了具身认知理论对高校网络课程设计的价值，分析了具身认知理论能够为高校网络课程设计带来哪些转变。最后，这一章从"生活"环境的构建、具身经验的引入和技术中介的整合入手，分析了具身化课程设计的三个基本要素。

第5章是在上一章的基础上进行了基于具身认知的高校网络课程设计原则研究。本章以具身认知理论一以贯之，对网络课程的目标设计、学习内容设计、学习活动设计、学习环境设计、网络课程评价设计等内容进行了说明。在目标确立部分，主要阐述目标确立的依据和目标确立的原则；在内容选取部分，概述面向教师的教学资源和面向学习者的学习资源的选取方法；在具体实施过程部分，分析网络课程的前期准备、教学过程以及评价反馈，对学习活动、学习环境、网络课程评价的设计原则与方法进行了分析。

第6章为基于具身认知的高校网络课程设计实践应用研究。本章先是对当前国内的主流网络课程平台案例进行了分析，其次以"数据科学导论"课程体系为例，在对该课程进行简要介绍后，从数据挖掘、数据科学可视化、社交网络和神经网络图像识别四个专题入手，进行了具身化的教学设计和教学实施设计。

第7章则基于第6章的设计以及结合前述内容，设计了具身认知视域下高校网络课程设计的实效评价体系。首先介绍了效果评价设计的技术路线，其次从教学输入指标、教学过程指标、教学输出指标的开发入手，论述了效果评估体系的建构，最后以"数据科学导论"为例，说明了效果评价的实践操作。

第8章为研究结论与展望。在进一步阐明研究结论的基础上，提出研究的不足之处，对未来有关网络课程教育的研究提出期望。

本书研究的技术路线如图1-1所示：

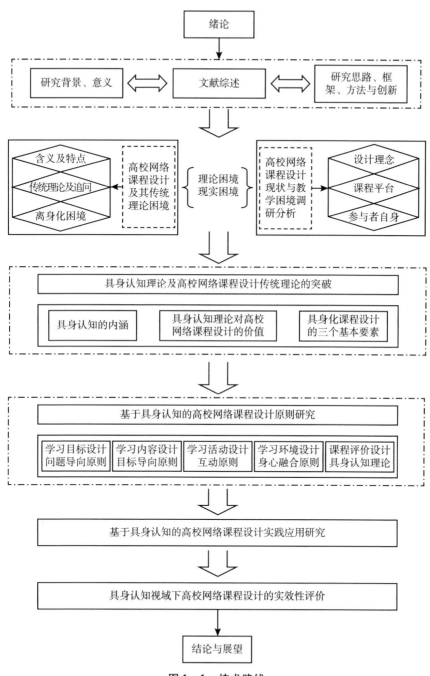

图 1 - 1　技术路线

1.4.2 研究方法

1.4.2.1 统计定量分析法

统计学是关于数据收集、整理、分析的一门方法论学科，用于研究自然社会现象的方方面面。统计分析是以理论为指导，以专门的分析方法为依托，定量及定性分析相结合，对所搜集的数据资料进行分析的一种研究活动，其目的在于认识客观事物。其中，定量分析是通过一种量化的手段对事物的"数量"特征进行认识和推算；定性分析是分析者凭借自身知识基础或经验判断对研究对象的"质"特征进行总结和预测。两者相比，定量分析对数据资料进行了加工处理，其分析方式更加科学，分析效果更加深入准确。

为了了解学习者对具身认知的网络课程需求及教师对网络课程设计的考虑情况，本书采用问卷调查与深度访谈相结合的方法，将问卷调查数据和访谈资料结合，提高数据的准确性。

对于问卷调查方法部分，分别制作了以高校教师为对象的调查问卷和以高校学习者为对象的调查问卷，利用问卷星平台发布问卷，通过微信、链接、二维码推广等多种方式发放，并对教师和学习者问卷进行简单随机抽样调查，获取相关数据，利用平均数、百分比、频数等简单定量分析方法，对以高校教师为对象的调查问卷和以高校学习者为对象的调查问卷的结果分别作出简单的分析，初步归纳出学习者对基于具身认知理论的课程教学的需求及教师对具身网络课程教学方案的设计。

其中，教师问卷主要分为六个部分：第一部分是教师的人口统计学信息，包括教师的性别、学历和教龄等；第二部分重点调查网络授课的现状及目前的优势与局限，包括调查教师开设的网络课程类型、网络课程授课方式和教师认为当前网课存在的优缺点；第三部分主要调查教师设计网络课程前是否进行过相关的课程培训和网课设计需关注的要素与原则；第四部分主要调查网络课程设计存在的问题及其原因；第五部分着重测量高校教师对具身认知理论的了解度、认同度和使用程度；第六部分主要调查具身认知视角下网络课程设计的发展趋势。

学习者问卷主要分为四个部分：第一部分是学习者的人口统计学信息，包括学习者的性别、年级和专业所属的学科门类等；第二部分是调查学习网络课程的原因和内容；第三部分是调查学习者网络课程的学习方式及学习过程中对具身认知的考虑情况；第四部分是调查网络课程平台的优缺点和未来发展趋势。

而对于本书所采用的深度访谈调查研究法，则是利用腾讯会议平台，与具有教育技术学背景的教师相互沟通交流经验和看法。教师访谈提纲中主要分为四个部分：第一部分是网络课程的适应性和网络教学态度；第二部分是网络课程师资、学习者主动性和教学平台存在的问题；第三部分是网络课程设计及其对具身认知的考虑情况；第四步部分是基于具身认知的网络课程设计前景与展望。

在此基础上，本书继续采用交叉分析、关联分析、数据可视化的复杂定量分析方法，深入挖掘数据价值。

1.4.2.2 大数据技术法

本书采用大数据技术中强大的可视化、文本挖掘以及关联规则等方法，提取海量冗杂数据中所需要的部分加以分析。

数据可视化旨在将抽象的数据以读者可见易读的形式表现出来，借助图形化手段帮助人理解数据。大数据可视化与传统的数据可视化相比，处理的数据对象有了本质上的不同，在已有的小规模数据基础上，大数据可视化能更有效地处理大规模、多类型、快速更新类型的数据。本书主要将其运用在第 3 章的问卷分析结果呈现上，利用图表将数据具象化，给予读者视觉上的直接冲击。

大数据文本挖掘就是从半结构化或非结构化的文本信息中获取人感兴趣或者对客户有用信息的过程。它包含了很多技术，包括信息抽取、信息检索和数据挖掘等。它的主要用途是从没有经过处理的文本信息中提取有用的信息。因此，本书运用此方法爬取相应搜索数据，旨在了解社会对具身认知理论的研究潮流。

大数据关联规则挖掘法就是找出隐藏在数据项之间的关联，即可以根据一个数据项的出现推导出其他数据项的出现，大数据关联规则挖掘技术可以用于预测。其挖掘过程主要是两个阶段：第一阶段从海量原始数据中找出所有的高频项目组；第二阶段从这些高频项目组找出关联规则。通过对调研结果的关联规则分析，为本书的网络课程设计奠定基础。

1.4.2.3 综合测评法

本书采用综合测评法，或综合评价分析法，又称"多指标综合评价"，指根据不同评价目的，利用被评价对象的各属性信息，采用科学的评价方法（包括指标体系、权重系数、集结模型等）对评价对象进行客观、公正、合理的全面比较、判断及排序的过程。综合评价分析法广泛应用于自然、社会、经济等各个领域。

经典的综合测评过程（2019）涉及五个基本要素：被评价对象、评价指标、权重系数、集结模型和评价者。一般而言，被评价对象个数要大于 1，各评价指标要从不同侧面刻画系统所具有某种特征大小的度量，权重系数反映评价指标之间的相对重要性大小。集结模型指通过一定的数学模型或算法将多个评价指标值合成一个整体性的综合评价值，评价者与评价目的的建立、评价模型的选择、权重系数的确定紧密相关。将综合测评的五个要素串联起来，形成综合测评的经典处理过程：明确评价目的—确定被评价对象—建立评价指标体系—确立各项评价指标的权重系数—选择或构造综合评价模型—计算各系统综合评价值并排序或分类。

综合测评法中，指标体系的构建遵循系统性（完整性）、科学性、可运算性、相互独立性、简约性五大原则。指标值一般需要经过一致化、无量纲化的处理。指标权重系数作为综合测评最核心的问题，常用三类计算方法：一是基于"功能驱动"原理赋权；二是基于"差异驱动"原理赋权；三是综合集成赋权。评价信息集结方式基于指标值分布可分为：基于指标性能的集结方式（包括线性加权综合法、非线性加权综合法、增益型线性加权综合法、理想点法）、基于指标值位置的集结方式（包括有序加权平均算子、有序加权几何平均算子）、兼顾"功能性"与"均衡性"的组合集结模式、先后分类排序的集结模式。

本书采用最经典的综合测评法，利用文献研究及文本分析确定指标体系，大数据分析和传统指标值预处理方法结合确定指标值，德尔菲法计算权重，线性加权计算综合值来对网络课程设计成效进行评估研究。

1.4.3　研究创新点

1.4.3.1　研究视角创新

目前，国内基于具身认知的实践研究还处在摸索阶段，教育学领域有关具身认知的研究主要围绕传统环境展开，且具身设计、教学均旨在解决具体学科的教学问题，缺少针对问题解决的理论模型或实践框架研究。本书基于社会现实背景，在网络教学环境下应用该理论，从具身认知的视角审视高校网络课程设计，创造性构建具身认知下的网络课程设计方案与实效评价模型，是适应当前网络课程开发热潮的创新作为，实现了认知心理学理论在网络教学环境中的检验。

1.4.3.2　研究方法创新

我国学术界关于具身认知在教育领域的研究多数侧重宏观分析、思辨归纳，缺少实证研究，结论的说服力不足。本书通过问卷调查、深度访谈、案例研究和综合测评法等研究方法进行定性与定量分析，基于具身认知视角总结当前网络课程设计存在的问题，并运用大数据可视化技术进行结果呈现。再以"数据科学导论"课程体系为例，将具身认知理论实际应用于网络课程设计中，实现了研究方法上的创新。

1.4.3.3　研究内容创新

本书在数据科学导论学科教学模型设计的基础上，融合具身认知理论，在教学设计上充分考虑了师生角色、教学内容、教学媒体、教学环境等课程因素。并将课程划分为数据挖掘、数据科学可视化、社交网络、神经网络图像识别四个专题，每个专题分别从课程目标、课程内容、课程活动、课程评价入手进行了体系化设计。最终构建了关于"身体学习—身体经验—教学环境"三位一体的"数据科学导论"网络课程设计方案、指标评价体系及实效综合评估。

第 2 章
高校网络课程设计及其离身化困境

网络课程经过了多年的发展形式已经相对成熟，含义和特点相对而言也可以称得上是广为人知，而课程设计一直以来都是教学的一个重要环节，尽管如何针对网络课程的独特性进行课程设计已经有理论或实践上的尝试，但仍然存在一些缺陷，因而本章主要通过对网络课程及课程设计的概念进行澄清，并进一步分析在网络课程设计中传统指导理论所面临的困境。

2.1　高校网络课程设计的含义及特点

2.1.1　高校网络课程设计的含义

网络课程首先是一种课程，而课程是教育领域中一个最为基础的单位。据统计，目前在全世界对课程至少有 119 种不同的定义。[①] 因此，有学者认为"对于课程定义上的分歧，主要是因为研究者或实

---

① 郭晓明 . 知识与教化：课程知识观的重建［J］. 华东师范大学学报，2003（2）：43.

践者在他们实际教学工作中对课程的使用不同，导致对课程的概念界定描述不同。同时，对于课程的定义仍然受到研究文献或者已经形成的政策性文件的局限，导致其定义因观点的异议而有所不同"①。因而，关于网络课程，不同的专家、学者出于不同的理论背景和实践经历，有众多不同的定义，本书在此不一一列举。但是2000年，在教育部现代远程教育资源建设委员会颁布的《现代远程教育资源建设技术规范》中曾经对网络课程进行了专门的界定，即"网络课程就是通过网络表现的某门学科的教学内容及实施的教学活动的总和，它包括两个组成部分：按一定的教学目标、教学策略组织起来的教学内容和网络教学支撑环境，其中网络教学支撑环境特指支持网络教学的软件工具、教学资源以及在网络教学平台上实施的教学活动"②，这是对网络课程最权威的定义。根据这一定义，网络课程与一般课程具有相似之处，比如网络课程的教学内容不是特殊的，而同样是来自某门学科的教学内容，但是网络课程也有与一般课程的不同之处，其中最突出的便是网络教学支撑环境，这就使得网络课程的教学策略也必须做出相应的变化，以实现既定的教学目标，这也就是本书所要强调的课程设计。

一般而言，课程设计是指"拟定一门课程的组织形式和组织结构"③，尽管这是一种非常具体的狭义的界定，但是仍然有越来越多的学者与教师接受了这一界定，把课程设计视为是一种框架，并在此基础上产生了一系列的成果。但是本书在接受这一界定的基础上，认为课程设计的含义应该进一步扩充，不应该仅仅局限于组织形式和组织结构，而是要将范围扩大到整个课程即从确定教学目标到进行教学

---

① 章小谦，杜成宪．中国课程概念从传统到近代的演变［J］．华东师范大学学报（教育科学版），2005（4）：65.

② 教育部现代远程教育资源建设委员会．现代远程教育资源建设技术规范［DB/OL］．http：//www.cve.com.cn/standards/jishuguifan.htm.

③ 江山野．简明国际教育百科全书［M］．北京：教育科学出版社，1991.

评价的过程。在这个意义上，尽管我们也有一个关于课程的框架，但这种框架可能更接近于教学设计，即对于课程设计的界定是在一种更加广义的视角下进行的。关于教学设计，国内外众多学者都给出了各自不同的定义，比如，加涅指出教学设计是对教学系统的系统化规划，这种界定不仅包含了本书上述的广义的课程设计内容，甚至还包括了对网络课程所要求的网络教学支撑环境的规划；斯密斯、拉甘、迪克和凯里等则主要强调教学设计包含了教学内容设计、教学内容开发、教学活动实施、教学活动评价等过程，这一观点也比较符合本书对广义课程设计的界定。

目前，我国高校网络课程的发展前后经历了十多年。20 世纪 90 年代，网络课程在全球范围内兴起，先是在美国兴起了开放教育资源运动，后来迅速扩散到世界各国；2005 年，世界各国先后成立了开放课程联盟，以促进高等教育国际化、信息化，当时主要的网络课程形式还是以视频公开课的方式呈现的，并没有形成体系化的课程模式。对此，联合国教科文组织评价称：“开放教育资源运动为缩小‘数字鸿沟’、增进受教育机会、持续提高教育教学质量、进一步推动教育公平、不断激发教育创新提供了重要驱动力。”① 随着各种新兴技术的出现与互联网的发展，网络课程迎来了 MOOC（massive open online courses，大型开放式网络课程）时代的大爆发，与早期的视频公开课相比，MOOC 改变了学习资源的单向传播，更加突出了网络课程的互动性，使网络课程真正向课程的方向迈进。伴随着这样一种全球化的网络课程浪潮，我国网络课程的发展也经历了几个阶段，从官方层面上来讲，主要有精品视频公开课、精品资源共享课、在线开放课（包括微课与慕课）等阶段。

① UNNESCO. Guidelines for OER in High Education ［DB/OL］. (2012 – 10 – 25) ［2020 – 09 – 07］. http：//www. col. org/Publication on Documents/Guidelines_OER_HE. pdf.

2.1.2　高校网络课程设计的特点

本书之所以要选用较为广义的课程设计的定义，一个重要的原因便是网络课程具有与一般课程不同的特点，这些特点决定了对网络课程进行设计不可能只是给出关于课程的组织形式和组织结构的框架，而要从头到尾对课程中涉及的因素进行组织与规划。

首先，网络课程的资源内容具有分布式特征，其内容丰富，并且是开放的。因此，与传统意义上的线下课程相比，网络课程中的学习资源、教学手段和教学模式都要相应的进行改变。在网络教学活动的实施过程中，学习者能够开放式地获得各种各样的学习资源，因而教育者必须及时进行引导，并主动增加新的知识、新的内容，在保证能够反映知识内容最新发展的同时，还要确保学习者不被海量的学习资源冲散注意力，保证教学目标有效完成。

其次，网络课程的学习过程有很大的自主性特征。一方面，在很多高校开展的网络公共课程中，往往会给学习者提供很多课程选择，学习者可以根据自己的兴趣、知识背景、课程的难易程度等进行自由选择；另一方面，网络课程往往能够突破线下教学的诸多限制，比如学习时间、学习地点等，学习者拥有较大的选择自主性。但网络课程的自主性特征在目前网络教学中产生了很多现实问题，其中最重要的是学习者学习的积极性与主动性问题，由于网络课程自身的属性目前无法进行有效的改进，因而如何解决这些问题便落到了网络课程设计上。

最后，网络课程的教学活动开展具有分离性特征，这主要是指网络课程与传统线下课程不同，虽然网络课程使教学活动能够随时随地开展，但网络课程的教学活动是非面授的，同时网络课程也缺少现实的授课环境。一方面教育者和学习者是与环境相分离的，另一方面教育者与学习者相互之间也是分离的。网络课程的分离性特征给其带来了许多难以解决的问题，影响了教学活动的效果。网络课程的教学活动是整个网络教学中最重要的一部分，教学活动实施的结果直接影响最终教学评价的结果，也影响教学目标是否能够顺利达成。尽管在当前网络课程的教学活动设计过程中，学习者与教学内容的互动、学习者与教育者之间的互动、学习者与学习者之间的互动越来越受到重视，但实际上取得的效果却相当一般，教学情境缺失、学习互动缺乏效果已经成为影响网络教学的最重要因素，因而这也是本书最终要解决的最重要的问题。

总体而言，网络课程主要是指以互联网为载体进行教育或提供相关服务的过程，它改变了教育过程中学习者与教育者之间的关系，与此同时，尽管网络课程在很大程度上与传统的线下课程有巨大的区别，但网络课程目前还不是传统线下课程的替代品，两者可以同时在传统的校园教学环境中运用。如上所述，网络课程设计的特点主要是基于网络课程本身的特殊性，即由于网络课程本身有别于传统课程的优缺点，因而在进行网络课程设计时，应尽量通过课程设计扬长避短，最大程度发挥网络课程应有的效果。

因此，网络课程设计过程中应根据不同课程的具体情况，遵循以下原则。

首先是自主性原则。由于网络课程学习活动的实施具有分离性特征，学习者在网络教育的过程中拥有比较大的自主性，因而在课程设计的过程中必须要重视学习者的主体作用，要结合不同专业、不同年级学习者的不同需求，在一定程度上体现学习者的个性化，调动学习者的创造精神，给予学习者自主学习和选择性学习的权利。

其次是交互性原则。同样是由于网络课程实施过程中学习者与学习环境的分离性特征，教育者与学习者面对面的互动缺失（即使是在直播课中，互动也并非是完全面对面的，也是与线下课程有区别的），所以，在进行网络课程设计的过程中应当充分利用网络课程自身的优势，无论是在直播课程中还是录播课程中都应当尽量创设优良的互动环境，使教育者和学习者能够实现充分的交流，并且尽力形成独特的网络课程氛围。

再次是多媒体化原则。许多教育者认为，网络课程中多媒体化是最容易实现的，因为在他们看来，网络课程本身就是以多媒体为载体的，所以这一方面反而在网络课程设计的过程中被忽略了，但实际上多媒体化在网络课程设计中十分重要。一方面，不同学习者对信息的偏向是有区别的，图文并茂的课程更能吸引学习者的注意力；另一方面，多媒体实际上是营造网络课堂环境的重要方式，通过多媒体围绕不同的课程、不同的学习内容可以营造独具特点的学习氛围，这对于弥补网络课程情境缺失的问题起到巨大作用。

最后是开放性原则。网络课程与传统课程相比最大的优势便是网络的开放性，网络课程的设计者应当充分利用网络的联结性，使学习者能够接触到更多相关的学习资源，从不同的角度加强对知识的理解，并利用现实事件提高对问题的分析能力和解决能力，培养学习者发散性思考问题的能力，使知识能够有效迁移。

2.1.3　高校网络课程设计的结构

本书根据对课程设计的广义界定，将网络课程设计结构确定为学习目标、学习内容、学习活动、学习环境和学习评价五个方面。

第一，学习目标无疑是网络课程设计中不可或缺的模块之一，因为无论是网络课程还是线下课程，其最终目的都是为了达成相应的教育目标，当然总体上的教育目标分派到具体学科上也有一定的差异，因而针对特定课程进行学习目标设计就显得尤为重要。当前，绝大部分网络课程都有相应的学习目标，尽管很多网络课程也指出了学习过程中的重点与难点，但是几乎很少考虑到网络课程与传统课程的差异，学习目标照搬传统课程，没有考虑到网络课程的现实性问题，因而影响了学习目标在网络课程中应发挥的作用，这也直接导致了后续对重点与难点内容的讲解没有与网络课程特点相对应，致使网络课程的学习目标很难有效达成。

第二，在作为教学主体的学习内容方面，当前的网络课程设计也没有区分网络课程与传统课程之间的不同，没有根据网络课程所特有的优势对学习内容进行合理地分解与重组，没有充分发挥网络课程的优势，根据学习内容的不同选择不同的知识表现形式，而是大部分以文字或图片 PPT 的形式呈现，甚至在有的课程中只出现教师的音频而没有教师的视频，这些问题都有可能直接影响学习者对知识内容的理解与接受。

第三，网络课程的主要部分，即学习活动的展开。一般而言，学习活动的开展是有一定的策略的，即要在某种教学模式的指导下，采取一定的教学方法、组织形式和教学资源，从而完成学习内容的传授。但是目前的网络课程大多仅仅只是学习内容的展示，并且如前所述，即便是在学习内容的展示上尚且不尽如人意，更不用说通过一定的教学策略来引导学习者进行学习了，这其中体现最为明显的便是互动方面的缺失。尽管当前的网络课程平台一般都有各自不同的提供给学习者与教学者互动的平台，但是一方面是这种平台未必能够满足学习者与教育者的互动需求，另一方面也存在教育者因为课程设计方面的缺陷而导致互动不足，这是本书要解决的一个重要问题。

第四，网络课程相较于传统课程最大的不足，即学习环境的设计。尽管网络课程的优势能够使学习者可以随时随地地接触到众多学习资源，最大限度地突破了时空的限制，在一定程度上促进了教育公平，但是这也不可避免地带来了很多问题，其中学习环境的缺失便是其中最重要的方面之一。在传统课堂中，情境引入或者情境化学习被摆在了一个十分重要的位置，在网络课程中，由于先天的情境缺失，学习环境的设计就显得尤为重要。目前，学者们与从业者对此进行了诸多尝试，但收效甚微，主要还是指导理论上的缺失，导致教育者对学习环境设计的重要性没有深刻的认识，对网络课程学习环境的设计望而却步，或者仅仅是简单照搬了传统课程中的一些形式，收效甚微，因此这是本书要解决的另外一个重要问题。

第五，便是学习评价设计。当前网络课程没有自己独立的评价体系，大多都是沿用了传统课程中的评价方法，即通过最终的期末评测或者课后习题的方式对学习效果进行评价，这显然没有充分发挥网络课程的优势。实际上，在当前的技术条件下，网络课程完全可以开发出更加多元的评价体系，比如利用大数据监测学习者的学习行为，从而对学习者的日常学习进行评价，远比单凭一次考试或者测试的方法，更加能够全面评价学习者的学习效果。

2.2 高校网络课程设计的传统理论及分析

众所周知，心理学的发展，尤其是对认知问题的研究，一直是教育理论发展的重要推动力。有学者指出："教学设计是作为对教与学双边活动进行的设计，它应该以人类学习的心理机制为依据探索教学机制。"[①] 实际上也确实如此，心理学研究，尤其是认知问题研究的每一次突破都给教育理论带来了新鲜的血液，但是从目前来看，尽管认知问题研究的发展给教育理论带来了诸多裨益，推动了教育理论的发展，解决了许多教育难题，使教育理论不断完善，但仍然存在许多问题亟待解决。因此，有必要回顾认知理论与教育理论的发展，并对其进行追问。

---

① 陈丽. 远程教育学基础 [M]. 北京：高等教育出版社，2004：182.

2.2.1　行为主义理论与高校网络课程设计

作为在 20 世纪上半叶始终处于主导地位的行为主义理论对教育学产生了巨大的影响，曾长期被视为是教育领域的主要指导理论。行为主义最早是在应用语言学领域中产生，行为主义无论是在认识论上还是在方法论上，都深受牛顿物理学的影响，认为人类行为是完全按照因果规律运行的，并将心理学界定为是关于人类行为的科学，它的最终目的是仿照牛顿为万物"制定"物理学定律，认为人类的行为也可以通过各种法则来进行预测和控制，其本质上是一种还原性科学，将复杂的人类心理还原为刺激与反应的因果行为。因此，行为主义的代表人物，比如华生、桑代克、斯金纳等，在心理学中都否认人类意志的存在，而注重探讨人类行为背后的因果关系。

这种理论映射到教育学中，就变成了强调通过强化学习训练来使学习者产生本能反应，而不注重学习者是否真正做到了对知识的理解，也不注重学习者的理论迁移能力，这在很大程度上就是"填鸭式"教学，比如桑代克的共同经验、多重刺激理论、斯金纳的强化理论等都是如此。根据行为主义理论进行教学设计，其最终评价的标准便是学习者的行为反应，并在此基础上对反应进行强化训练，而一旦脱离了学习时的环境，学习者就丧失了理论迁移应用的能力。

在行为主义理论看来，学习的过程就是学习者受到外部信息刺激从而与其内部反应之间产生联结的行为，所谓"习得"便是这样一种联结的成功建立，他们把外部的新知识或者新信息看作是一种刺激，而把面对新知识或新信息之后的个体行为看作是一种反应，因而学习的过程便是不断地接受刺激，并作出预期反应的过程。如果在这个过程中，预期反应能够正常发生，那么就需要继续重复这种刺激而使得刺激—反应能够得到强化，这也就是行为主义学习理论所谓的正向强化。相反，一旦在这个过程中，预期反应不能正常发生，则会出现相应的惩罚，以调整学习者的反应，直到最终出现预期反应，并在此基础上再次进行重复以强化刺激—反应。在斯金纳等看来，强化必须是正向的，惩罚等反面、消极的强化并不能使刺激—反应得到联结，只能起到调节的作用。

实际上，在行为主义者看来，并不存在除行为以外的心理事件，即所有的人类活动，包括外在的行为活动与内在的心理活动，这一切都可以归结为行为。行为主义者的最终目的是试图通过各种不同的行为方式来对学习进行定义，因而学习就是包括阅读、写作等公开的、明显的外部行为和思考、感觉等隐秘的、私人的内在行为的总和。也正是从这个意义上讲，行为主义者认为一切都是可预测的和可进行影响的，所以行为主义者并不在乎学习者自身原有的知识结构，因为在他们看来这些结构都是可以通过正向强化来调整的。在行为主义者看来，对于个体而言并没有特殊化的东西，理性的个体行为都是可预测的，而学习的目的正是使学习者最终达成理性。所以说，对于行为主义者而言，学习者在学习的过程中完全丧失了自身的能动性，最好的学习者是那些能够按照教育者安排进行行为的人。

尽管行为主义理论认识到了学习过程中经验与强化训练的作用，给教育理论带来了很大的启示，并且在一段时间内主导了课程设计的模式，但是正如乔姆斯基指出的："将动物研究中的行为原则应用到实验室之外的人类身上是毫无意义的，要理解在人类身上表现出来的各种复杂行为，我们必须假定负有终极责任的大脑中有一些无法被观测到的实体。显然，这些观点都是与以斯金纳为代表的激进行为主义者所持之立场针锋相对的。"① 显而易见的是，行为主义这种仅仅注

---

① 川外学坛. 艾弗拉姆·诺姆·乔姆斯基 [EB/OL]. (2014 - 01 - 02) [2020 - 09 - 08]. http：//blog. sina_coin. cn/s/blog_5f573400010fasj. html.

意到了人类心理的外部行为表现，而没有注意到人类心理的内部认知变化的理论，无法解释知识的内化过程，也就无法对教育目标的进一步需求进行指导，很快便被认知主义理论所取代。尽管行为主义理论在当前已经不合时宜，尤其是它仅仅强调学习者外部行为反应的观点在今天应该受到批判，但是通过强化训练来增加学习者对知识的经验这一做法仍然应该在现代的网络课程设计的过程中给予应有的重视。

2.2.2　认知主义理论与高校网络课程设计

正如前文所述的乔姆斯基对行为主义理论的批评，认知主义理论认为教学在本质上并不是一味地强调刺激与反应的直接联结，而是更加重视对知识的重新组织。实际上，也正是乔姆斯基敲响了行为主义的丧钟，并吹响了认知主义理论的号角。乔姆斯基认为，心理学研究或者说认知研究（认知研究不等同于认知主义，但是认知主义之所以有如此称呼，正是因为这一理论流派对认知本身的强调）应当把主要的研究精力由对外部行为的关注转移到对内部认知的关注上来，并进一步提出了模块化认知的重要理论，认为大脑是由一系列子系统组成的，这些子系统之间不仅能够相互影响，并且还存在相互之间的交流，尽管这种交流可能是非常有限的。①

认知主义理论对教育领域最大的影响在于对人类记忆有关问题上的研究。首先是哈佛大学心理学家乔治·米勒在短时记忆能力研究上的突破，他通过研究发现人类的记忆容量大约在 7 个组块左右，这一观点后来被认为是有关于人类记忆容量有限的基本假设。后来，通过巴德利、希契等众多心理学家的研究，对感觉记忆、长时记忆的研究

---

① 川外学坛. 艾弗拉姆·诺姆·乔姆斯基［EB/OL］.（2014 - 01 - 02）［2020 - 09 - 08］. http：//blog. sina_coin. cn/s/blog_5f573400010fasj. html.

也发展起来，最终构成了现代的相对完整的关于人类记忆的结构模型，并最终发展出"认知负荷理论"。这一理论是由认知心理学家斯威勒首先提出的，并在 20 世纪 90 年代获得了实质性的发展与扩充，这也是对人类记忆研究在教育领域内应用的最具代表性的成果。认知负荷理论对教育理论产生了非常重要的影响，因为它揭示了在人类认知能力有限的情况下如何能够最大限度地利用这些认知资源及如何配置这些认知资源以使其发挥最大效用这一问题的重要性，这些问题必须在教学活动开展之前就进行详细的计划与思考，因而使得课程设计在整个教学过程中的重要性得到了质的飞跃。①

除此以外，认知主义理论对认知加工基本机制的探索使之形成了关于学习的信息加工理论模型，这一模型通过解释人类学习和记忆基本机制之间的关系，使其成为教育领域的重要指导理论，尤其是佩沃提出的双重编码理论更是开辟了教育领域的一个新纪元，这也是自乔姆斯基提出结构主义语言学之后，认知科学对学习研究的又一个重大突破与超越。双重编码理论认为，在长时记忆中，言语信息和图像信息并不是储存在一起的，二者分布从属于感觉记忆和工作记忆在内的不同的两种认知系统，即言语信息存储于言语编码系统中，而图像信息存储于视觉编码系统中。由于双重编码理论强调感觉记忆和短时记忆所涉及的两种本质上有重大区别的心理编码系统，使得图片等视觉性教学资料走上历史舞台。

总而言之，认知主义理论所取得的重大突破深刻地影响了教育理论与实践的发展，带来了许多教育理论与实践的突破，但它也不可避免地存在诸多缺陷。比如与行为主义将人类视为是某种程度上的"动物"类似，认知主义实际在某种程度上是将人类视为一种认知

---

① Paas, F. Renkl, A. & Sweller, J. Cognitive load theory and instructional design: Recent developments [J]. Educational Psychologist, 2003, 38 (1): 1-4.

"机器"，这一点在认知主义理论对问题解决的研究中体现得较为明显。实际上，对问题解决的研究也在很大程度上被迁移到了教育领域中，比如启发式教学就极具代表性。所谓启发式教学，从根本上来说，就培养学习者的问题解决能力。但是认知主义所谓的问题解决实际上仍然是封闭式的、脱离环境的，即在某种意义上是限定性的，然而学习者在学习、生活中面临的问题往往是千头万绪、背景复杂，因而认知主义的所谓问题解决的研究能够在多大程度上迁移到生活中始终是个问题，而且认知主义将这一研究应用到人工智能领域的尝试已经在某种程度上被认为是失败的。所以说，认知主义实际上并没有最终说明人类的认知机制，而仅仅是对人类认知的某些方面做出了说明。

2.2.3　建构主义理论与高校网络课程设计

与行为主义理论和认知主义理论对整体人类认知机制的研究不同，建构主义理论更加强调个人的心理发展历程。苏联心理学家维果斯基认为人类的意识从最开始就与生产劳动不可分割，因而从最开始就是社会的产物。由此，维果斯基进一步认为，个人的认知能力不仅与个人的经验息息相关，而且也与历史经验之间有重要的关系。因此，个人的高级心理机能，尤其是与认知相关的逻辑能力、概念能力都是在社会性的相互作用中产生的。

因此，建构主义理论认为，知识并不是客观存在的，而是个人在历史过程中形成的对世界的解释和假设。所以建构主义理论认为学习是一个主观的意义建构的过程，在这个过程中新的知识经验与旧的知识经验相互作用，最终的结果便是以往的认知结构与认知内容的调整与改变。因而，建构主义认为，学习者不仅被动地接受信息，还根据自己以往的经验背景，主动地对新信息进行选择、加工与处理，主动地建构所接触的新知识的意义，每一个学习者的以往经验与知识结构不同，因而他们对于所接触到的新信息的建构方式与建构结果也就不同。正是在这种意义上，建构主义极力反对客观主义或实证主义，他们认为建构主义才是认知的基础，甚至有学者认为建构主义是认知和教育领域内的一次革命，并提出"建构主义的发现取代了而非增加了我们当前对学习的理解"①。

以此为基础，在知识观上，建构主义者通常认为知识仅仅是人类对所处世界的一种较为合理的解释或假设，这种解释或假设会随着新信息的不断出现而得到不断地更新和发展；在学习观上，建构主义者则认为学习的过程不是知识传递的过程，而是学习者在教育者的引导下通过一定的学习情境自主建构知识的过程，即学习者不是被动接受的，而是主动建构的，这种建构正如前面所说，是基于旧有的知识结构并对旧有的知识结构进行更新的；在教学观上，建构主义者指出，必须强调学习者的主体地位，以学习者为中心进行教学设计，同时建构主义者也特别强调学习者与学习者之间、学习者与教育者之间的协作，重视教学情境的真实与丰富，以期最大限度地帮助学习者建构更加完整的知识体系与知识结构。

建构主义理论当前仍然对教育理论有重要的影响，甚至可以被认为是当前的主流教育指导理论，并催生了一系列教育模式，比如探究式学习、支架式教学、情境教学和合作学习等。在此基础上，教学过程就不再仅仅是简单地向学习者灌输知识，而是要根据学习者已有的知识经验与知识结构，引导学习者从自身的知识经验与知识结构出发，主动建构知识，实现教学相长。

建构主义理论注意到了个人经验的特殊性，这当然是一个重大突

---

① Bednar A K, Cunningham D, Duffy T M, et al. Theory into Practice: How Do We Link? [A]. Anglin G J. Instructional Technology: Past, Present, and Future [M]. Englewood, CO: Libraries Unlimited, 1995. 100 – 112.

破，但是问题在于，个人知识的建构不是随意的，尤其是在一定的教育体系下，有特定的教育目标需要实现。因而问题不在于让学习者主动建构经验，因为这个过程是自然而然地发生的。问题恰恰在于，要学习者建构什么样的经验从而最终能够实现既定的学习目标，这个过程就绝对少不了教师的引导，否则就等于任由学习者自由发展，这实际上也就丧失了教育的意义，也与传统意义上的"填鸭式"教学没有区别。因为在"填鸭式"教学过程中，学习者对新知识的建构也是主观的，最终建构成何种结果也并非教育者所能够左右的。所以说，只注重学习者的主观性而忽视了教育者的引导性，尤其是只注重学习者的个性发展而忽视了学习目标的实现，是建构主义理论的主要问题之一。

2.3 传统理论视域下高校网络课程设计的离身化困境

关于学习的认知研究先后经历了多次转向，比如前文提及的从外部的行为主义向内部的认知主义的转向，以及从注重人类整体认知机制向注重个体认知机制的建构主义的转向。但从根本上来讲，除去行为主义以外，这些认知研究在本质上都是类似的，即这些研究都把认知局限于人脑中，而忽视了身体在整个认知过程中的重要性，因而陷入了一种离身化困境之中。

2.3.1 离身化困境表现

建构主义在某种程度上属于认知主义的范畴，因为认知主义也同样把认知视为是一个构造性的过程，认为在这一过程中人类的认知机制将一系列的静态表征转换为了目标状态，只不过与建构主义注重个人的经验建构不同，认知主义更加强调由表征输入到输出的这一过程机制。因此，众多学者都曾指出，认知主义在某种程度上存在唯我论的倾向，即不但把人类的认知过程简化为从表征输入到表征输出的过程，而且认为这一过程只是发生在人脑之中，因此认知主义对人类认知机制的研究仅仅局限于人类的大脑，而忽视了其他因素。①

实际上，人类的认知过程绝对不仅仅是大脑或神经系统的一种生理机制，它与认知者所处的环境及认知者的身体活动密切相关，而离身化认知理论要么没有注意到环境及身体的重要性，要么即使是注意到了也不愿意承认这一点。由此，基尔斯和迈耶认为，传统的认知研究是离身化的，即使对离身的认知机制进行研究，而其基本假设就是认为认知实际上就是大脑对信息进行的表征，或者说，在大脑内发生的对信息的加工。② 因此，按照离身化认知理论的观点，人类认知机制对知识是符号化处理的，这也就说明，知识与身体感觉和运动不仅在本质上不同，而且是与环境和身体完全分离的。这一理论的最终结果导致了教育的异化，这也是离身化认知理论困境的最重要的表现。

这种离身化困境在网络课程中表现得尤为明显，因为教育的异化首先是从教育技术的异化开始的。随着教育技术的不断发展，尤其是网络技术的发展、网络课程的出现，人无法避免被技术塑造的命运，教育也逐渐走向离身化。人们面对庞大复杂的教育技术系统，习惯性地服从于技术的安排，教育技术的发展五花八门，却独独忘却了培养一个"完整的人"的使命，与人的身体渐行渐远，而仅仅是一种技

① Fodor, J. A. Methodological solipsism considered as a research strategy in cognitive psychology [J]. Behavioral and Brain Science, 1980, 3 (1): 63 - 73.

② Kieras D E, Meyer D E. The EPIC architecture for modeling human information-processing and performance: A brief introduction [R]. Michigan Univ Ann Arbor Div of Research Development and Administration, 1994.

术性的外在强制。技术的本质应该是人类力量的外化与延伸，其本来目的应该是促进人自身的发展，然而离身化技术最终却走向了与人的对立，不再将人当作是目的，而是变成了手段，在这个过程中，技术自身的价值理性也就逐渐丧失，转而追求工具理性。以网络课程为例，一方面，网络课程平台大量涌现，各种新奇的功能最终目的不是为了更加有效地传递知识，而是为了吸引眼球从而增加平台的注册量与使用量，进而赚取经济利益；另一方面，大量网络课程涌现，同质化现象严重且良莠不齐，其目的也不过是为了赚取名誉或者利益。离身化教育盲目地追求技术，一旦出现当前技术带来的或者无法解决的教育问题，便总是期待能够出现一种新的技术，这本身就是被技术奴役的一种表现。而教育者对技术的这种依赖本身也成为一种问题，技术的发展往往会营造一种假象，表面看上去似乎是对某些问题的解决，实际上只不过是迎合了某些人的利益需求，这又是另外一种异化表现。

早在 20 世纪 90 年代，新卢德主义就对教育技术的异化展开了批判，在新卢德主义看来，计算机技术在教育领域的应用及发展从表面上看似乎可以被认为是现代教育的某种进步，但其实质却是技术对人的进一步统治，比如有学者认为计算机技术的应用在本质上蕴含的是功利主义对教育的侵蚀[1]，也有学者认为放任教育的技术化发展将会对人类文化产生毁灭性打击[2]，甚至有学者提出教育的技术化是某种意义上的人的毁灭[3]。在他们看来，现代教育理念的科学化、标准化和精确化以及现代教育技术的数字化、网络化和智能化的确在某种意

---

① Noble, D. F. Digital diploma mills: The automation of higher education [J]. Science as culture, 1998, 7 (3): 355–368.

② Sardello, R. J. The technological threat to education [J]. Teachers College Record, 1984, 85 (4): 631–639.

③ Roszak, T. The cult of information: A neo-Luddite treatise on high-tech, artificial intelligence, and the true art of thinking [M]. Oakland, California: University of California Press, 1994.

义上可以看作是一种历史的进步，但是这种进步并不是没有代价的。这些改变在带来了教育效率提高的同时，也弱化了教育本身的价值。技术使得教育越来越走向离身化，越来越轻视学习者的身体参与，而仅仅关注学习者心灵的强化。

因此，在离身化的推动下产生了更为严重的后果，这是因为离身化教育使得教育本身发生了变化。叶圣陶先生曾经指出："教育不是工业，把产品按照预先设计好的模式和流程批量生产出来；教育是农业，只要给予农作物适当的条件，包括土壤、阳光和养分等，它们就能自己成长。"① 教育技术的离身化促使教育从农业范式走向了工业范式。"同样的学制和课程，统一的教材和考试，一致的教学方法和教学程序，类似的教学楼结构和教师布局等，无不充斥着浓重的工业气息。这种工业范式的教育就如工厂流水线一样，生产着统一却缺乏个性的产品，它追求标准化、精确化、测量化及理性化。"② 这种对传统教育的描述也同样发生在网络课程当中，似乎扔给学习者一门网络课程，学习者便能够想当然地成为理想社会人。

总而言之，这种离身化的教育观深刻地影响了课程设计的理念，将"身心二分""主客二分"的观点深深地烙入了网络课程之中，其最显著的表现便是见物不见人、重教不重学。知识在整个教学过程中被认为是一种脱离于环境的客观真理，而教学仅仅是这种真理的传递，而学习者则需要做到"两耳不闻窗外事，一心只读圣贤书"。

这样表现在两个方面：一方面是社会层面上的异化。异化一词在社会批判家的理论中非常常见，也有诸多含义，比如卢梭用它来分析人类在文明进程中的堕落，费尔巴哈用它来分析理性的滥用所导致的人类本质的丧失，当然，最为我们所熟知的还是马克思在《1844 年

---

① 潘洁. 北大校长林建华：教育是农业不是工业［N］. 新华每日电讯，2015 - 03 - 08.
② 冉亚辉. 工业范式到农业范式：中国教育发展范式的必要变革［J］. 教育理论与实践，2015，35（7）：3 - 7.

经济学哲学手稿》中对异化概念进行的探讨，这也是本书所沿用的主要含义。马克思用异化概念揭露了资本主义社会之非人化和反人道的性质①，在资本主义劳动中，人们"不是肯定自己，而是否定自己，不是感到幸福，而是感到不幸，不是自由地发挥自己的体力和智力，而是使自己的肉体受折磨、精神遭摧残。只要肉体的强制或其他强制一停止，人们就会像逃避瘟疫那样逃避劳动"②。对于网络课程而言，虽然异化的强度还没有达到马克思所描述的这种程度，但是由于其离身化特征明显强于传统线下课程，因而其受欢迎的程度也远远不及线下课程，的的确确是存在学习者对其抵触或者不愿接受的情况，网络课程的效果更是远远逊色于传统线下课程。

另一方面则是教育本身的异化。马克思断言，人的本性是自由，"教育的基本作用，在于保证人人享有他们为充分发挥自己的才能和尽可能牢牢掌握自己的命运而需要的思想、判断、感情和想象方面的自由"③。因此，从教育的本来目的而言，应该是帮助人们真正地实现自身的解放与自由发展，而随着教育技术的不断发展，教育的现实追求越来越与其最初目的相违背，成为了传授知识、培养技能的手段。因此，在这种教育理念下培养出来的人毫无疑问是片面发展的，只是在某些方面受到了锻炼。当然，教育实践本身也受到时代条件的制约，因为教育是无法跳出一定的社会历史发展阶段的，但即便如此，教育也不能忽视价值理性和工具理性的统一，不能使教育实践的合目的性与合规律性相分离，不能使教育目的与教育手段的主次位置相互颠倒，人不能被教育技术（手段）所压迫、奴役，而要使教育能够满足人的需求、满足人的全面解放与自由发展（目的）。

---

① 孙伯鍨，张一兵. 走进马克思 ［M］. 南京：江苏人民出版社，2012：123.

② 马克思恩格斯全集（第 3 卷）［M］. 中共中央马克思恩格斯列宁斯大林著作编译局，译. 北京：人民出版社，2002：270.

③ 联合国教科文组织. 教育：财富蕴含其中 ［M］. 北京：教育科学出版社，1996：85.

2.3.2 离身化困境根源

离身化困境实际上就是教育的技术异化，而教育的技术异化有其历史根源，或者说是有某种历史必然性。这种必然性首先是来自教育生产力与生产关系之间的相互作用，除此以外，也有技术本身的原因，因为技术的不确定性、非自然性本身就是其异化的根源所在，当其应用到教育领域中，也就不可避免的导致了教育的技术异化，并进而产生离身化困境。

教育从其本质上来看，是社会劳动力再生产的一部分，因而也是人类社会实践不可或缺的一个重要组成部分，所以它从本质上而言必须要满足一个时期内社会历史发展的现实需要。在当前，由于社会分工的日渐细化也导致了人才培养的专门化，因此教育系统内部也出现了分工，并且越来越细，比如有普通高等教育与高职教育，在普通高等教育内部又有诸多细分。在这个过程中，教育不可避免地不再以培养自由全面发展的人为主要目的（尽管人的自由全面发展在我国仍然是最重要的教育目标，然而现实情况是，这几乎已经成为了一种理想），因而也就不可避免地走向了离身化。教育的社会分工不仅使教育与其本源目的相背离，而且也使教育手段尤其是教育技术的生产、管理和应用相分离，教育技术应用者的需求得不到满足、教育技术的生产者盲目追求技术的先进性，而教育技术的管理者作为中介无法协调二者之间的矛盾，从教育的角度来看，这些都是教育走向异化、走向离身化的根源所在。

马克思对人与社会发展的"三种形态"进行了划分，而教育作为整个社会历史结构中的一个重要组成部分，毫无疑问与整个社会的历史进程是息息相关的，会随着社会历史的发展而发展。教育本身作为社会劳动力再生产的方式之一，推动着整个社会的物质生产和精神生产的进步。但是，一定时代的社会生产力又会反过来影响教育自身的发展。比如，在农业文明中，人是最主要的生产力，因此，在教育实践中对教育者本身的依赖性就很强。以"学徒制"为例，受教育者与被教育者甚至存在某种程度上的人身依附关系，然而在工业文明中，这种人身依附关系大幅度减弱，甚至开始从对人的依赖转向对物的依赖，教育的异化开始进一步加强。所以，从这个意义上说，教育的异化本身就是社会历史进程中不可跨越的一个阶段，教育实践与教育本质、教育目的与教育手段的矛盾在本质上也是社会生产力与社会生产关系的矛盾的一个方面。

另一方面，网络教育离身化困境的另一个根源来自技术的自身属性。首先，技术本身的不确定性就是对使用者的一种潜在威胁，技术在应用过程中失去其本身意义的例子不胜枚举。其次，技术本来就是合自然性和反自然性的统一，合自然性是指技术的设计、开发和应用必须合乎自然界的某些规律，反自然性是指技术的出现势必会对自然系统的原有秩序和平衡产生破坏。[①] 因而，技术从其诞生之初就具有异化的倾向，比如网络课程虽然能够突破时空的限制，但它同时也带来了网络的限制。最后，最重要的是技术的反目的性所带来的异化结果，技术本身的目的是促进人类的发展，网络课程的开发其中一个重要目的是促进教育公平，但是当前精品付费网络课程的出现显然违背了这一初衷，网络课程不再以满足更多人的学习需要为目的，而是把人们的学习需求当作了一种牟利的手段。

按照马克思对于人类本质的理解，技术应当是人类本质力量的外化与展现，然而现实是，"工业的历史和工业已经生成的对象性的存在，是一本打开了的关于人的本质力量的书，是感性地摆在我们面前的人的心理学；对这种心理学人们至今还没有从它同人的本质相联

---

① 邹成效. 论技术的辩证本性 [J]. 科学技术与辩证法，2004（4）：50–53.

系，而总是仅仅从外在的有用性这种关系来理解，因为在异化范围内活动的人们仅仅把人的普遍存在，宗教，或者具有抽象普遍本质的历史，如政治、艺术和文学等，理解为人的本质力量的现实性和人的类活动"①。正是对技术的这种错误理解导致了人们对于技术对人的异化及对教育的异化的视而不见，使得人们忽视了在教育实践过程中，教育技术本应在教育主体与外部环境之间的互构过程中发挥中介作用（一方面是教育主体通过教育技术对教育的促进，另一方面是这种促进对教育主体的影响），使得教育不断走向离身化。

2.3.3　离身化困境批判

对离身化困境的批判应当从两个不同的角度进行，一方面是对离身化困境的社会文化进行批判，另一方面是对离身化困境的认知基础进行批判。

据前所述，离身化困境的一个根源便是技术应用的"工具理性"，这一概念最先由马克斯·韦伯提出，他认为所谓"工具理性"是指"通过对外界事物的情况和其他人的举止的期待，并利用这种期待作为'条件'或者作为'手段'，以期实现自己合乎理性所争取和考虑的作为成果的目的"②。工具理性为技术的应用和发展奠定了思想基础，在这种思想的指导下，技术的目的只需要合乎使用者或者开发者的利益即可，即技术开发或应用仅仅是开发者或应用者达成目的的手段而不是目的本身，这也就导致了对技术的盲目追求与发展，从而产生了一种"技术万能论"，导致了技术进化的失控，其最终结

---

① 马克思.1844年经济学哲学手稿［M］.中共中央马克思恩格斯列宁斯大林著作编译局，译. 北京：人民出版社，2014：85.
② 马克斯·韦伯.经济与社会（上卷）［M］.林荣远，译.北京：商务印书馆，1997：56.

果便是人与技术的共同异化。因此，对于离身化困境的批判首先就应当是对工具理性的批判。

当前，在教育领域，技术往往是以离身化的形式出现的。这也就意味着，在某种程度上，不再是技术适应人的发展需求，而是人越来越依赖于技术，以至于可以说，教育者与受教育者对技术的依赖已经从技术强制性要求使用者去适应的状态发展到了使用者主动地，有时甚至是盲目地，去追随技术发展的状态，严重的甚至出现了从授课向"售课"的转变。高校开始盲目追逐先进教育技术设备、设施，进行大量购置以后却不能与实际教学工作相结合，导致教学效果并没有发生实质性改变，教育技术设备、设施的高额配置与低效利用成为很多学校中存在的普遍现象。这种困境不仅使得使用者被技术异化，甚至设计者也在某种程度上改变了初衷，教育技术开始不仅关注技术的设计及对教育的促进，而且更加关注技术设备、设施，甚至是平台、课程的销售工作，国内外众多学者都注意到了这种现象，批评者指出这一切的最后结果就是导致"卖的太多，用的太少"①，"高科技学校，低科技教学"②，"最大化接受技术，最小化改变现实"③ 等。也有其他学者指出，"教育技术领域的许多参与者很像我的孩子。各种文献中充满了对有助于提高教和学最新、最伟大技术的赞叹和敬畏。但是，仅仅几年后，这些所谓的新技术就从文献和教育实践中消失了，再无人谈及或使用。就像孩子们对新玩具的态度，对教育技术充满热情的人总希望他们所在的院校能够启用一些新的技术设备或应用程

---

① Larry Cuban. Oversold and Underused：Computers in the classroom ［M］. Cambridge, Massachusetts and London：Harvard University Press，2001.

② Larry Cuban. High-tech schools, low-tech teaching ［J］. The Education Digest，1999，64（5）：53.

③ Larry Cuban. So much high-tech money invested, so little use and change in practice：How come ［C］. documento presentado en la Council of Chief State School Officers Annual Technology Leadership Conference，enero，2000：14 - 15.

序。几个月有时甚至是一两年里，他们会使用这些技术，认为这是最新、最伟大的技术。但新鲜感慢慢褪去后，这些最新最好的技术就被蛛网尘封，完全过时了"①。郑旭东等学者指出，上述现象的产生有多方面的原因，"信息技术在进入学校的过程中普遍面临进退两难的窘境，在促进教育和学习效能改进上难有作为，这并不是一个单纯的技术性问题，其背后隐藏着错综复杂的社会、文化与历史因素，是技术决定论的教育改革思维在学校中形成的根深蒂固的文化结构，导致了信息技术的应用效果不明显。在课堂教学中引入技术，只是教育和学习变革的第一步，而这第一步之所以举步维艰，很重要的原因在于教师个人的思想理念与高水平技术整合的要求格格不入。此外，信息技术与课程整合的目标还远远没有实现，原因是多方面的，除了深层的思想理念还有很大差距外，学生没有时间、教师需要付出额外劳动等具体因素也是关键原因"②。

在使用者不停适应、追赶教育技术，教育技术不断超越、引导使用者的过程中，使用者在不知不觉中忘记了自己应用教育技术的初衷，放弃了在应用教育技术过程中所应该发挥的主动性，逐渐丧失了在与教育技术互动过程中的主体性。这就导致教育中人和技术关系的变化，一般来说，在教育中人和技术是相互促进，共同发展的，但是现实却并非如此。在当前，教育技术的发展远超使用者的需求，尤其是在网络课程中表现得更加明显，于是就出现了技术使用者的发展速度远远赶不上技术本身的发展速度，使用者不得不盲目地追赶技术，这也就导致了技术对人的异化。甚至部分技术开发者为了引导使用者的某些非教育需求有针对性地进行技术开发，比如某些教育游戏，表

① 本刊编辑部. 教育技术的创新应用：反思与展望 [J]. 开放教育研究，2016，22（1）：4-17.

② 郑旭东，严莉. 格局的变更与研究的深化：2010 年《教育媒体与技术年鉴》解读与思考 [J]. 远程教育杂志，2011，29（4）：11-17.

面上看是为了增强对知识内容的体验，但是在其中加入过多地追求感官刺激和愉悦的功能，使其游戏性远远超过了教育性，这也就远离了教育的本质，使教育本身也发生了异化。与此同时，教育技术的飞速发展使得教育技术的应用者产生了一种错觉，即技术是万能的，一旦在教育教学过程中遇到了某些无法实现的教育目标，便期待着能够开发某种技术来实现，这形成了一个恶性循环。在这个过程中，不管是教育技术的应用者还是开发者，都形成了一种对技术的依赖心理，而忽视了人自身所能够发挥的主动性，这也是异化的一种形式，是教育离身化所产生的恶果。

"离身"引发的这种人对技术依赖、技术使人异化的这种关系，从根本上导致教育领域中出现了一种"主客分离"的理性主义或者说工具主义教育文化。"当离身化的技术应用于教育时，教育将陷入工具化和机械化的困境，并成为一种'制器式'的教育：它通过规范化、程式化的'生产'流程与'再造'逻辑，把人的生命本性抽离掉，使其成为符合社会需要的个体；它将人的身体和心灵分开处置，身体受到的是管制、训练和监视，心灵却被扼杀、消解和清除，人成为失去心灵的机器，成为标准化、规格化的'物'。"① 这样一种理性主义或者说工具主义的教育文化，使教育在某种程度上失去了其本质，而被异化为一种技术教育，对技术的追逐使对教育价值的追求变得边缘化，通过技术手段获得最高效的信息传递成为了教育的核心，陷入了一个教育领域中常见的误区。要知道，信息传递从来就不等同于教育，教育的最终目的是促进人的自由全面的发展，因此，离身化的技术就使教育失去了自我，成为规训受教育者的工具。

此外，对离身化的批判离不开对其认知基础的批判。如前所述，

---

① 王美倩. 具身视野下教育中人与技术关系重构的理论探索［D］. 武汉：华中师范大学，2018.

离身化的认知基础便是"身心二分""主客二分",这是对认知活动本质的一种错误理解,它忽视了身体与环境在人类认知体系中的重要地位。人类的认知体系对认知者自身的身体是具有依赖性的,叶浩生指出:"身体限制着认知的特征与范围,有机体的身体结构、身体的活动能力限制了认知表征的性质和内容;身体不仅限制着认知加工,而且可以作为认知加工的一个组成部分,在大脑和身体之间分配认知任务,发挥着一种类似于分销商的作用;身体调节着认知,影响着思维、判断、情绪和动机等心智过程。"[①] 身体作为认知加工机制的载体,与认知科学意义上的心灵之间是统一的,二者是不可分割的,一旦持有一种"身心二分"的观点,便会毫无疑问的走向离身化。在当前,认知科学领域发展出了一种新的认知理论——具身认知,本书正是在此基础上进行的网络课程设计,以期能够脱离网络课程设计中的离身化困境。

以往的教育理论基本上是基于经典认知研究而建立起来的,难以脱离离身化认知的窠臼,传统理论往往难以解释或者说预测现实情境中的复杂教育环境与教育实践,因而在面对教育实践中所产生的一些难题就更加的捉襟见肘了。尽管传统的认知研究毫无疑问会对教育实践产生影响并做出一定的贡献,如20世纪60年代布鲁纳领导的课程教学改革运动,就是依托认知主义的心理学研究,在其理论基础上推动了教育实践从行为主义向认知主义的转移,但是这一转移究竟该如何去评价,对教育领域的贡献究竟有多大,却是学术界一个长期争论不休的话题。实际上,尽管我们说认知研究一直以来都对教育理论有着深刻的影响,但是二者之间的关系却并非如此简单,尼米就曾经指出,教育一直以来都被视为一种艺术,而认知研究则是涉及人类心理及其错综复杂的结构与操作。换言之,教

---

① 叶浩生.认知与身体:理论心理学的视角[J].心理学报,2013,45(4):481-488.

育作为一种人文学科，其中人所能够发挥的能动性是无法想象的，不能单纯地以认知研究来概括，而认知研究作为一种标准化的、试验化的理论，它与教育有着深刻联系的同时，也有着不可忽视的对立，正如斯诺所言，科学与人文这两种文化的对立，是三百年工业文明导致的结果。因而，要想在教育领域内实现科学与人文的融合，从来都不是一件容易的事情。

因此，尽管从理论上看，认知研究对人类心理，尤其是对人类的记忆和人类的认知过程的揭示，对教育、教学实践走向科学化起到了一定的推动作用。但反过来从教育实践的角度来看，在很长一段时间内，尽管教育工作者与研究人员都希望能把认知研究的结果应用于教育实践，以更好地实现教育的价值，并为此而掀起了数场遍及全球的教育科学化运动，但从目前的现实情况来看，我们无法拿出确切的证据来证明教育科学化运动确实取得了成功，以至于有学者还认为认知研究在教育领域内的应用甚至还给教育实践带来了灾难。① 知名的人工智能专家与认知科学家尚克也曾经对此进行了批评，他说："我对学习了解得越多，就越意识到学校教育的一整套做法从根本上都是错误的。当我发现自己的孩子在学校的泥淖中艰难跋涉时，感到非常震惊。我发现孩子开始憎恶学校……"② 教育实践的理论基础从行为主义心理学原理向认知主义心理学原理的转移看似是一种进步，但是正如前文所述，这只不过是从一种离身化倾向转移到了另外一种离身化倾向，并没有从实质上改变其本体论机制。因此，在传统认知研究背后潜藏着的仍是离身化的本体论和认识论基础，这就导致在此基础之上，无论理论如何发展、变化，都不可能摆脱其机械化的自然观、身

---

① Cole, N. S. Conceptions of educational achievement [J]. Educational Researcher, 1990, 19 (3): 2 - 7.

② 郑旭东. 学习研究新学科创建的辉煌历程：学习科学成功之道探秘 [J]. 开放教育研究, 2011, 1: 42 - 50.

心二分的身心观以及分析还原的方法论，也就无法实质上解决其面临的问题。所以，站在改变教育实践的角度上来看，认知研究要想真正地改变教育实践、促进教育实践，首先要做的就是革新自身的本体论和认识论基础，摆脱离身化的理论预设，从离身化走向具身化。

第3章
高校网络课程设计现状与困境
调研分析

伴随互联网技术在教育行业的广泛应用，网络课程的开发随着网络技术的更新不断升级，从最初的短视频录制、网络讲座的开展，到现在网络直播课程的实时进行，网络课程依托大数据、云计算、5G等技术发展势头强劲。作为新兴事物，网络课程发展历时十多年也逐渐暴露出一些缺陷，例如网络课程的后期维护管理不佳、网络课程互动难、网络课程学习效率低等问题渐渐凸显。为全面了解高校网络课程及其设计的发展现状，本章将借助问卷调查和深度访谈相结合的方法，以全国各地高校的教师和学习者为对象开展调查，量化呈现高校网络课程及其设计的发展现状及问题。

3.1 具身认知下的高校网络课程设计现状调研方案

3.1.1 问卷设计与实施

课程设计的第一个环节是对课程进行前端分析，需要了解组织的目标和愿景，目前课程的现状、学习者的情况、内容资源情况等方面的信息，这些信息将成为确定课程目标的主要依据。而教育目标的确定，又是其他课程设计的起点，包括选择教学材料、规划内容、开发教学程序、编制测验的标准等，都是达到教育目标的手段。为了能够了解目前高校师生对具身化的网络课程的态度、了解高校网络课程是否具备具身化的条件、了解学习者的情况，本章将借助问卷调查和深度访谈相结合的方法，以全国各地高校的教师和学习者为对象开展调查。并运用统计定量分析方法对收集到的调研数据展开分析。

本次调查综合使用问卷调查法及深度访谈法，全面收集数据。其中问卷调查法通过问卷星平台发放问卷，并将数据结果利用编程进行可视化分析；深度访谈则借助腾讯会议，通过与具有教育技术学、教育心理学背景，并开设过网络课程教学的教师进行沟通交流收集数据。

（1）抽样与样本。

我们把每次调查同意某个观点（"试验成功"）的概率假定是固定数目 $p(0 \leqslant p \leqslant 1)$ 称之为伯努利（Bernoulli）试验，当调查对象为 n 个时，同意该观点的概率为 p 的 Bernoulli 试验中成功次数的分布为二项分布 Binomial (n, p)。但是，同样大小的比例可能可信程度不一样。样本所提供的比例的置信区间较短意味着真的参数（这里是 p）不会距离你估计的（$\hat{p}$）太远。在调查的一些文献中，人们习惯用 6% 作为可接受的上限。为了确保置信区间宽度不超过 0.06，下面我们给出不同样本量（n）和不同样本比例（$\hat{p}=x/n$）的置信区间的宽度示意图。清晰显示了当 $\hat{p} \approx 0.1$ 时，样本量为 414 时，置信区间宽度就可小于 0.06，而当 $\hat{p} \approx 0.5$ 时，样本量为 1098 时，置信区间宽度才小于 0.06（见图 3-1）。

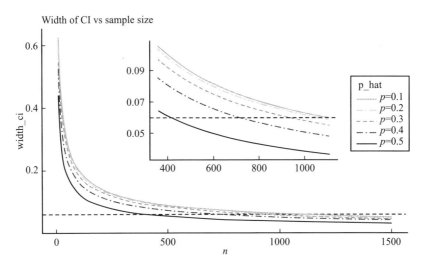

图 3 – 1　不同样本量和不同样本比例的置信区间的宽度示意

　　因为我们采用随机抽样的方式完成了教师问卷和学习者问卷，结合不同样本量和不同样本比例的置信区间的宽度理论，样本需要达到一定数量才能符合标准。关于网络课程设计调查教师问卷，我们总共收集了 1113 份。如果一个比例其分母为该全部数据样本，各种题目的不同选项比例的置信区间是比较可靠的。但是，如果一个比例其分母是在一定背景条件提取出来的样本，有效性值得考究，需要计算该比例置信区间的宽度。所以，为了显示该比值的有效性，本书的交叉比例均标注了 95% 置信区间宽度。

　　同样地，针对学习者问卷，由于本书主题是分析参与过网络课程学习的学习者的学习体验，根据数据收集结果，需要剔除没有参加过网课学习的问卷 154 份，最终得到参与过网络课程的问卷总共有 3293 份。因此，以下的统计分析内容是基于 3293 份调研问卷而展开的。我们的调研对象较多，样本远超过了 1067 个，所以，分母为全样本的比例的 95% 置信区间宽度均能小于 0.06，这部分比值不再备注 95% 置信区间宽度。如果分母不是全部数据，而是有一定的限制条件，此时分母量会下降，在此基础上计算的比例的可靠性需要验证。为了显示比例的有效性，交叉分析的比例后面均备注95%置信区间宽度。

（2）问卷效度。

为了保证问卷具有较高的有效性和可靠性，在形成正式问卷之前，应当对问卷试测，并对试测结果进行效度和信度分析，根据分析结果筛选问卷题项，调整问卷结构，从而提高问卷的效度和信度。

效度（validity）即有效性，它是指测量工具或手段能够准确测出所需测量事物的程度。效度分为三种类型：内容效度、准则效度和结构效度。效度无法使用定量指标确切衡量，我们采用了内容效度，邀请专家评估了问卷的代表性和覆盖面的程度。

信度（reliability）即可靠性，它是指采用同样的方法对同一对象重复测量时所得结果的一致性程度。信度指标多以相关系数表示，大致可分为三类：稳定系数（跨时间的一致性）、等值系数（跨形式的一致性）和内在一致性系数（跨项目的一致性）。衡量信度的方法有很多种，常用的信度系数包括：克隆巴赫 α 系数、折半系数、重测信度，可在 SPSS 中进行分析。本次调查中教师问卷的信度检验 α 系数为 0.912，学习者问卷的信度检验 α 系数为 0.831，二者通过检验。

3.1.2 问卷基本描述

3.1.2.1 教师问卷

本次调查利用问卷星平台一共收集了 1113 份教师问卷，本次调查范围覆盖全国教师，各区域占比如下[①]：华北地区占比 5.39%，华

———

① 其中华东地区包括山东、江苏、安徽、浙江、福建、上海；华南地区包括广东、广西、海南；华中地区包括湖北、湖南、河南、江西；华北地区包括北京、天津、河北、山西、内蒙古；西北地区包括宁夏、新疆、青海、陕西、甘肃；西南地区包括四川、云南、贵州、西藏、重庆；东北地区包括辽宁、吉林、黑龙江。

东地区占比 11.05%，华中地区占比 5.03%，华南地区占比 19.42%，西南地区占比 56.15%，西北地区占比 2.96%（见图 3 - 2）。

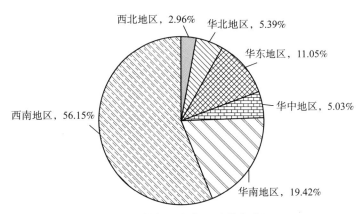

图 3 - 2　教师问卷各区域信息来源

在我们回收的 1113 份教师问卷中，调研对象男女各半，男教师有49.60%，女教师有 50.40%。其中硕士研究生和博士研究生学历各占比例为 41.87% 和 40.07%，并且有 9.79% 属于博士后，也有少数属于大学本科及以下学历，占比 8.27%。同时具有 15 年以上教龄经验的占比为 40.52%，1～5 年，6～10 年和 11～15 年比例比较均匀，分别为18.42%，15.99%，17.70%，有 7.37% 的不足 1 年教龄（见图 3 - 3）。

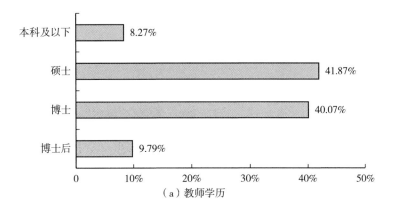

（a）教师学历

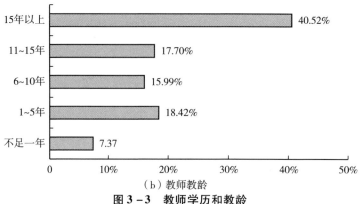

（b）教师教龄

图 3-3　教师学历和教龄

3.1.2.2　学习者问卷

本次调查借助问卷星网络平台收集学习者问卷 3447 份，调查范围为全国的大学生，各经济区域的占比如下[①]：华北地区的比例为3.80%，华东地区比例为 2.44%，华中地区比例为 4.15%，华南地区比例为 10.36%，西南地区比例为 64.69%，西北地区比例为1.83%，如图 3-4 所示。

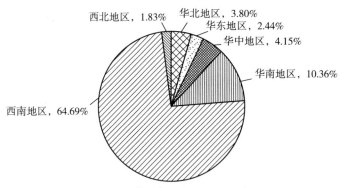

图 3-4　学习者问卷区域信息来源

[①] 其中华东地区包括山东、江苏、安徽、浙江、福建、上海；华南地区包括广东、广西、海南；华中地区包括湖北、湖南、河南、江西；华北地区包括北京、天津、河北、山西、内蒙古；西北地区包括宁夏、新疆、青海、陕西、甘肃；西南地区包括四川、云南、贵州、西藏、重庆；东北地区包括辽宁、吉林、黑龙江。

收集的 3447 份问卷中，女性占比 66.23%，男性占比 33.77%。各年级学生人数依次为：大一学生占比 34.62%，大二学生占比 27.33%，大三学生占比 24.75%，大四学生占比 4.01%，硕士及以上学生占比 9.29%。各专业学生人数依次为：工学学生占比 24.57%，历史学学生占比 14.58%，管理学学生占比 12.06%，经济学学生占比 11.3%，法学、教育学、文学和艺术学四个专业的学生占比约 5%，其他学科专业学生占比较小，如图 3 – 5 所示。

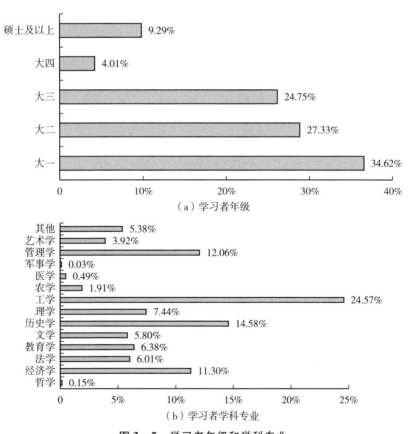

（a）学习者年级

（b）学习者学科专业

图 3 – 5　学习者年级和学科专业

3.2 高校网络课程现状与具身化学习需求分析

信息技术的革新对教育观念、教育体制、教学方式和人才培养目标等方面有深刻的影响。因此，随着社会的不断发展，在进行课程设计时需要考虑以下几方面的问题：现有课程是否满足对人才培养的需要？是否有开展具身化网络课程的需要？课程的针对群体发生了哪些变化？

本节的需求分析数据主要来自教师和学习者，采用问卷调查与访谈的方式获得数据，分析的结果将会成为下一章进行具身化网络课程设计的主要依据。

3.2.1 高校网络课程现状分析

网络技术的发展对教学与学习产生了非常重大的影响，网络课程应运而生，突破了对学习时间和学习空间的限制，学习者可以随时随地学习，并且丰富的网络学习资源也为学习者提供了更多的学习渠道。随着网络学习管理系统和各类网络课程的发展，网络学习的形式也更为多样，已经成为高等教育的重要学习方式。由网络课程推动的新兴教育模式，使得高等教育产生了根本性的变化，但是网络课程的发展也并非是一帆风顺的，它在带来了诸多机遇的同时也面临着诸多问题与挑战。本节通过对现有网络课程的分析，一方面是发现网络课程设计过程中所面临的问题，另一方面是借鉴以往网络课程设计的经验，为具身化网络课程的设计做好铺垫。

通过调查发现，网络课程的授课方式主要有两种：一种是以教师为主导，即通过视频播放的形式；另一种是直播授课，即教师与学习者有面对面的互动。

　　教师网络课程开设类型主要数据统计：69.39% 的教师采用教师讲授与学习者讨论相结合进行网络授课，38.63% 的教师倾向全堂讲授，27.67% 的教师选择教师答疑方式进行网课教学，10.24% 的教师采用小组合作自主学习，7.55% 的教师采用学习者个人自主学习的方式，4.49% 的教师采用其他类型方式授课，如图 3 - 6 所示。

　　教师网络课程授课的主要方式：78.71% 的教师有使用直播授课的经历，29.20% 的教师通过播放录播视频授课，29.92% 的教师通过作业资料完成进行网络授课，26.06% 的教师采用会议讨论模式授课，5.03% 采用其他方式网络授课。

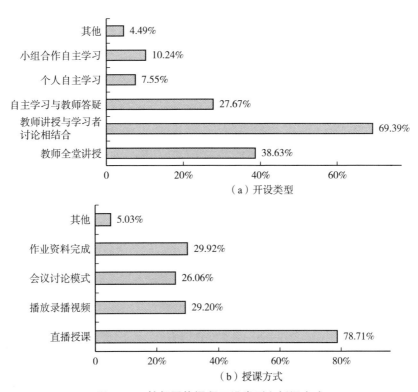

图 3 - 6　教师网络课程开设类型和授课方式

　　在对当前的网络课程设计调查中，笔者发现目前教师群体对网络课程设计的关注较低。其中，有50.49%的教师表示没有参与相关培训，并且在网络课程设计的过程中，教师更加关注与知识内容相关的要素。根据调查结果，网络课程设计要素受教师关注程度依序为：课程内容＞呈现结构＞呈现方式＞学习者经验＞教学环境。而且在教师所关注的网络课程设计原则中，整合性原则＞互动性原则＞发展性原则＞亲和性原则＞生成性原则＞可选择性原则①，这与对网络课程设计要素的关注程度存在一定的矛盾（如图3－7所示）。比如，在网络课程的设计要素中，教师对教学环境的关注度比较低，这会在很大

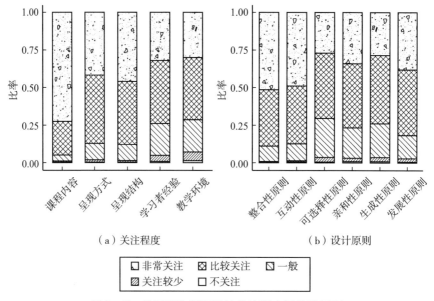

（a）关注程度　　　　　　　（b）设计原则

□非常关注　⊠比较关注　▨一般
▨关注较少　□不关注

图3－7　教师网络课程设计关注程度及设计原则

---

① 其中整合性原则指实现媒体资源和学科内容的整合，互动性原则质指培养学生积极主动地参与教学活动，发展性原则指网络课程设计应注重应该伴随学科的发展而不断更新课程内容，亲和性原则指课程的整体环境应能够支持真实的情境创设，使学习者能如临其境；生成性原则指考虑能够通过一定的途径和技术手段，吸引学生发表自己的经验和学习成果；可选择性原则指学习者利用网络很方便地自主选择和控制自己的学习时间、学习行为、学习内容、作业与测评。

程度上影响教师与学习者的互动，然而在教师所关注的网络课程设计原则中，互动性原则的关注度又十分靠前。因此，总体而言，在当前的网络课程设计中存在一定的混乱，教师缺乏统一的、有效的网络课程设计指导理论。

在网络课程设计上的不足也直接导致了网络课程的开展存在一定问题。比如，有 74.12% 的教师认为在网络课程开展的过程中教师监督性下降，其实这也从侧面反映了网络课程的设计不足以吸引学习者全身心的投入，这也就是为什么会有 72.87% 的教师认为开展网络课程的过程中存在上课体验感降低的问题。另外，有 57.05% 的教师提出网络课程使得创建教学情境难度加大，54.36% 的教师认为网络授课的课堂交流方式单一，这些问题实际上不是网络课程本身存在的不可克服的缺陷［如图 3 - 8（a）所示］。尽管在网络课程的开展过程中缺少课堂环境，但是教学情境与课堂环境之间仍然存在区别，教学情境不仅仅是一种物理情境，同时也是一种心理情境、文化情境。归根结底，网络课程开展中存在的问题，最终还是要回到网络课程的设计上去。

与此同时，网络课程开展的优势也是不容忽视的。在调查中我们发现，有 74.84% 的教师认为网络课程的资源共享性远远高于线下课程。学习者可以接触到更丰富、更多元的学习资源，这其中不仅仅包括学习者直接学习的内容，也包括相应的辅佐内容与扩展内容，网络课程的开展有助于学习者拥有更加开阔的视野，尤其是对一些现实问题的关注。另外，还有 61.55% 的教师认为网络课程具有受时空限制小的优点，有 45.91% 的教师认为网络课程具有课程成本相对较低的优点，30.91% 的教师认为网络课程有师生交流互动便捷的优点［如图 3 - 8（b）所示］，尽管这种互动不是面对面的，但在形式上相对来说更加丰富，既可以通过线上的实时交流，也可以通过教学平台以及各种论坛进行。

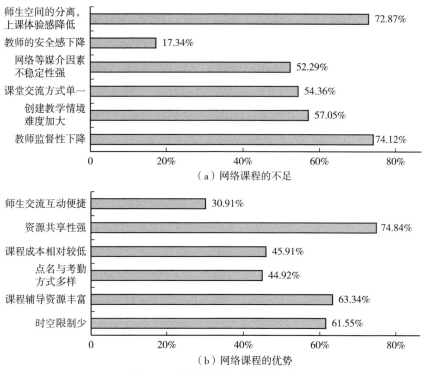

图 3-8 网络课程的不足与优点

根据我们的调查数据，教师对目前网络课程设计与开展上的不足有一定的认识，比如，有 62.71% 的教师认为问题的原因在于网络课程的设计缺乏对学习者的分析，难以满足学习者需求。除此之外，还有约 40% 的教师认为，网络课程的设计缺乏理论指导，导致部分学科资源重复浪费或者短缺，课程资源的分配不均；教学理念依旧是照搬线下课堂，更新缓慢，导致在网络课程开展的过程中效果不佳；教师对网络课程的开展方式不够熟悉与适应，导致学习者的学习体验下降等等。

需要指出的是，在对具身教育理念有一定理解的教师中，有 63.35%（95% 置信区间为 0.0596）认为网络课程设计难以满足学习者需求是网络课程存在不足的显著原因，该比值相对上述整体数据提高了 1 个百分点，表明这点更受认可具身教育理念的教师群体的关注。

针对网络课程发展的不足，对教师群体提出网络课程改进的方法进行总结。66.04% 的教师一致认为师生互动交流，提高师生互动频率，改善上课质量是网络课程需要改进的地方；52.65% 的教师提出建立实时在线监测系统，构建合理的学习者学习效果评价体系；完善教学意见反馈系统并及时调整教学方案，完善网络课程的硬件，减少网速等客观条件的影响，增加视频、音乐、表演等，采取多种手段搭建教学场景，增强学习者身心融合的学习感受等三种改善方式均受到近 40% 的教师认可。

对认可具身教育理念的教师群体提出的改进网络课程方法的意见总结，67.50%（95% 置信区间为 0.0580）的教师认为网络课程设计最需要改进的地方在于提高师生互动频率，改善上课质量，该比值相对全样本数据提升了 2 个百分点，表明这点更受认可具身教育理念的教师群体的重视。

3.2.2　教师对具身化网络课程的需求分析

具身认知理论作为认知科学中的一种新的理论取向，其对教育领域的渗透目前还不够深入。因此，要以具身认知理论进行网络课程的设计与开展。首先需要对教师对基于具身认知理论的网络课程的设计与开展的了解度和认同感进行调查分析。

从教师角度反映其了解具身教育理念程度的数据显示：60.83% 的教师了解具身教育理念，而 39.17% 不了解具身教育［如图 3 - 9（a）所示］，具身教育理念的普及有待进一步加强。在了解具身教育理念的基础上，进一步调查教师群体对具身教育理念的认可程度，92.9% 的教师表示认同，仅 7.1% 表达不认同的观点［如图 3 - 9（b）所示］，可见具身教育作为新的教育理念，虽然在教师群体中覆盖面有待扩大，但教师群体对其包容性较高。

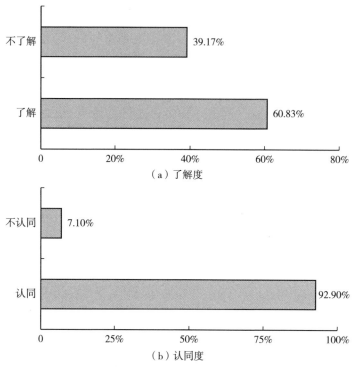

图 3 - 9　教师具身教育理念了解度及认同度

　　认同具身教育理念的教师中认为首先从切身体验出发，充分调动学习者身体和心理参与度，在轻松愉悦氛围中增强学习兴趣和通过感受、觉知、反思、实践不同方式领悟知识，达到身心融合式的学习效果是网络课程设计中非常重要的因素，占比分别为 76.89% （95% 置信区间为 0.0523） 和 79.4% （95% 置信区间为 0.0502），其次是丰富交互模式，师生互动发挥学习者的创造性和个性，比例为 60.25% （95% 置信区间为 0.0606） ［如图 3 - 10 （a） 所示］，最后是利用在线视频、音乐渲染等手段刺激感官，调动学习者激情和投入，占比 45.65% （95% 置信区间为 0.0616）。

　　同时，认同具身教育理念的教师中，首先，多数做到了引导学习者积极参与互动，调动学习者学习自主性，了解学习者需求和偏好，有针对性地进行网络课程设计的比例为 64.80%（95% 置信区间为 0.0591），积极学习新型技术呈现手段占比 61.8%（95% 置信区间为 0.0601），将抽象知识形象化可视化占比为 60.15%（95% 置信区间为 0.0606）。其次，做到收集网络音频资源，保证鲜活的教学案例，比例为 52.03%（95% 置信区间为 0.0618），而做到创建表演模仿、实验演示等多种情境，将感性认知具体化、可操作化，以及运用学习者主导的演讲、表演多种手段，强化学习者学习身心体验的比例相对较低，分别为 28.72%（95% 置信区间为 0.0561）和 27.66%（95% 置信区间为 0.0554）［如图 3－10（b）所示］。这说明尽管教师对具身教育理念有一定的了解，并在教学中有意识或者无意识地践行着某些具身教育理念，但总体来说，缺乏理论指导，无论是在网络课程设计中还是在网络课程开展中对具身教育理念的践行存在着碎片化和理解不够深刻的特征。

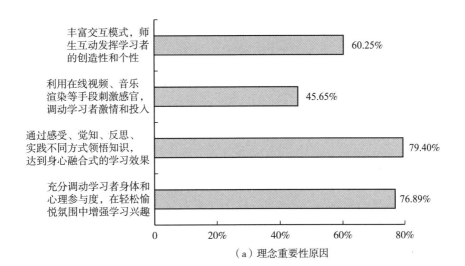

（a）理念重要性原因

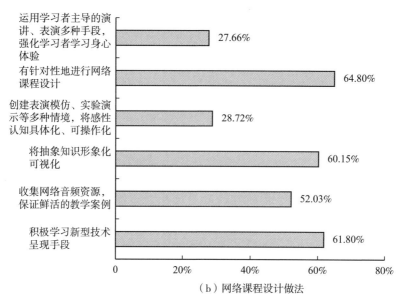

（b）网络课程设计做法

图 3 - 10　教师具身教育理念重要性原因和具身教育的网络课程设计做法体现

　　针对教师对具身教育的网络课程设计的态度，即对具身教育理念的网络课程设计是否能够弥补传统网络课程设计的不足的调查分析显示（如图 3 - 11 所示），有 36.84% 的教师认为具身教育理念的网络课程设计能够弥补传统网络课程设计的某些不足，59.39% 的教师表示这种方式有待试验，3.77% 的教师则认为不能弥补。而对是否曾根据具身教育理念进行网络课程设计的调查分析则显示，有 60.92% 的教师曾经有过根据相应知识点创建教学情境的经历，28.12% 的教师认为自己不曾有意，但可能在无意中有过类似举动，10.87% 的教师表示从来没有根据具身理念创建情境。

　　值得注意的是，在有创建教学情境经验的教师群体中，27.40%（95% 置信区间为 0.0533）的教师表示具身教育网课可以弥补传统课程设计不足，31.90%（95% 置信区间 0.0556）的教师则认为有待试

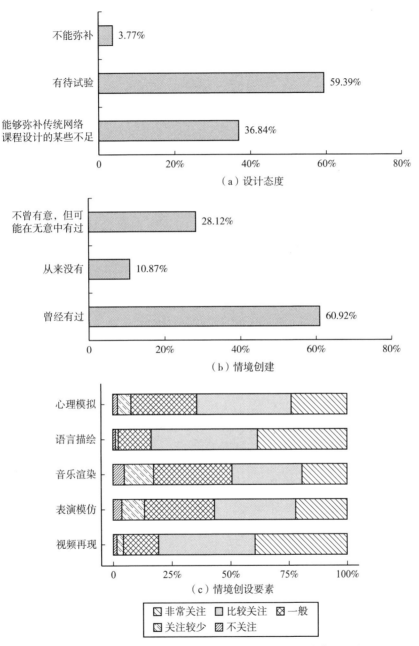

（a）设计态度

（b）情境创建

（c）情境创设要素

非常关注　比较关注　一般
关注较少　不关注

图 3 – 11　教师具身教育的网络课程设计态度、教学情境创建、

教学情境创设要素数据统计

验，1.62%（95%置信区间为0.0158）的教师认为具身教育不能弥补传统课堂不足，整体说明了曾经有过创建情境举动的教师多数认为具身教育理念的网课设计可以弥补其传统某些不足或对其有所期待。

关于教师在网络课程教学中采用情境再现方式，根据我们的调查，各方式受关注程度依序为：视频再现＞语言描绘＞心理模拟＞表演模仿＞音乐渲染。进一步分析有情境创建经历的教师关注的情境创建方式，11.80%（95%置信区间为0.0500）的教师关注视频再现，26.70%（95%置信区间为0.0680）的教师关注表演模仿，24.34%（95%置信区间为0.0660）的教师关注音乐渲染，10.62%（95%置信区间为0.0478）的教师关注语言描绘，21.98%（95%置信区间为0.0637）的教师关注心理模拟情境。

具身教育强调课堂中师生互动多样化，尤其是要调动学习者的身体参与，对于身体互动，教师在网络课程开展中的互动形式显示：85.8%的教师在网络课程开展中喜欢以提问方式互动交流，60.92%的教师采用回复弹幕评论方式进行互动，34.68%的老师采用可视化或音频播放的形式进行互动，21.2%的教师喜欢使用手势或其他肢体语言与学习者互动［如图3-12（a）所示］；同时，教师在网络课程开展过程中的互动情况显示：53.91%的教师表示互动不太活跃，30.91%的教师表示经常互动，6.56%的教师表示互动活动频繁，8.63%的教师表示基本不互动［如图3-12（b）所示］。

探究认可具身教育理念的教师在网络课程开展中的互动频率情况，数据显示，认同具身教育理念的教师对象中有85.60%（95%置信区间为0.0438）经常以提问方式互动交流，该比值是同等情况下全样本数据的0.9977倍；而认同具身教育理念教师中有31.82%（95%置信区间为0.0577）在网络授课中经常与学习者互动，该比值相对全样本数据同等情况下提升了3个百分点左右。

分析教师在网课中互动的原因，79.78%的教师表示互动的目的是鼓励学习者参与课堂教学，60.56%的教师表示互动是为了活跃课堂气氛，59.33%的教师表示互动可以训练学习者的思维，57.5%的教师表示可以帮助学习者进入相应情境，少数教师表示互动是为了管理课堂秩序和完成考勤等教学任务［如图3－12（c）所示］。分析认可具身理念的教师对课堂互动的态度，80.27%（95%置信区间为0.0494）的教师鼓励学习者参与课堂，该比值相比于全样本数据同等情况下提升了0.6个百分点。

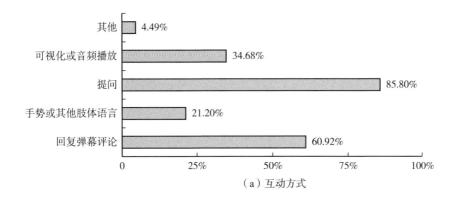

（a）互动方式

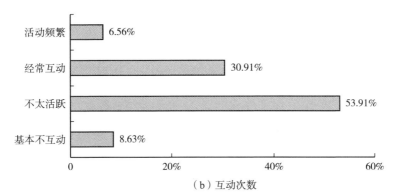

（b）互动次数

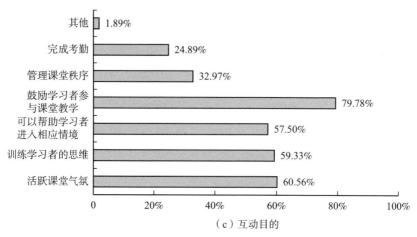

（c）互动目的

图 3 - 12　网络课程开展过程中教师互动方式、互动次数、互动目的的数据分析

上述调查表明，在网络课程开展的过程中，尽管存在师生之间的互动，但是一方面这种互动并不频繁，另一方面，互动的目的也相对较为模糊，较少针对学习者学习效果的加强，而是为了完成相应的教学任务或者保证教学的顺利开展，这样就使互动的效果大打折扣。

最后，本书也对将具身教育理念应用于网络课程的设计与开展的未来进行了调查与分析，有 66.22% 的教师认为新教育技术能够提高知识可视化能力且降低知识抽象程度，60.2% 的教师认为虚拟现实技术可以辅助还原和模拟教学场景，且优化学习环境，模拟学习知识的真实环境，增加学习者观察机会，59.75% 的教师提出该技术可以关注并调动学习者身体与心理且促进身心融合式学习，44.65% 的教师认为虚拟技术可以增加个性化教学，实现因材施教，可见虚拟现实等技术给具身教育提供了一个对未来美好的憧憬 [如图 3 - 13 （a）所示]。探索认可具身教育理念的教师群体对虚拟现实技术的态度，67.41%（95% 置信区间为 0.0580）的教师认为虚拟现实技术可以提高知识可视化能力，降低知识抽象程度，相比全样本数据同等情况下效率提升了 2 个百分点左右。

对于具身认知融入网络课程的应用范围，37.83% 的教师认为人文素养类课程更适合开展具身认知的网络教学，23.45% 的教师认为实践类课程更适合，22.01% 的教师认为更适用于学习和研究方法类课程，16.71% 的教师则认为理论性强的课程更适用［如图 3 - 13（b）所示］。探索认可具身认知理念的教师群体对待"网络课程 + 具身认知"的态度，17.73%（95% 置信区间为 0.059）的教师认为在理论性强的课程中可以引入具身认知，该比值相对全样本数据同等情况下提升了 6 个百分点；17.12%（95% 置信区间为 0.0468）的教师认为理论性强的课程可以引入具身认知，该比值相对全样本数据同等情况下提升了 23 个百分点左右。

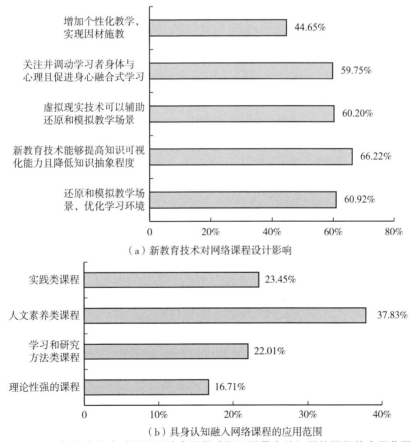

（a）新教育技术对网络课程设计影响

（b）具身认知融入网络课程的应用范围

图 3 - 13 新教育技术对网课设计发展影响及开展具身认知网络课程的应用范围

3.2.3 学习者具身化网络课程的需求分析

根据本书的调查，学习者参与的网络课程数量结果显示［如图3-14（a）所示］，47.01%的学习者参与过6~10门的网课学习，27.06%的学习者参与过3~5门的网课学习，15.49%的学习者参与过1~2门的网课学习，10.45%的学习者参与过10门以上的网课学习，学习者整体在疫情期间均有网课学习的经验。

学习者使用网络课程学习的原因显示［如图3-14（b）所示］，93.47%的学习者因为学校或学科需求，26.27%的学习者因为个人兴趣，23.78%的学习者原因是职业或技能规划，6.68%的学习者则表示因为其他原因。

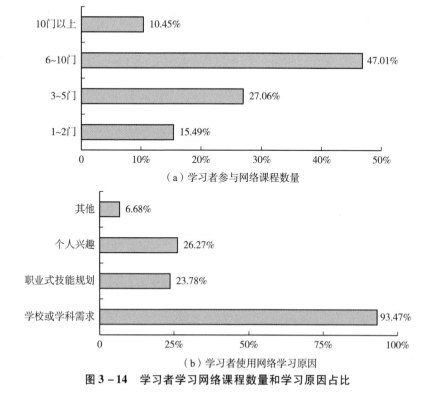

（a）学习者参与网络课程数量

（b）学习者使用网络学习原因

图3-14 学习者学习网络课程数量和学习原因占比

学习者接触网络课程的类型显示［如图 3 – 15 （a） 所示］，86.70% 的学习者接触的网络课程类型属于在线直播或直播回放，58.37% 的学习者接触过教师人像的录播讲解视频，42.79% 的学习者通过补充链接资料（网页、文章、视频）接触网课，33.92% 的学习者接触过无教师人像的讲解音频的网课。

学习者使用网络课程学习的内容统计显示［如图 3 – 15 （b） 所示］，78.89% 的学习者利用网课学习专业课，78.44% 的学习者利用网课学习公共课，21.23% 的学习者利用网课学习兴趣课程（手工课/舞蹈课等），17.04% 的学习者利用网课学习考研课程，14.91% 的学习者利用网课学习四六级英语等外语课程，14.01% 的学习者利用网课学习技能考试（会计/证券等），3.89% 的学习者利用网课学习其他内容。

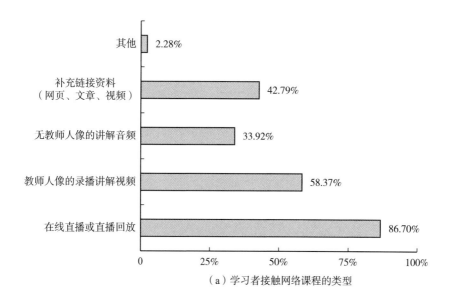

（a）学习者接触网络课程的类型

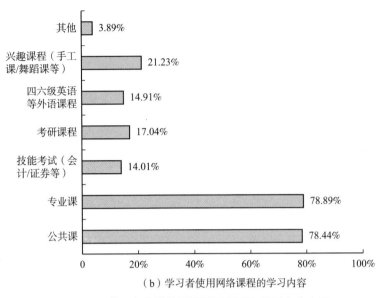

（b）学习者使用网络课程的学习内容

图3－15 学习者接触的网络课程类型和学习内容占比

在对网络课程优势的态度上，数据显示［如图3－16（a）所示］，76.89%的学习者认为网课线上课程资源充足，68.63%的学习者表示网课学习成本低，65.87%的学习者认为网课可以自由选择时间和地方，55.00%的学习者表示网课可以异地共享名师资源，49.59%的学习者认为网课在线交流问题便捷，38.48%的学习者则认为网课可自主选择感兴趣的课程和老师。

当然网络课程有很多不足之处需要改进，除了完善教学意见反馈系统，及时调整教学方案的占比为60.98%以外，学习者呼吁改进的地方主要集中在师生互动，创建教学情境上，比如增加视频、音乐、表演等多手段搭建教学场景，改善学习氛围，占比为58.49%，增加师生互动交流，提高师生互动频率的比例为50.11%；改善上课质量，有效利用图像、声音、虚拟环境呈现教学内容的比例为56.92%；运用案例型教学，增强学习者身心融合的学习感受的比例为44.73%。学习者提出建立实时在线监测系统，构建合理的学习者学习效果评价体系，以及完善网络课程的硬件，减少网速等客观条件的影响的占比分别为 31.76% 和 41.85% ［如图 3-16（b）所示］。整体说明学习者在完善教学意见反馈系统，网课的情境创设和师生互动方面的需求较高，这三点是网络课程设计首先要突破解决的问题。

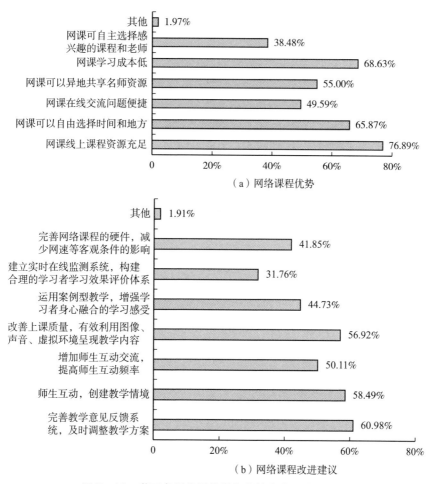

（a）网络课程优势

（b）网络课程改进建议

图 3-16　学习者评价网络课程优势占比及改进建议

随着5G时代的到来，沉浸式电子技术如虚拟现实技术（VR技术）在教育等领域应用将愈加广泛，学习者对于沉浸式电子技术如虚拟现实技术在教育等领域应用的态度显示［如图3-17（a）所示］，77.92%的学习者认为虚拟现实技术可以增加教学场景模拟并提升学习体验感，66.54%的学习者认为虚拟现实技术可以提高知识还原能力，进而增强知识理解，56.36%的学习者则认为虚拟现实技术可以改进师生交互模式，进而激发学习者上课激情，7.47%的学习者则表示没有太大影响。

对于未来传统课堂和网课的关系［如图3-17（b）所示］，55.24%的学习者认为传统课堂和网络课堂两者齐头并进，29.27%的学习者认为还是传统课堂为主，12.66%的学习者认为网络课程会逐渐成为主流，2.82%的学习者不知道两者发展孰轻孰重。

同时，对于具身认知融入网络课程的应用展望［如图3-17（c）所示］，38.23%的学习者觉得人文素养类课程更适合开设增加具身，24.75%的学习者表示理论性强的课程更适合该应用，21.96%的学习者表示会选择学习和研究方法类课程，15.06%的学习者选择实践类课程应用。

探索学习者对待具身教育融合网课的观点，14.00%（95%置信区间为0.0276）的学习者认可具身观点并认为网课会逐渐成为主流，该比值相比全样本数据提升了10个百分点左右。同时，该群体对于哪种课程增设具身相比全样本数据稍微有所差异，特别是认为理论性强的课程、学习和研究方法类课程更适用比例增大，分别为25.84%（95%置信区间为0.0347）和22.28%（95%置信区间为0.0330），特别是理论性课程，效率提升了5个百分点。说明学习者对理论性课程增加具身情境有所期待。

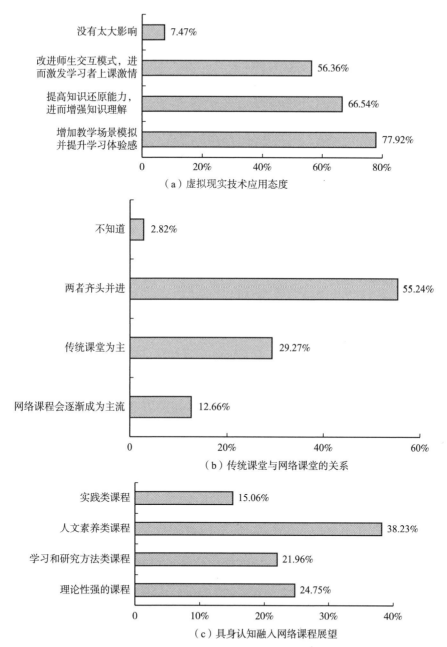

（a）虚拟现实技术应用态度

（b）传统课堂与网络课堂的关系

（c）具身认知融入网络课程展望

图 3 – 17　学习者评价虚拟现实技术对网络课程发展影响、网络课程发展前景态度、
适合开展网络课程的课程类型占比

3.3 基于调查的当前高校网络课程设计存在的现实问题

综合以上教师问卷的数据分析结果，并辅以学习者问卷的数据分析结果，再结合对教师的深度访谈，分析网络课程中身体参与教学存在的主要问题如下。

3.3.1 设计理念：影响身体参与的理论因素

虽然在教师与学习者的群体中对具身教育理念的认可比例较高，但这只能够说明教师与学习者对具身教育理念的接受度和认可度比较高。然而现实的情况是，有59.39%的教师认为具身教育理念的网络课程设计是否能够弥补传统网络课程设计的某些不足还是未知的，这更加能够说明具身认知理论在当前的网络课程设计与开展的过程中并没有得到很好的体现，在调查中，有接近40%的教师没有根据具身认知理论的指导，系统地进行网络课程的设计。

另外，在网络课程的实际教学过程中也存在同样的问题，有63.83%的教师认为在网络课程的实际教学过程中，缺乏教学情境的创建，主要是依靠教师对教学内容的讲解，以知识的传输为主要内容，教学过程缺乏体验感。这就直接造成了在教学过程中，师生之间的互动减少，主要的互动方式为教师提问，学习者回答等传统课堂的互动，并且仍然是以知识性问答为主，较少存在肢体语言或者可视化呈现等互动方式，教学过程缺乏参与感。

而在学习者群体中，学习者对利用技术手段创建教学情境或者表演模仿等教学形式的认可度也比较高，认为其能够产生的正面效应远高于其负面效应，说明学习者群体中对具身化教育的需求较高，但是当前的网络课程无论是从课程设计上还是从课程开展上，都难以满足学习者的需求。

总体来说，在网络课程的设计与开展过程中，具身认知理论较高的接受度和认可度与实践中较低的体现度之间的矛盾，说明不少教师对具身教育理念是认可的，但缺乏理论指导和实战经验，这是在当前网络课程中加强身体参与教学所面临的第一个主要问题。

3.3.2 课程平台：影响身体参与的客观因素

我们在调查中发现，教师与学习者均反映了课程平台对网络课程开展的影响，但本书认为课程平台的影响是网络课程开展中的客观因素，其问题会随着教育技术的发展而得到解决。

目前来看，大部分学习者反映高校网络课程平台存在的问题主要是受网络速度的影响，卡顿、掉线现象较为常见，占比 76.1%，其次，手机、平板等设备的功能不齐全，课程监督作用下降，刷课现象比较常见，导航、检索功能不便捷，信息检索不准确，三者占比分别为 44.64%、49.62%、25.08%。除此以外，缺少学习者自我展示平台，以及没有微信、聊天室、讨论区等交流平台等问题，两者分别占比 19.89% 和 15.64%。同时，在教师群体中也有部分教师反映平台网络等媒介因素不稳定等问题。

可以看到，上述问题基本上是客观存在的，然而其背后却反映了当前网络课程开展中的一些主观问题，即无论是教师还是学习者对技术平台的依赖性强，反而忽视了课程设计本身的力量。比如，网络课程平台尽管是教师与学习者直接对话的媒介，其能够直接为学习者创造学习体验感，但是这仅仅是在物理层面上的，对于学习平台的过度依赖使得教师在课程设计的过程中忽视了心理体验感的构建。实际上，通过肢体动作或通过身体对周围环境的感知而构建个性化的心理教学情境是在网络课程中身体参与的重要方面，在网络课程中学习者群体所处的环境在总体上具有相似性，但在具体上又完全不同，比如宿舍或者家庭等环境，如何利用这一特点，是学习者突破课程平台的限制而获得具身体验感，是解决这一问题的关键。

总体而言，在网络课程的开展过程中，技术平台等局限性的影响是客观存在的，即便是在传统课堂中客观的影响因素也同样不可避免，但是过度依赖技术平台的发展，而无法从主观的网络课程设计上突破客观局限性，是当前网络课程中身体参与教学所面临的另外一个主要问题。

3.3.3 参与者自身：影响身体参与的主观因素

在网络课程中，参与者不仅仅是学习者群体，教师同样也是网络课程的参与者，因此影响网络课程中身体参与教学的主观因素可以分为两个方面：一是教师，二是学习者。

一方面是在教师群体中，尽管大部分教师都有过网络授课的经历，但是现实的情况是，部分教师对网络课程的理解远远不够，在很大程度上是照搬传统课堂中的教学方式，这就导致了网络课程的缺陷被放大，教学效果下降。要知道，网络课程与传统课程有很大的区别，需要有针对性地进行课程设计，而根据我们的调查数据，有超过50%的教师没有接受过相关培训，对于一般意义上的网络课程设计尚不够熟悉，更不用说实现网络课程的具身化了。也有部分教师对网络授课不太适应，甚至有少数年龄较长的教师不太会使用网络课程平台，这些因素都严重影响了网络课程中身体参与教学。

另一方面则是学习者，学习者的主动性与积极性不够是在网络课程与传统课堂中都存在的问题。在选择网络课程的学习者中，有93.47%是因为学校或者学科的要求，而不是出于对网络课程优势的认同，这就导致了网络课程与传统课堂相比只不过是换了一种授课方式，其资源丰富、及时便捷等优势荡然无存，无法认识到网络课程的优势就无法真正对网络课程产生兴趣。同时，网络课程中身体参与教学需要学习者的积极配合，因为这一过程是通过学习者的身体与周围环境的互动而完成对知识的建构，而当前学习者对网络课程兴趣不高、主动性和积极性不足毫无疑问会严重影响具身化网络课程的教学效果。

总体而言，教师对网络课程的理解不够、进行具身化网络课程设计的能力不足，学习者对网络课程优势的忽视、在学习过程中主动性和积极性的缺乏是影响网络课程中身体参与教学在参与者主观上的主要问题。

第 4 章
具身认知理论及高校网络课程
设计传统理论的突破

一直以来，认知科学领域取得的成就不断推动教学理论与实践的发展，具身认知作为第二代认知科学发展的最新成果，也在一定程度上对当前的教育理念产生了冲击。最重要的是，具身认知改变了以往离身化认知研究的本体论与认识论基础，因而能够在一定程度上克服传统教育实践中所存在的离身化倾向。在具身认知研究中，来自不同学术背景的学者拥有不同的学术立场和主张，但总体而言，在具身认知领域中仍然存在较为一致、集中的观点倾向。具身认知研究的问题，虽然仍是传统的认知问题，但是它更加强调身体在认知过程中的重要性。为此，我们不仅需要重新审视传统的认知观，也要思考具身认知对教育理念产生的影响及其与教育教学之间的关系。

4.1 具身认知的内涵

越来越多的证据表明，人类的身体确实参与了人的认知过程，以离身认知为代表的第一代认知科学大楼已近乎坍塌。不同的学科领域已经证明人类的认知加工不仅仅依靠大脑，而且与人类的身体结构、感觉和运动系统密切相关，越是复杂、高级的认知加工活动就越是如此。具身认知正是在这样的背景下产生的。作为一种新的学术取向，具身认知理论毫无疑问面临着诸多争议，因此，确定具身认知的内涵对本书将具身认知融入高校网络课程设计的实践具有重要意义。

4.1.1　具身认知的理论渊源

20 世纪 80 年代以来，伴随着哲学、人工智能等诸多学科领域对有关人类心理终极问题的探讨，人们对认知本质的思考出现了一些新的变化。

4.1.1.1　具身认知的哲学方法论

具身认知有着深厚的哲学背景，身心问题一直是哲学研究的重要问题之一，因此，哲学领域最初关注的是具身的心智或者说心智的具身性问题。从本质上看，这一问题实际上就是身心关系问题的延伸，所以，尽管具身认知强调的是身体在环境中的活动，但从哲学方法论上而言，它最开始探讨的其实是一个形而上学问题。早在 18 世纪，康德就在《自然通史和天体论》一书中提出了类似的观点，在康德看来，如果先验哲学本身不是经验性的话，那么它如何能够承担解释经验知识的责任呢？因此，如果我们不承认身体的经验性和它在认知中的特殊作用，那么先验哲学的其他主张就难以成立。

这种思想在很长一段时间里都被忽视了，直到德国哲学家海德格尔提出了"在世之在"（being in the world）的理念。海德格尔所谓的存在，尽管仍然是主体的存在，但却并不是主体单独地面对一个独立的客观世界。海德格尔所谓的存在是主体存在于世界当中，是"在世之在"，主体与世界是相互的，是一体的。主客体之间的划分在海德格尔这里是模糊的，主体与世界的存在相互依存，没有先后之分，主体从一开始就是在世界之中存在，主体通过身体与世界中的其他存在进行某种互动，并在互动中获得独特的体验，进而形成对世界和世界中其他存在的认知。主体认知的形成方式决定了主体的认知是存在于主体的身体中，而主体的身体是以"在世之在"的方式存在于世界中的。海德格尔关于这一问题的讨论成为了具身认知理论中，认知—身体—环境一体化的重要思想来源。

法国身体现象学家梅洛－庞蒂则通过对笛卡尔身心二元论的批判，进一步发展了具身思想。在《直觉现象学》一书中，梅洛－庞蒂提出人的知觉主体并非主观的心智，而是人自身的身体，而身体与世界的关系就像是心脏与身体的关系，心脏的存在离不开身体，身体也无法离开心脏而活动。同样的，身体是在世界中存在，身体的活动无法脱离世界，因而知觉、身体、世界三者相互依存，形成了一个统一的整体，主体的知觉与对世界的认知，全部都是身体与世界互动产生的结果。除此以外，梅洛－庞蒂还特别强调了主体的知觉方式——体认，并在此基础上，进一步提出了"具身的主体性"（embodied subjectivity）概念。

约翰逊（Johnson）和莱考夫（Lakoff）通过对认知科学的哲学研究，也提出了相关的具身观点。在他们看来，以往的认知科学不将人视为一种复杂的机器，因此所谓的推理、理性等高级心理活动也只不过是这种复杂机器的功能，这就将人的认知看作是抽象的和离身的，不可避免地忽视了"机器"本身的存在，将认知主体的身体排除在了人的认知之外，而实际上，人体生理结构的基础作用和身体主观体验对于主体的认知具有非常重要的影响。约翰逊和莱考夫在分析了哲学、认知科学、神经科学和生理构造学等方面研究结果的基础上，总结认为：人的心智本来就是具身的；思维在多数情况下是无意识的；人的抽象思维多是隐喻（metaphor）的。

可以说，具身认知的兴起与发展同哲学上的思考密不可分，实际上，在传统认知研究中，哲学基础基本上是以笛卡尔的身心二元论为主，这也就导致了认知科学大多只重视对心灵的研究，无论是行为主义心理学还是认知主义心理学都没有逃脱这一窠臼，因此也就产生了前文所述的一些问题。自胡塞尔以来，尤其是海德格尔，对以笛卡尔为代表的身心二元论展开了全面的批判，开始重新认识到人类身体的重要性。因而，哲学上的这种对身心二元论的批判不仅对具身认知的发展产生了影响，甚至在一定意义上可以说对具身认知的研究具有奠基性作用。

4.1.1.2 具身认知的心理学方法论

一直以来，认知主义在人类的认知研究领域中占据着主导地位，直到现在它依然对认知研究产生巨大影响。实际上，传统的认知主义是众多学科领域相互融合的结果，包括经典控制论、计算机科学、神经科学、认知心理学和心理语言学，其目标是建立一套有关人类心灵的理论及相应的研究方法。认知主义强调人类学习外显行为的塑造机制，尤其是在大脑研究上取得了巨大的进展，但与此同时，它也存在一个问题，那就是忽视了人类内部的动态心理变化，在本质上将人类视为一个无"意义"的物质研究对象。

从认识论上说，认知主义持有一种机械认识论的观点，而机械认识论的基本假设就是，可以将人类的心理想象成一台复杂的、精密的机械，而认知研究的目的便是描述这一机械的工作机制。因此，在认知主义看来，"心理过程是一个计算机化的机械过程，而心理对象就是这一计算机化机械过程操作的一些符号化的结构"①。除此之外，认知主义在方法论上也存在相似的观点，即认知主义把认知当作一种

---

① 郑旭东，王美倩. 学习科学：百年回顾与前瞻 [J]. 电化教育研究，2017，38（7）：13 - 19.

构造性的过程来对待。简单来说，人类的认知过程就像操作计算机一样：给出一个输入，经过一系列的计算，得到一个输出。只不过人类与计算机的不同之处在于，这一过程是在大脑中进行的。因此，认知主义只关注人类的大脑，认为认知的全部过程都是发生在大脑当中。因此，这一认知理论也被认为是离身的。

所谓离身认知，其基本假设就是认知实质上就是有机体在感觉与运动系统内部对信息进行的表征，对这种表征的另一种解释就是信息加工。① 值得注意的是，根据离身认知的观点，所有的表征都是符号化的，即抽象的、可计算的，而且是与感觉和运动相分离的。这说明人类的认知系统是完全独立于人类的身体的，充其量身体只不过是认知的载体。而这些观点正是具身认知所要反对的。一方面，具身认知反对单纯地对人类心理的复杂性进行简单化处理，反对传统认知科学在实验室条件下进行研究的模式，认为传统认知科学所采取的反应时实验、再认实验等并不能真实地反映人类的认知行为。另一方面，具身认知反对"身心二元"的认识论基础，反对人类认知过程与身体无关，心灵与身体相互独立的观点。

与此同时，伴随着神经科学等诸多自然科学的新突破，越来越多的证据表明，人类的认知过程并不是仅仅具有逻辑意义的符号式的形式化运算，而是涉及与外部环境的复杂交互及对外部对象的多种操作，而这些操作与交互都是无法离开身体的。安迪·克拉克（Andy Clark）指出："在过去的十年时间里，我们已经见证了在认知科学领域内这样一种研究兴趣的日益增长，即更加关注那些与身体和地方性相关的议题，更加关注神经系统与其发挥功能所处之更加广阔之外部世界错综复杂的相互作用关系""还有很多问题没有得到回答，我们

---

① 郑旭东，王美倩. 从静态预设到动态生成：具身认知视角下学习环境构建的新系统观 [J]. 电化教育研究，2016，37（1）：18-24.

还没有真正建立一门物理具身、环境具身的心理科学。"①

具身认知正是在这样的背景下发展起来的，它对传统认知科学从多个方面发起了挑战：在身心关系上，它突破了笛卡尔式的"身心二元论"，提出了"身心一体论"的观点；在认知模式上，它批判了传统的"表征—计算"模式，提出了"模拟—复现"模式；在心智建构上，它否定了传统认知科学提出的机械的线性方法，提出了基于动力系统理论的有机整体生成法。在对传统认知科学的批判过程中，具身认知已经被广泛认为是"第二代认知科学"。

总体来说，具身认知的诞生一部分来源于对传统认知科学的批判与重建，另一部分来源于神经科学、语言学、计算机科学、哲学等领域的新的突破。可以说，具身认知是众多学科交叉的产物，因而也具有不同的学术立场。

4.1.2　具身认知的基本观点

具身认知认为人类认知受身体各方面影响的强度超越了大脑。按照瓦雷拉等人的观点，当"我们使用'具身'这一术语时，我们想要强调以下两点：第一，认知取决于拥有不同感觉运动能力的身体所带来的各种体验；第二，这些个体的感觉运动能力本身就嵌入在更广泛的生物、心理和文化背景中"。这一定义非常宽泛，因为即便在具身认知内部也存在不同的阵营。②

作为具身认知的主要开创者之一的克拉克，早在具身认知创建之初就曾讨论过应该如何创建这样一门科学。他认为具身认知的研究存

①　Clark. A. An embodied cognitive science? [J]. Trends in Cognitive Sciences, 1999, 3 (9)：345 – 351.

②　Varela F. J, Thompson E, Rosch E, Kabat – Zinn. The embodied mind：Cognitive science and human experience [M]. Cambridge, MA：The MIT Press, 1991：172 –173.

在两种不同的进路：一种进路是延续传统认知科学的分析还原方法，将身体及环境进行简单化处理，聚焦于身体内部组织与过程处理上；而另外一种进路则更加激进，即改变对认知本质的认识，在理论内容与框架上改变对身体及环境的各种特性的关注。① 这在后来演变成了朴素的具身认知（simple embodied cognition）、激进的具身认知（radical embodied cognition）两种学术立场，与后来出现的中立的具身认知（neutral embodied cognition）共同构成了具身认知研究阵营的主要学术立场。

虽然在具身认知研究阵营中学者们的立场不尽相同，但是他们仍然遵循着一些共同的主张。

4.1.2.1　认知是情境化的

所谓情境化即认知活动是以现实世界的环境为背景的，并且内在地包含认知主体的感知与行动。简单地说，认知的情境化中，认知是发生在与我们想要完成任务的相关输入和输出环境中的认知。也就是说，当认知过程正在进行时，影响加工的知觉信息继续进入，以与任务相关的方式执行影响环境的运动活动。比如当我们在一个房间中走动的同时，我们也会尝试着去想象应该怎样摆放家具，或者当我们在开车的时候，我们不仅要注意车内的状况，还需要时刻注意周围环境的变化。

但是，在认知是情境化的基本定义下，似乎很多人类的认知活动都被排除在人类认知过程以外。有许多认知活动是离身化的，如可以为未来制定计划，想想过去发生了什么；也可以考虑反事实，如考虑如果情况不同可能会发生什么；我们可以纯粹基于他人的语言输入，

---

① Andy Clark. An embodied cognitive science？[J]. Trends in cognitive sciences, 1999, 3 (9)：345 –351.

构建我们从未经历过的情况的心理表征。人类认知的标志之一就是它可以在任意与环境的直接互动脱钩的情况下发生。但事实上，在没有与任务相关的情境输入和输出的情况下，任何离身发生的认知活动从定义上讲都是不存在的。① 尽管我们前面所列举的认知活动看似是离身的，但是实际上它们全都依赖于我们以往在具身情境下所进行的概念表征，离开这些概念，我们就无法完成这些认知活动。这涉及对在场与不在场的情境的讨论，在此我们不做展开。简言之，我们对在时间与空间上具有遥远距离的事物形成心理表征的能力，这可以说是人类思维的必要条件，但这在原则上仍然符合认知是情境化的观点。

否认这一点可能最终会阻碍我们对认知的各个方面的理解，而这些认知实际上是情境的。关于参与认知活动的方式，还有很多需要学习的，这些认知活动与人类和环境进行的互动密切相关。特别是空间认知，往往是处于情境中的。例如，尝试将一块拼图装入拼图游戏可能更多地归功于对被连续操纵的空间关系的连续重新评估，而不是由于任何类型的非实体模式匹配。事实上，对于某些类型的任务，人类甚至可能会主动选择自己所处的情境。比如，同样是面对一瓶水倒在地上，洒出了半瓶，有的人会感到十分沮丧，但有的人却会感到相当庆幸，这就是对情境进行选择的结果。

4.1.2.2 认知是有时间压力的

认知是有时间压力的与认知是情境化的密切相关。在许多有关认知是情境化的文献中都是以时间压力对认知结构形成的重要性的信念为基础。在传统的认知科学中，人们经常花费大量的时间建构或者操纵一个情境，以希望对其进行表征。然而在现实当中，我们经常没有这样充足的时间进行认知准备，很多情况下，我们需要对现实环境

---

① Andy Clark. Towards a Cognitive Robotics [J]. Adaptive Behavior, 1999, 7 (1): 5 - 16.

的变化做出迅速的反应。比如，有学者研究了人类在玩"俄罗斯方块"时所使用的策略，在他们看来，玩"俄罗斯方块"这一情境能够复现人类在时间紧迫的情境下做出决定的一般程序，因而可以用于阐明人类认知的一般原理。①

在具身认知看来，时间压力之所以重要，是因为它带来了所谓的"表征瓶颈"。在很多情境下，人类无法花费时间来建立一个全面的认知模型，而需要快速反应，否则就很有可能面临相当大的危险，比如说当你在开车的时候刹车突然失灵了。因此，具身认知认为，人类是作为一个情境认知者而存在的，需要经济且有效的认知模式以适应情境的变化，所以，情境作为认知活动的起点，对认知结构产生了深远的影响。

当然，在时间压力下我们并不总能突破"表征瓶颈"。比如，当认知主体面临一个全新的情境或者认知问题时，在时间压力下认知主体的认知能力可能会完全崩溃，无法做出任何反应。另外，面对同样的认知问题，在有时间压力和没有时间压力的情况下，认知主体的认知反应是完全不同的。在解除时间压力的情况下，认知主体的认知反应显得更加理性，在不同主体之间的差别也更加细微。因此，从某种程度上说，在离线的情况下进行认知可能是更符合人类的认知方式，这也更符合我们的直觉，比如我们常说的三思而后行等。当然，在时间压力下，无论是情境的认知方式还是离线的认知方式目前都存在争议，人类目前是否能够突破"表征瓶颈"及如何突破"表征瓶颈"都尚不明朗。②

此外，我们在日常生活中所进行的许多认知活动，即便是很多明

---

① Kirsh, D, Maglio, P. On distinguishing epistemic from pragmatic action [J]. Cognitive Science, 1994 (18): 513-549.

② Markman, A. B, Dietrich, E. In defense of representation [J]. Cognitive Psychology, 2000 (40): 138-171.

显具有情境性的活动，本质上也不涉及时间压力。比如，我们在餐馆吃完饭以后要付款，或者一些更加复杂的认知活动，比如说玩数独游戏或者阅读论文等。在上述例子中，每一项认知任务都涉及情境的输入与输出，但是在每一种情况下，它们都不涉及时间压力（当然，任何认知任务都可以在很短的时间内完成，但是这种时间压力属于自我强加的状态，并不具有代表性）。

然而，这并不是说时间压力毫无意义，实际上理解认知主体是怎样与环境进行实时交互的对于我们理解人类的认知结构意义非凡，有非常多的案例能够说明时间压力对认知的重要性，比如在交通繁忙的路段开车。但是，具身认知认为，认知是有时间压力的并不意味着时间压力是人类认知的一般原则，而只是将时间压力当作我们理解人类认知行动的一个重要方面。

4.1.2.3 认知工作可以转移到环境中

具身认知的这一观点也有人将其总结为"认知是可卸载的"。威尔逊认为："由于我们信息处理能力的限制（例如，注意力和工作记忆的限制），我们经常利用环境来减少认知工作量。我们可以让环境帮助我们保存甚至操纵信息，而我们只在需要它们的时候才进行提取。"①

尽管认知主体的认知过程并不总是面临时间压力，但正如上文所言，这种情况总是不可避免，那么在这种情况下，认知主体究竟是怎样克服"表征瓶颈"的呢？在面对认知的时间压力时，认知主体的反应无非是两种结果：第一种结果就是认知崩溃；第二种结果则是表现出一定的克服"表征瓶颈"的努力。尽管这种努力最终并不能完

---

① Wilson，M. Six Views of Embodied Cognition［J］. Psychonomic Bulletin & Review，2002，9（4）：625－636.

全突破"表征瓶颈",而这种努力一般又有两种认知策略可以遵循:第一种策略是通过预先学习获得。比如,掌握了魔方的游戏规则并进行了长时间的练习,那么认知主体可以在极短的时间内将随机打乱的魔方进行复原。但是这种策略在面对完全没有进行过预先练习的情境变化时就会失效。而认知的时间压力总是会表现出全新的变化。具身认知认为,在这种情况下,认知主体还有第二种认知策略,那就是以战略性的方式利用环境来减少认知工作量——在需要时将信息留在情境中供认知主体使用,而不是花费时间将其完全内化于认知主体之中;并使用认知行为来改变环境,以减少剩余的认知工作。[①] 环境可以长期保存信息,就像使用参考书一样,我们可以将其理解为通过将认知工作卸载到环境中以代替记忆,这种方式与将信息记录下来有着微妙但十分重要的差别,我们的认知结构可以将部分信息直接储存在环境当中,以减轻对其进行编码表征或是使其在短期记忆中保持活跃状态所带来的认知压力。

显而易见的是,我们生活当中有很多类似的例子,并且不仅是在时间压力下,当我们的认知过程受到其他如注意力限制和工作记忆的限制时,我们也会采取类似的认知策略。比如,当我们想确定家具应该如何摆放时,我们经常会选择在房间的每个角落来回走动来想象或者模拟家具的摆放位置,而不是只是坐着思考。如前所述,这种策略似乎最适用于空间类型的认知任务。但是,空间任务只是人类思维的一个领域。如果将认知工作转移到环境中仅对本身具有空间性质的任务有用,则其作为认知策略的适用范围是有限的。当活动的目的不再与情境直接关联时,它也不需要与空间问题直接关联;物理符号,甚至它们的空间关系都可以用来表示抽象的、非空间的思维领域。还应

---

① Kirsh, D, Maglio, P. On distinguishing epistemic from pragmatic action [J]. Cognitive Science, 1994 (18): 513 – 549.

该注意的是，象征性地将认知工作转移到环境中是不需要刻意和形式化的，而是可以在说话时打手势等普遍的、自动的行为中看到。有研究证明，手势并不是随意的，而是承载了某种认知功能，可以帮助说话者在讲话时思维更加顺畅。①

4.1.2.4 环境是认知系统的一部分

我们的认知系统无时无刻不在与环境产生信息流，这使我们无法脱离环境来研究认知的本质，因而我们无论如何都不可能将人类的认知与环境分离开来。实际上，如前所述，越来越多的证据表明，认知是认知主体的身体、心灵和环境互动产生的结果，身体、心灵和环境共同构成了我们的认知系统，因此我们的思考、决策都受到环境的影响。并且，这些环境不仅是物理意义上的，也包括我们所处的文化背景等。

身体和环境对认知活动所起的重要作用使部分学者提出了这样的观点：认知不仅是一种大脑活动，而且是分布在包括身体、大脑和环境的整个相互作用的情境中。因此，要理解认知，我们必须把情境和情境认知者作为一个统一的系统进行研究。② 认知不仅是一种大脑活动，身体与环境也在认知过程中发挥重要作用这一观点是毋庸置疑的。但是如果认知是身体、大脑和环境组成的系统，那么这种观点就需要进一步的解释，因为认知分布在包括身体、大脑和环境相互作用的情境中并不等于这三者处于一个统一的系统中。然而，威尔逊指出，认知是分布式的这一事实并不足以证明我们必须研究分布的系统③，重要的不是特定事件的因果关系，而是我们如何理解系统的组

---

① Krauss, R M. Why do we gesture when we speak? [J]. Current Directions in Psychological Science, 1998, 7 (2): 54 – 60.

② Clark, A. Embodied, situated, and distributed cognition [M]. In W. Bechtel & G. Graham (Eds.), A companion to cognitive science. Malden, MA: Blackwell, 1998: 506 – 517.

③ Wilson, M. Six Views of Embodied Cognition [J]. Psychonomic Bulletin & Review, 2002, 9 (4): 625 – 636.

织和功能。

对不同情况下的"认知系统"进行进一步的分析。这样一个系统的组织——它的要素之间的功能关系，实际上是组成要素本身——在其每一个单元移动到一个新的位置或开始与一组不同的对象交互时都会发生变化。也就是说，只有在情境和人对情境的任务取向不变的情况下，认知系统才会保持自身。这样的系统显然是兼性系统，像这样的兼性系统会在个人的日常生活中迅速而持续地出现和消失，这确实是我们认知的一大特点。

另外，如果我们把这个系统限制为只包括个人的思想或大脑的认知结构，那么我们所处理的就是一个单一的、持续的、强制性的系统。系统组织的各个组成部分——感知机制、注意过滤器、工作记忆存储等——在整个系统中始终保持着它们的功能角色。不可否认，系统对其所处的环境是开放的，它始终受到所处环境的影响，并且也在不断影响它所处的环境。但是，就像汽车系统的情况一样，这种开放性的特征并不会损害系统作为一个系统的地位。

4.1.2.5　认知的目的是行动

心智的功能就是为了指导行动，而诸如知觉、记忆这样的认知机制必须根据它们有益于情境的适当行为来进行评价。[①] 例如，当我们的认知系统对视觉信息进行处理，以分辨对象的身份、位置以及我们应该如何与之进行交互时，"是什么"与"在哪里"之间的区别是显而易见的，但是这两者显然都与"如何做"有密切的联系，也就是说，在认知与行动之间存在十分密切的交互关系。

首先，让我们考虑一下视觉感知的情况。传统的假设是，视觉系

---

① Wilson，M. Six Views of Embodied Cognition ［J］. Psychonomic Bulletin & Review，2002，9（4）：625 – 636.

统的目的是建立外部世界的内在表征，而如何利用这一表征则是"高级"认知区域的工作。与此方法相一致，大脑的腹侧和背侧视觉通路被认为"是什么"和"在哪里"的通路，分别产生了物体结构和空间关系的表征。然而，在过去的十年里，有人认为背侧流更应该被认为是一种"如何"的途径。这条通路的功能是为视觉引导的动作服务，如伸手和抓取。

一种观点认为，人们发现某些视觉输入实际上可以启动运动活动。例如，一次抓握动作的完成是在看到一个特定方向的长方形物体与抓握方向是相同的之后。[①] 即使长方形物体的方向不能可靠地预测被抓取物体的方向，这种启动也会发生。由此可以认为，在没有任何任务要求的情况下，视觉输入可以作用于隐蔽的运动表征。另外，有研究表明，当受试者被要求说出一些常见的物体（比如，一个水杯）是直立还是倒置的时候，如果响应手是经常抓握物体的手，那么这个时候响应速度是最快的。例如，经常用左手拿水杯的受试者且响应手是左手的时候。[②]

从终极意义上说，认识就是行动，这是必然的。促进生存的适应性行为肯定推动了我们认知结构的进化。但问题是：我们的认知结构以何种方式辅助行动？这里所批评的答案是，行动的联系是相当直接的：个人的知觉、概念和记忆是"为了"特定的行动模式。然而，上述讨论的证据表明，这种情况不太可能全面适用。另一种观点认为，认知往往通过一种更间接、更灵活、更复杂的策略来辅助行动。在这种策略中，关于外部世界的性质的信息被储存起来供未来使用，而对未来可能的用途没有明确的承诺。

---

① Craighero L, Fadiga L, Umilta C. A, Rizzolatti, G. Evidence for visuomotor priming effect [J]. Neuro Report, 1996, 8 (1): 347–349.

② Tucker M, Ellis R. On the relations between seen objects and components of potential actions [J]. Journal of Experimental Psychology: Human Perception & Performance, 1998, 24 (3): 830–846.

4.1.2.6 离线认知也是基于身体的

具身认知认为，即便我们的心智是脱离环境的，我们的认知也是建立在身体与环境互动发展的机制基础之上，就如我们前面所讲的"计划赶不上变化"。这在婴儿或者蹒跚学步的孩子身上表现得更为明显，显然他们并不具备我们通常意义所说的心智能力，但是他们依然能够利用他们与生俱来的能力，比如吮吸、抓握等，在与环境的互动中进行认知。

我们已经讨论了具身认知认为"认知工作可以转移到环境中"的观点。比如，用手指计数。对于计数者来说，不同的手指动作可以代替不同的数值，但是对于一个与计数者不认识的陌生人来说，也许计数者的动作看起来非常奇怪。如果我们将此进一步深化，比如计数者只可以在大脑中思考手指的动作，但是不能公开做出来的话，那么就会出现一种全新的认知策略。

许多集中的、所谓抽象的认知活动实际上正是以这种隐蔽的方式利用感觉运动功能。最初为感知或行动而进化的心理结构似乎被吸收并"离线"运行，与原本作为其目的的物理输入和输出相脱离，以帮助思考和认知。一般来说，这些感觉运动资源的作用是对物理世界的某些方面进行模拟，作为表示信息或做出推断的一种手段。虽然与情境认知相比，具身认知的这一离线方面引起的关注较少，但对它有利的证据多年来一直在慢慢积累。事实上，外部环境的感觉运动模拟在人类认知中有广泛的应用，比如心理意象、工作记忆、情景记忆、内隐记忆。[①]

把自动性看作提前解决"表征瓶颈"的一种方式，这有助于解

---

① Wilson，M. Six Views of Embodied Cognition ［J］. Psychonomic Bulletin & Review, 2002, 9 (4)：625 – 636.

释自动性的一个明显的悖论。在传统意义上，自动处理被认为是受控处理的对立面；然而，高度自动化的任务似乎为行动的微调控制提供了更大的机会，以及对情况的更健壮和稳定的内部描述。对比新手司机和专业司机在面临突发状况时的表现，或杂耍新手和专业魔术师在表演过程中的不同。在每一种情况中，新手对行为细节的控制程度都是相当差的，而且现象学经验的情境可能接近混乱。相比之下，专家有一种闲适和清晰的感觉，以及对行为的高度控制。如果我们把自动化的过程看作是一种建立包含一定规则关系的内部表征的过程，从而绕过"表征瓶颈"，那么自动行为的这些方面就不那么神秘了。

总体来说，具身认知作为一种正在发展的学术观点还没有得到统一，但至少上述六种观点可以视为具身认知领域内的学者共识。我们不应该继续把具身认识当作一个单一的观点来对待，而应当根据它自身的优点来对待那些已经提出的具体的主张。具身认知的一个好处是能够从离线的方面来描述体现认知的在线方面。前者包括嵌入与任务相关的外部环境中的认知活动，包括可能涉及时间压力、将信息或认知工作转移到环境中的情况。在这些情况下，大脑可以被看作满足身体与现实世界互动的需要。对于这些传统上被忽视的领域，我们还有很多需要学习的地方，但是我们应该谨慎对待那些声称这些原则可以被放大来解释所有认知的说法。

当然，具身认知的某些观点目前还存在争议，但是在教育领域仍具有重要价值，并且可以将其融入高校网络课程设计的研究中。其中，最为重要的是具身认知对身体和环境在认知过程中的重要性的重新发现，这就要求学习者在学习过程中的身体参与，更加强调教学设计的情境化。但是，与传统的情境化教学不同，具身认知要求下的情境化不仅仅是要在意识当中唤起对某一情境的记忆，更为重要的是要使学习者尽可能地用身体去感知情境中的经验，并将这些经验从具体当中抽象出来，最终形成概念。换句话说，具身认知更加强调身体感知，这就在网络课程设计乃至网络教学方法上为我们提供了新的思路。

4.1.3 具身认知的核心概念

尽管学术界对具身认知的定义还存在比较多的争议，但是这些研究一般都无法绕开具身认知的三个一般性主题——概念化、替代和构成。[①] 这三个核心概念基本上涵盖了具身认知研究的大部分方向，因而对概念化、替代和构成这三个核心概念的解释也有助于我们理解具身认知研究在教育领域中应用所能产生的价值与意义。在众多关于具身认知的研究成果中，瓦雷拉、汤普森和罗施的《具身心智：认知科学和人类经验》[②] 经常被视为不可绕过的经典之作，其中很多经典的观点已经成为具身认知研究的"教条"。基于瓦雷拉等人的研究，夏皮罗在《具身认知》一书中进一步阐释了这三个核心概念。

4.1.3.1 具身认知的定义

具身认知认为，无论是人类还是其他生物，认知的许多特征都是由有机体整体的身体及身体的各个方面决定的。认知的特征包括高级的心理建构（如概念和类别）及在各种认知任务上的表现（如推理或判断）。身体的各个方面包括运动系统、知觉系统、身体与环境的相互作用（情境），以及蕴含于生物体结构中的关于世界的假设。该理论对诸如认知主义、计算主义和笛卡尔二元论等其他认知理论提出了挑战。

通常，心灵哲学和认知科学中的主流观点认为身体是我们对心智

---

① Shapiro L. The mind incarnate [M]. Cambridge，MA：The MIT Press，2004.

② Varela F，Thompson E，Rosch E. The Embodied Mind：Cognitive Science and Human Experience [M]. Cambridge：The MIT Press，1991.

和认知本质理解的外围影响因素，而具身认知的支持者则认为这犯了一个严重的错误，认知对身体的依赖性被严重低估了，他们由此提出了新的概念化和探索认知加工机制的方法，包括一系列相对比较松散的研究计划，致力于批判甚至取代传统意义上的认知概念及对认知的处理方法。

在关于认知的一种积极方法的建议中，瓦雷拉等人对"具身"进行了如下定义：通过使用"具身"一词，我们想要强调两点：第一，认知取决于具有各种感觉运动能力的身体的体验种类；第二，这些个体的感觉运动能力本身被嵌入更广泛的生物学、心理过程和文化背景中。① 显而易见，瓦雷拉等人对"具身"的定义十分宽泛，甚至在某种程度上与延展认知与情境认知有部分的重合。实际上，尽管这些观点确实并非总是能够截然分开，但它们之间还是有明显的不同。

有学者认为，所谓认知对身体及其与环境相互作用的依赖，是说在真正的生理系统中，认知并不是目的本身，而是受到生理系统的目标和能力限制的结果，这意味着认知并不只是对环境的适应性行为，而是需要对环境信息进行处理，需要探索和改变环境。正如米尔科夫斯基所言："如果我们假设认知仅是建立输入信息的最大精确表示形式，那将是一个错误……获取知识是为了指导我们的行为以实现眼下目标，从而对周边环境的变化做出反应。"②

具身认知与延展认知和情景认知的区分也可以基于以下更为狭义的定义：认知深度依赖认知主体的身体特征，即除大脑外，认知主体身体的各个方面在认知过程中与重要的因果关系或物理构成作用。③

---

① Francisco J V, Evan T, Eleanor R. The Embodied Mind：Cognitive Science and Human Experience［M］. Cambridge：The MIT Press, 1991：172 – 173.

② Frances Egan. Milkowski, Marcin. , Explaining the Computational Mind［J］. The Review of Metaphysics, 2013, 67（2）：436 – 438.

③ Wilson, R A, Foglia, L. Embodied Cognition［M］. The Stanford Encyclopedia of Philosophy, 2011.

这一定义省略了瓦雷拉等人所提及的"更广泛的生物学、心理过程和文化背景"。与其不同的是,延展认知既不将认知过程限制在大脑中,也不将其限制在身体上,而是将其直接扩展到认知主体所处的世界当中。而情境认知则强调,这种扩展不仅仅是大脑以外的认知资源问题,更重要的是认知主体与所处情境的交互作用。

总而言之,狭义和广义的具身认知定义,都强调认知过程是包括大脑在内的身体的认知,身体的生物学结构、身体的感觉能力和运动经验,以及它与环境交互的方式决定了我们是怎样对世界进行认知的,我们的认知是被身体及其活动方式塑造出来的。基于此,本书将具身认知定义为感知运动系统对人类的思维有影响,认知取决于个体所处的环境及个体的身体状态。

同时本书界定了一种基于具身认知理念,旨在增强人机环境交互性,把具身认知思想落实到实际的技术性手段,并将其称为具身技术或技术具身。基于具身认知理论的应用实践就需要用到具身技术。例如,在本书中,在高校网络课程设计的方案框架构建上,从教学目标与教学方案确定到教学效果评估,具身技术都提供了多种增强人机环境交互的方法。通过 AR/VR、网络在线实时互动等强大的互联网技术,挖掘并呈现具身认知理论和具身技术之间的关联价值,从而增强了人机环境的交互性。

从具身认知的视角出发,可以认为学习者的学习效果和学习环境、身体情况是密切相关的,并在此基础上通过学情分析反馈等具身技术探索学习者在怎样的环境及身体状态下才能获得更好的学习效果。

4.1.3.2 概念化

概念化意味着人类身体的特性使其所能获取的概念是受限的。莱考夫和约翰逊认为:"身体特有的自然属性为我们的概念化认识、理解与分类塑造了独特的可能性。"① 换句话说，人类在长期适应环境的过程中最终进化出了我们现在的身体形态，各种不同的身体器官的配合使我们的行为有异于其他生物的某些特性及对于外部世界的不同感知能力和方式。与其他生物所不同的是这些身体特性又使我们建立基础概念的心理机制与其他生物有所不同，因此传统的离身化认知研究正是因为忽视了对身体的关注而导致其对人类认知能力解释的不足。因为这些基础概念对于人类理解世界的意义有不可替代的重要作用，而身体在其中的作用也同样是不可替代的。

具身认知认为，概念化表征的实质并不像认知主义所认为的那样是符号性的，而是模态不定的神经性的，因而身体所拥有的感觉运动经验在概念化表征中发挥着重要作用，认知的过程首先是身体的感觉运动被激活的过程。大脑作为人体的一部分，在人类认识世界的过程中，积累了难以计算的不同的感觉运动经验，对外部世界的知觉、对身体内部状态的感知和身体自身的运动共同构建了关于事物的概念化表征，即便是抽象概念的获得也同样离不开身体的感知经验。这些身体的感知经验实际上就是身体在感觉运动过程中所形成的最基础的概念化表征，并且这种表征是停留在大脑中的。因此，戈登伯格认为，语言的理解也是具身化的，他指出："语言理解是具身性的——源自人的身体和知觉系统的生物力学自然属性。"② 人类和其他生物，包括人类自身内部在身体和知觉系统上的差异，造就了其通过感知经验所建立的概念化表征的不同，最终促成了认识和理解上的差异。

4.1.3.3 替代

"替代"是强调身体参与认知过程，并且取代了表征的过程，这

---

① Lakoff G, Johnson M. Philosophy in the Flesh: The Embodied Mind and Its Challenge to Western Thought [M]. New York: Basic books, 1999: 19.

② Glenberg A M, Kaschak M P. Grounding Language in Action [J]. Psychonomic Bulletin & Review, 2002, 9 (3): 558-565.

是具身认知与传统认知的又一个不同的地方。在传统的认知心理学中有两种不同的认知模式，即"行为—反应"和"计算—表征"，认为在人类的认知过程中不涉及身体的参与（在"行为—反应"模式中，身体也仅仅是一个触发器，并不参与实际的认知过程），"替代"这一概念的提出正是为了对传统认知心理学的这些主张进行批判，具身认知强调有机体的身体对表征过程的替代，认为在人类的认知过程中，人类的身体不断参与与周围环境的互动过程。身体的运动不仅影响大脑如何对身体所处的周边环境所进行的反映，更为重要的是身体的运动决定大脑能够从周边环境中获取哪些信息，而这些信息实际上正是大脑控制身体对周边环境进行反应的基础，这实际上是一个闭合的循环，身体、大脑、周边环境缺一不可。正是在这个意义上，我们才说具身认知具有"具身性"和"情境化"等特征。所谓的"具身性"就是指大脑与身体之间的动态交互，而所谓的"情境化"则是指身体并不是脱离于环境之外的，而是通过与周围环境的动态交互不断获取信息，以作为大脑决策的基础。

这一观点在动力系统理论的研究中得到了有力支持。[①] 认知动力系统认为，人类的认知是及时性的，并且人类认知动力系统的每一个组成部分都是动态变化的。吉布森受到认知动力系统这种持续变化的启发，将人类的"感知"也描绘成一种"活动"，并且指出，"感知主体通过自主选择所需信息探索外界环境，他们所做出的行为在引起感知的同时，也影响着新行为可能性的创造，而这些新行为可能性又将产生新的感知……"[②] 因此，具身认知认为人类的认知是一个由大脑、身体和环境三大要素构成的自组织系统，它们之间存在一种耦合性关系，并且每个要素都各成一个动态系统。

---

① Shapiro L. Embodied Cognition [M]. New York：Taylor & Francis, 2010：115.

② Gibson J J. The Senses Considered as Perceptual Systems [M]. Oxford, England：Houghton Mifflin, 1966.

4.1.3.4 构成

具身认知认为在人类的认知过程中，身体并不像传统的认知研究所认为的那样仅仅起到进行因果推理的作用（行为主义心理学便是如此），而是真正参与认知过程，并且是构成人类认知的一个重要部分，这也是更能体现具身认知对传统认知科学观点的超越的地方。具身认知与传统认知研究在"构成"问题上有众多分歧，其中最主要的是在心智的组成成分与身体在认知过程中所发挥的作用上。传统认知研究认为，心智仅仅是由大脑组成的，人类的认知过程主要是在大脑中发生的"行为—反应"或者"计算—表征"，而具身认知则强调身体在人类心智构成中的重要地位，认为人类的认知过程绝不仅仅有大脑，同时也包括身体甚至是身体所处周边环境的参与。在认知过程中身体所发挥的作用问题上，传统认知科学要么是将身体作为认知过程的激发器和输出端，如行为主义，要么只将身体作为大脑的生物载体，如认知主义，总之认为身体并不参与到人类认知的实际过程；而具身认知的构成观点则正相反，不仅强调身体及其所处周边环境在人类认知过程中的构成作用，还强调这种构成是不可或缺的。

这一观点起源于海德格尔对"技能化消释"这一概念的引入，他认为主体在认知活动中是与情境或世界交织在一起的，主体被"投身"于世界之中，在与世界的互动中"融身"或"消释"在其中，其最经典的解释便是关于人对锤子的认知，这种认知并不是概念化的，而是在人使用锤子的过程中实现的，海德格尔将这种状态称为"上手"。随后，梅洛－庞蒂、莱考夫和约翰逊又分别从现象学和神经科学的角度论证了具身认知所提出的这一"构成性假设"。梅洛－庞蒂认为："是身体接管了我们意识之外的地带，身体在退出客观世界时，拉动了把身体和它的周围环境联系在一起的意向之线，并最终将向我们揭示有感觉能力的主体和被感知的世界。"① 莱考夫和约翰逊也指出，认知是具身的，身体不仅允许我们对周围的世界进行感知，而且是我们对经验世界的形成概念的构成部分。②

4.2 具身认知理论对高校网络课程设计的价值

4.2.1 具身认知研究的教育价值

具身认知对高校网络课程的影响首先是在教育理念上的整体突破，因为它带来的不是某种具体的设计方式或者技术手段，而是一种全新的视角。它以一种全新的方式告诉我们跳出传统认知后，应该如何重新认识学习者是怎样学习的、教师是怎样教学的。具身认知强调身体在教学和学习中的地位，认为身体的参与能够有效提高教学和学习的效率。学习不仅是大脑的学习，同时也是身体的学习。具身认知不是贬斥大脑在学习中的作用，而是强调身体参与大脑同样重要。实际上，一直以来无论是在国内还是国外，身体在教学与学习的过程当中所能够发挥的作用经常都是被忽视的，在某种程度上身体在教育中始终处于被压抑的地位。"教育与教学以促进认知发展、提高心智能力为目标。对于身体，轻则忽略，重则压制，在这种背景下，学习者的身体活动被认为是对学习过程的破坏，因而在某种意义上带来的是

---

① 莫里斯·梅洛-庞蒂. 知觉现象学 [M]. 姜志辉，译. 北京：商务印书馆，2003：105.

② Lakoff G，Johnson M. Philosophy in the Flesh：The Embodied Mind and Its Challenge to Western Thought [M]. New York：Basic Books，1999：102 – 104.

麻烦……心智给我们带来知识，身体带来的却是教训，需要加以驯服……"① 因此，在以往的离身教育理念下，身体不仅从来没有被重视，甚至始终被认为是一种破坏性行为。比如，在线下课堂中，教师经常提醒学习者专心致志，不要乱动，在课堂上动作比较多的学习者经常被认为是坏学习者。而在线上课程中，教师也经常会在视频开始时，提醒学习者把周围整理干净，不要被环境影响。所谓"两耳不闻窗外事，一心只读圣贤书"就是这种思想的体现。身体虽然始终在教学环境中存在，但只不过是作为人类生存所必备的生理基础，在学习中，教育者经常强调要"忘我"，要忘记身体的存在，克服身体所带来的影响。

根据具身认知的相关研究可知，身体在认知过程中占有重要地位。在某种意义上说，认知必然是身体的，一切的心理过程和意识体验都离不开身体与环境的互动。这种具身的心智观将改变人们对学习的看法，因而必然从本体论、认识论等层面对传统教育观产生冲击。

从本体论层面看，具身认知彻底地批判了传统的"身心二分"观点，提出身心统一于身体与环境的互动。这是从本体论层面对心灵本质的重新阐释。所谓身心一体，不仅强调身体和认知是统一的，更加重要的是，它强调了二者统一的方式，即主体的认知离不开身体与环境的互动，只有在身体与环境的互动过程中我们才可以说身心统一的观点。身体在认知过程中所承担的功能绝非仅仅是大脑当"生理基础"或"载体"，而是认知所不可缺少的一部分。认知的产生来源于主体的身体经验，来源于主体的身体的各种感官能力和行动能力，认知—身体—环境的统一是本体论层面的统一。

但是以往大部分教育理论、教育思想的本体论基础都是建立在

---

① Lelwica, Michelle Mary. Embodying learning: Post – Cartesian pedagogy and the academic study of religion [J]. Teaching Theology & Religion, 2009, 12 (2): 123 – 136.

"身心二元论"基础上。自笛卡尔以来，在哲学领域有一种倾向，即弘扬人的理性，认为人类的意识经验源于理性的存在，而理性则是先验的，与主体的身体无关。在这样一种本体论基础上，心灵占据着绝对主要的地位，因而学校教育也就以提升学习者精神、培育学习者理性推理能力为终极目标，这导致的直接结果就是在教育过程中对于身体的轻视和对身体欲望的抵制。这种教育观假定了心灵与身体之间的简单线性关系，将教学的目的简化为知识的传授，认为完备的知识能够使学习者的理性能力更加强大，也就会使学习者的态度和行为产生相一致的变化。但是安塞尔对莱索托的学校教育的调查表明，尽管当地艾滋病肆虐，但是学校对儿童进行的艾滋病知识教育却没有取得明显的成效，而为预防艾滋病所进行的技能训练却使得儿童进行有感染风险的行为数量有效减少。在此基础上，安塞尔认为，学习是一种具身化的活动，身体在教育过程中占据着非常重要的地位，甚至学校教育的重心也应该由"心智"转向"身体"。

从认识论层面来说，具身认知强调认知的起源与主体的生理结构和身体活动密切相关，身体在认知和思维过程中发挥着重要作用。这种认知观对于目前在学校教育中普遍存在的"重心轻身""重智轻体"的教育观发起了强烈的批判，能够促进教育者在分析学习者认知发展的过程中更加注重身体的因素。

毋庸置疑，对于认知起源的不同看法将会对教学理念产生重要的影响。根据皮亚杰的研究，儿童对于世界的理解，亦即认识能力的发展依赖的并非是概念的、命题性的抽象知识。他认为，儿童的身体活动是所有学习的基础。最初，儿童是通过吮吸、抓握等身体动作认识世界的，随着身体感觉—运动能力的发展，儿童才逐渐理解了具体的符号性物体，并通过动作的"内化"而最终形成抽象的形式运算能力。在这一过程中，身体动作发挥着关键作用。布鲁纳也强调了身体活动在学习过程中扮演的角色。他指出，学习过程离不开学习者自身的行为动作,正是在操纵物体的动作过程中,学习者才形成了客体精确的心理表征。具身认知在此基础上更进一步认为对于世界的理解、意义的产生都离不开身体与环境的互动。

但是身体在认识形成和发展过程中的价值一直为传统教育所忽略。在教育与教学过程中,身体没有任何认识论意义。有时候,身体是通向真理的障碍,是一个需要加以压制和克服的"生理欲望",有些教育者甚至认为强壮的身体可能导致认识的贫乏。"四肢发达、头脑简单"就是这一观点的真实写照,身体的认识论价值完全被否认。如果教育者还愿意考虑身体影响的话,身体在教育中也没有超出"强身健体"的范畴,其作用也仅限于为心智发展提供健全的生理基础。但正如教育心理学家弗兰切斯科尼等人指出的:"思维总是关联、依赖于作为整体的主体和他或她的全部生物基质。(身体的)时间和空间维度直接塑造了心智:思维并非仅仅同作为外在世界客体的身体相联系,事实上,思维是由这个身体制造出来的。大脑中的活动并非思维的唯一源泉,因为大脑仅仅是身体的一个特殊器官。思维源于整体的人,源于有机体。"[①] 传统教育否认身体的价值,仅关注大脑。由于大脑左半球主管语言和抽象思维,因而教育是"左脑的教育"。具身认知的研究揭示出,我们不仅要关注"全脑教育",而且应该从"全脑教育"走向"全身教育",置身体于教育与教学的中心,充分认识身体的认识论价值,在身体教育中促进学习者认知能力的发展。

4.2.2 具身认知理论对高校网络课程设计的优化

以往,无论是在课程设计中还是在教学过程中,我们往往只强调

---

① Francesconi, Denis, and Massimiliano Tarozzi. Embodied education: A convergence of phenomenological pedagogy and embodiment [J]. Studia Phaenomenologica, 2012, 12: 263–288.

大脑的作用，强调纯粹的理性知识的传递和记忆，恨不得将我们的大脑当作"电脑"来使用，而忽略了学习者的行为、情感、态度和价值观等可能对学习产生的影响。这种教育理念显然是受到了离身认知的影响，认为知识是客观存在的，可以在教师与学习者之间无差异的传递，因而其追求的结果是消除教育主体之间的差异，确保知识的传递过程与结果不受教育主体之间差异的影响。在课程设计上，就是依照特定教学目标，准备相应的教学材料，然后将固定的、确定的学习内容灌输给学习者，在这整个过程中，学习者只是思维的参与，与身体毫无关联，甚至需要克服身体对思维的影响，这使得很多学习者对学习内容难以产生兴趣，慢慢形成了一种厌学、畏学的心理。具身认知的相关研究成果说明课程设计的理念必须做出一定的转变，课程设计的出发点应该由离身转向具身，要从具身的体验出发，充分调动学习者身体和思维的整体参与，通过感受、觉知、反思、实践等不同方式，实现对知识的融会贯通。

离身认知主导下的课程设计的问题在于它将一切符号化、抽象化了，无论是教育者、学习者，还是教学材料、教学工具，在这种指导思想下都失去了他们的生命力，成为一种线性的传输，然而这种传输的结果却并不理想。根据具身认知的观点，教学的参与者是生活在世界中的人，因而课程设计不仅要关注知识内容，同时也要关注学习者的学习环境，更重要的是要关注学习者本身，即学习者的身体。因此，在课程设计过程中，应该根据不同教师的教学水平及不同学习者的知识背景、认知偏好和学习需求等，尽量调动学习者身体与心灵的共同参与，使学习者在轻松愉悦的体验活动中感受知识的魅力和学习的乐趣。

如果说具身认知给网络课程设计理念带来的冲击是对当前网络课程设计的现实影响的话，那么具身认知给网络课程的教学情境带来的影响则是对网络课程设计未来的期盼。互联网技术的发展催生了网络课程，并且随着技术的进一步发展，当前的网络教学平台也发生了质的变化，许多课程平台不再是单纯的向受教育者输出教学视频或者其他学习资料，而是逐渐发展成了具有交互性、共享性和检测性的多元互动平台，产生了类似于翻转课堂、MOOC、SPOC、微课等诸多新型课程教学模式。但是，在具身认知视角下，多媒体技术、网络技术或者课程教学模式的孤立发展是远远不能满足教师和学习者发展需要的。

一直以来，网络课程的一大缺陷便是教学情境的缺失，而这正是具身认知所最强调的。具身认知不仅主张身体在认知过程中的重要性，而且还特别强调身体与环境交互对于认知的影响，在具身认知理论中，身体—环境—认知三者是统一的。具身认知所谓的环境，不仅是客观的现实环境，也包括主观的心理环境，实际上就是指人类所身处其中的一切社会的、文化的、历史的环境，所有这些情境在具身认知理论看来都不是孤立的，而是与人本身融为一个整体，当然这种融合是在身体实践的过程中实现的，并且也是在这个实践的过程中环境与身体影响着认知的体验、结果和方向。

具体到教学中，我们必须思考一个问题，那就是如何通过营造一个良好的教学情境来促进学习者的学习与思考，促进其认知能力的发展？在具身认知理论看来，这一教学情境必须是具身的，是能够诱发或唤起学习者的具身体验的。一般而言，教学情境在传统的网络课程设计中也占有相当重要的位置，但是这与我们在此强调的具身认知情境有非常重要的区别。首先是离身教育理论指导下的教学情境的设计，其目的在于提高知识的传递效率与质量，因此这种设计常常追求的是标准化、规模化和统一化。其次，由于离身的教育理论经常强调的是现实的物理环境，而忽视了心理的、社会的、文化的、历史的环境，所以在网络课程中经常由于场景的限制而使得教学情境的设计流于表面。

　　显然，在离身教育理论的指导下，网络课程设计很难突破教学情境缺失的困境，这常常会使学习者无法真正在网络课程的学习过程中达到全身心投入的状态，而缺少身体的投入毫无疑问会影响到最终的学习效果。有研究表明，"心理上的'冷漠'会导致生理上的'冷'，生理上的'寒冷'也会引发心理上的'冷'"①，因此，如果网络课程的教学情境设计不能调动学习者身心参与的话，那么学习的过程就只能停留在信息传输的阶段，也就是我们经常所说的"填鸭式"教学，这样的话，学习者的创造性与个性化也就无从谈起。

　　当然，如何通过课程设计来改善网络教学的教学情境仍然是一大难题，但是具身认知为教学情境的营造提供了理论依据，并且现代教学技术发展的具身化也为我们解决这一问题提供了技术上的可能性。在具身教育的背景下，可穿戴技术、虚拟现实、增强现实和混合现实等技术都有可能进入到网络课程设计的过程之中，与其他技术一起为网络课程的情境化提供技术支撑，推进受教育者的感官具身、身体延伸和在场感提升。

　　以多媒体技术为例，在传统的网络课程设计中，教育者往往忽视了多媒体技术所能够带来的具身效应，而仅仅将其当作一个传输工具，没有将其充分利用起来。实际上，多媒体作为一种信息传播与交流的媒体，为我们提供了丰富的人机交互手段，但在很多时候多媒体的优势在网络课程设计的过程中都被忽视了。比如说，多媒体能够提供多重感官刺激，它具有强交互性，赋予了受教育者很大的自由操作空间。从具身教育的视角来看，多媒体技术能够帮助教育者充分调动受教育者的多重感觉器官，从而使受教育者获得具身的学习体验。

---

　　① Zhong C B, Leonardelli C G. Cold and lonely: Does social exclusion literally feel cold? [J]. Psychological Science, 2008, 19 (9): 838 - 842.

4.3　具身化课程设计的三个基本要素

据前所述，具身化课程是在一定时空内学习者个人基于身体、心灵和环境的互动获得知识以及发展身心的过程，同时也是包括教师和学习者在内的整个课程体系不断发展进化的过程。因而，具身化课程的设计有三个基本的要素："生活"环境、具身经验和教育技术。实际上，这三个要素是独立的也是交叉的，"生活"环境和教育技术构成了教育者和学习者所处的环境，"生活"环境、具身经验和教育技术又直接涉及学习者的具身参与，而这种参与体验最终在大脑中留下信息，三者共同帮助实现了学习过程中学习者身体、心灵和环境的持续交互，实现了学习者与课程体系之间的双向融合。

4.3.1　"生活"环境的构建

一门课程毫无疑问是在一定的时空中展开的，但是网络课程由于其特殊性，往往教育者与学习者所处的时空是分离的。因而在网络课程中，"生活"环境的构建就显得尤为重要，要使网络课程的课程内容与学习者的生活轨迹相接近甚至相融合，使学习者所处的生活环境中的事物更多地进入到网络课程的课程内容中，使学习者尽可能地获得更多的生活经验和具身体验，拓展课程内容与社会及生活之间的联系，促进学生身心发展与其学习的课程内容的深度融合，最终使课程成为一个持续变化的动力系统。①

---

① Barab, S. A., Dodge, T. Strategies for designing embodied curriculum ［M］//Michael, S. J. et al, Handbook of research on educational communications and technology. New York：Routledge, 2008：97－100.

要想实现这个目标，我们可以借助叙事这种方法，叙事有助于学习者组织和领悟过往的自身经历①，对自身的行动和他人的意图进行评价和理解，在此基础上，根据以往的知识对当前的信息进行有意义的建构。通过建构网络课程的叙事框架，能够有效地将学习者的"生活"环境引入到课程中，并帮助实现"课程'给养'网络（支持学生学习的所有事实、概念、工具、方法、代理乃至人等要素的汇集）与学生'效能'集合（与'给养'相对应并发生相互作用的学生行动能力的集合）的耦合关联"②，构建网络课程独特的学习情境，使课程内容与学习情境产生双向互动，实现网络课程体系和学生认知体系的双向建构。

一个成熟的具身化网络课程体系中应当存在诸多"给养—效能"匹配关系，它们之间能够相互界定和影响，持续互动并进化发展。从整体而言，这种"给养—效能"体系应该是基于一定的课程目标而产生的耦合关系。有学者认为，这种耦合关系的产生来源于某一特定的意向，而这一意向"无论是源于学习者（获取新知）还是学习环境（塑造自身）都无关紧要，因为它们都将在同一现象（系统进化）中存在"③。但是，本书认为这一意向并不应该是随意的，尽管它们都处于统一动力系统中，但是任何一门课程都是有一定的课程目标的，因此，具身化的网络课程构建必须要提前设置这一意向，并使学习者在这一意向的引导下，有意义的与"给养—效能"网络进行互动，使其在实现课程目标的同时自然而然地进入到具身化的网络课程体系中。

4.3.2 具身经验的引入

网络课程的叙事化建构能够将学习者的"生活"环境引入到网

---

① Kearney, R. On stories [M]. London, UK: Routledge, 2002.
②③ 王美倩. 具身视野下教育中人与技术关系重构的理论探索 [D]. 武汉：华中师范大学，2018：116.

络课程体系中，形成一个具身化的网络课程体系，使得学习者的身体、心灵在这一体系中持续互动、进化、发展。但是需要注意的是，在网络课程体系中，尽管所有的经验都是有意义的，但并非所有的经验都有教育价值，都能够促进网络课程体系的进化发展。因而，必须引入具身的经验，才能促进网络课程体系的动态进化。具身经验应该至少满足以下两个条件：一是这种经验必须有互动性，即必须是在学习者身体、心灵和环境的互动中产生的经验；二是这种经验必须有连续性，即必须是与学习者过去的经验相关联并且能够帮助学习者在未来继续获取经验的经验。① 在现实生活的经验世界这一特定时空中，课程叙事框架与学生学习轨迹的双向融合是通过作为课程参与者的学习者身体、心灵与环境三者之间基于具身经验的持续交互实现的。课程在经验中生成和进化，但并非所有的经验都具有教育意义，只有具身的经验才能引导课程的构建。具身的经验必须符合以下两个标准：一是交互性，即经验必须产生于参与者身体、心灵与环境的交互作用；二是连续性，即经验不仅要关联学习者过去的生活经验，还要指向学习者未来经验的获取。具身经验的引入对于网络课程的具身化至关重要，唯有具身经验的引入，才能实现网络课程体系的持续发展，而一门网络课程体系只有能够在与学习者的互动中持续发展，才算是实现了具身化。

在这个过程中，身体的重要性又是不言而喻的。具身认知认为，我们所有的经验都离不开我们的身体。身体不仅自身承载着认知的作用，同时又是心灵和我们所处的周边环境进行互动的中介，只有身体不断与环境互动，向大脑传递信息，三者成为一个闭环，我们对于世界和自我的经验才能够完整。② 因而，具身经验的引入必须实现以下

---

① Dewey, J. How we think Mineola [M]. New York: Dover Publications, Inc, 1997.

② Bengtsson, J. Embodied experience ineducational practice and research [J]. Studies in Philosophy and Education, 2013, 32 (1): 39 - 53.

两个方面的目标：一是学习者身体和心灵的统一，这是学习者将外部信息转化为内部经验的前提条件，只有实现二者的统一，才能够使学习者面对事物做出整体性判断；二是学习者与学习环境的持续互动，学习环境也可以视为整个课程体系，只有二者的互动发生，学习者才能从课程中获取自身发展所必需的知识，课程也才能够根据学习者的反馈进行调整以保持课程的生命力。

4.3.3　教育技术中介的整合

具身化网络课程的构建离不开对教育技术的整合，无论是"生活"环境的建构还是具身经验的引入都离不开技术这一中介。实际上，对于网络课程而言，其展开就无法脱离一定的技术平台。正如前文所述，技术具有双面性：一方面，技术的持续发展拓展了人类对世界的感知能力，手机、电脑等都已经成为我们感知世界的一种中介，在网络课程中尤其如此，互联网为我们提供了海量的信息；另一方面，技术的滥用又使教育者、学习者甚至教育本身发生了异化，使我们离教育的本质目标越来越远。在具身化网络课程的构建中，我们对技术中介整合的强调主要是基于其正面作用，毕竟我们前面已经分析过，技术异化的产生其中一个深刻的原因就是其离身化使用，具身化网络课程的构建正是为了克服这一问题。

首先，具身化网络课程对于教育技术中介的整合是以一种具身方式进行，使技术能够融入学习者的身体经验中，成为学习者日常生活经验的一种。在具身化课程中，教育技术不再是独立于学习者之外的工具，而是成为学习者新的"器官"，与学习者的身体一同感知周边环境，并使学习者的身体感知能力得到拓展。其次，具身化网络课程对教育技术的整合为教育者在网络中创造全新的学习环境提供了可能，当前 VR、AR 技术日渐成熟，学习者能够借助技术突破时空的限制，在网络中实现与世界的互动。最后，借助教育技术中介，具身化的网络课程体系还能形成独特的人际互动和社会网络关系，使课程更加多元化，使学习的过程突破网络课堂的限制，在社交过程中获得自我成长和发展所需要的知识，弱化课程的强制性，增强学习者的主体性。

第 5 章

基于具身认知的高校网络课程
设计原则研究

　　在第 4 章中，本书通过对高校教师与学习者进行问卷调查及对部分教师进行访谈的方式，分析了高校网络课程发展与设计的现状及存在的问题。因此，如何在具身认知教育理念下，对传统网络课程设计的框架进行完善，是本章要解决的主要问题。一般而言，网络课程除一般意义上的教学目标、教学策略、教学内容外，还包括相应的网络教学的支撑环境，即相应的软硬件设备、网络教学平台以及在线资源等。在此基础上，相应的网络课程的设计框架涵盖了按照一定的教学目标、教学策略组织起来的教学内容的设计、网络教学环境的设计以及教学活动的设计。本章正是按照这样的逻辑，给出了具身认知教育理念下一般的网络课程的设计框架。

5.1　基于情境导向原则的学习目标设计

　　所谓课程目标即一门课程本身所期望能够达到的具体目标和意图。换句话说，一门课程的课程目标规定了参加这门课程的学习者在进行课程学习之后，在知、情、意等方面需获得发展的程度。因此，一门课的课程目标是确立这门课的教学内容和教学方法的基础。所以，从另外一个意义上理解，课程目标就是教育的最终目的，而课程在其中起到中介的作用。因此，课程本身也是达到教育目的的手段之一。这样，课程目标就成了指导整个课程编制过程中最为关键的准则。

与一般课程一样，网络课程也是由若干个自成系统、自为一体的学习单元组成。[①] 单元作为一门学习内容的划分单位，一般包括一项相对完整的学习任务。[②] 学习任务分析是指将复杂的学习目标分解为更简单的、可控制的成分的过程。学习任务分析要分析所需的知识和技能，也包括需要进行的思维活动和行为，是在前期需求分析、学习者分析和学习环境分析的基础上，确定宏观的学习目标，并采用分析技术对目标进行分解，确定具体的学习目标，最后形成和具体目标相对应的知识和技能框架的过程。学习任务分析和确定是课程设计中最为关键的步骤，是后期内容选择和组织、教学策略确定、学习资源开发和设计学习活动的基础。

5.1.1 学习目标分类体系

课程的学习目标是一门课程、某个具体单元、某节课对学习者的学习要求。课程目标的确定要反映出学习者的现状和期望标准之间的差距。由于所持有的教育哲学理念不同，对学习的规律、知识的性质和价值的理解存在差异，因而对课程目标的取向也有所不同。课程目标的确定和具体的知识类型、学习结果有关，最有影响的学习目标分类是布鲁姆的目标分类学和加涅的学习结果分类，这两种学习目标分

---

① 乌美娜. 教学设计［M］. 北京：高等教育出版社，1994.
② 张祖忻，章伟民等. 教学设计——原理与应用［M］. 北京：高等教育出版社，2011：58.

类体系都以知识分类为基础，根据不同的知识类型确定相应的学习类型。因此，本节将首先介绍各种学习分类的体系，在此基础上再介绍不同类型的知识学习。

加涅、布鲁姆、安德森、瑞格鲁斯等人均指出学习结果具有层级性，个体的学习有累积性，只要适当安排学习内容，个体的学习就可从简单逐级向复杂迁移，最后完成高层次的学习任务。

加涅将学习结果分为智力技能、认知策略、言语信息、动作技能和态度五种。[①] 其中智力技能是个体学会了使用符号与环境相互作用的能力，其复杂程度从低到高分别是辨别、具体概念、规则和定义性概念、高级规则，而学习高级规则的目标指向问题解决。认知策略是学习者用以调节自身注意力、学习、记忆和思维等内部过程的技能。言语信息是能够在记忆中存储名称、事实和观点等信息，并能够在需要时表达出来。动作技能是指个体完成某种规定的动作，能将动作组织成流畅、规范和准确的行为的能力。态度是指影响个体行为选择的某种内在状态。

布鲁姆提出教育目标应该分为认知领域、情感领域和动作技能领域。认知领域包括知识的回忆、辨认以及智力能力和技能发展有关的目标，从低级到高级的顺序为知道、理解、应用、分析、综合和评价。[②] 情感领域涉及兴趣、态度、价值和欣赏等，根据逐步提高的内化程度分为接受、反应、价值判断、组织、价值观或价值体系的个性化。[③]

辛普森把动作技能领域的教育目标分为七类，即知觉、准备、有指导的反应、机械练习、复杂的外显反应、适应和创造。[④] 梅瑞尔针

① 加涅. 学习的条件和教学论 [M]. 皮连生，等译. 上海：华东师范大学出版社，1999：46－64.
② 布鲁姆，等. 教育目标分类学——认知领域 [M]. 罗黎辉，等译. 上海：华东师范大学出版社，1986：19.
③ 克拉斯沃尔，布鲁姆. 教育目标分类学——情感领域 [M]. 施良方，等译. 上海：华东师范大学出版社，1989：47－66.
④ 哈罗，辛普森等. 教育目标分类学——动作技能领域 [M]. 施良方，等译. 上海：华东师范大学出版社，1989.

对认知领域的学习，将任务知识分为行为和内容两个维度，行为维度包括记忆、应用和发现三种水平，内容维度分为事实、概念、程序和原理四种类型。①

瑞格鲁斯在总结加涅、布鲁姆、梅瑞尔等人关于学习结果分类的基础上，将学习的类型分为记忆信息、理解关系、运用技能、运用通用规则等。其中，运用通用规则是指"高级的思维技能、学习策略和元认知技能，它是可以通用于各个学科领域的问题解决，是学习的最高级类型"。② 个体的学习是累积性的，只要适当安排学习内容，个体的学习就可能从简单逐级向复杂迁移，最后完成高层次的学习任务。

安德森等人在 2001 年对布鲁姆的认知领域学习目标进行了修订，将认知过程分为记忆、理解、运用、分析、评价和创造。其中记忆表明从长时记忆系统中提取有关信息；理解是指从口头、书面和图画传播的教学信息中建构意义；运用是指在给定的情境中执行或使用某程序；分析是把材料分解为他的组成部分并确定各部分之间如何相互联系以形成总体结构或达到目的；评价是依据标准或规格作出判断；创造是将要素加以组合以形成一致的或功能性的整体，将要素重新组合成为新的模式或结构。③

以往各种分类理论虽然在表述上不尽相同，但基本上都是从两个维度加以考量的，一个是知识的类型维度，另一个是知识掌握的难易程度维度，对其基本总结见表 5 - 1。问题在于，在对课程目标分类后，如何通过宏观课程目标的设计使得学习者最终获得在现实生活中解决问题的能力，也就是完成知识的迁移。

具身认知理论没有对学习目标的分类提出具体的表述，但是在对

---

① 高文. 教学模式论 ［M］. 上海：上海教育出版社，2002：223.

② Reigeluth, C. M. Instructional Design Theories and Models, Volume Ⅱ: A new paradigm of instructional theory ［M］. Mahwah, N J: Lawrence Erbium Associates, 1999: 54.

③ 安德森，等. 学习、教学和评估的分类学——布鲁姆教育目标分类学修订版 ［M］. 皮连生，主译. 上海：华东师范大学出版社，2008：27 - 28.

知识的类型及知识的掌握上与以往的认知理论有着不同的理解，具身认知理论认为无论是在对知识类型的讨论上还是在对知识掌握的讨论上，都不能脱离对身体的讨论，认知的过程是身体、心灵、环境三者的互动，而不是脱离于身体的过程。总体而言，在学习目标方面，具身认知理论提出要重视身体、大脑与环境三者的互动，要同时关照学习者的身体与大脑等观点，对如何在宏观课程目标中强化情境导向有重要的启发意义。

表 5 - 1 认知领域的学习结果分类汇总

项目	加涅	布鲁姆	安德森	梅瑞尔	瑞格鲁斯
目标	辨别 具体概念 规则和定义性概念 高级规则	知道 理解 应用 分析 综合 评价	记忆 理解 运用 分析 评价 创造	记忆 应用 发现	记忆信息 理解关系 运用技能 运用通用规则

也就是说，根据具身认知的观点，知识迁移不是在学习过程结束之后才完成，而应该是在学习过程中完成，知识迁移的过程也就是学习者具身体验的过程，正是在与周围环境的身心互动中，学习者一方面完成了对知识的身心建构，另一方面也完成了知识迁移的过程，获得了解决某个现实情境中特定问题的能力。实际上，这种思想在上述学者的理论中也有体现，只不过没有得到阐发。比如，关于学习的层级，加涅就提到学习过程是从低阶向高阶的学习发展，现实情境中特定问题的解决是高级规则的学习过程。现实情境中特定问题的解决可以看作规则学习和图式学习的自然延伸。因此，一个设计良好的学习任务，应该能够为学习者解决某个问题以提供获得相应知识和技能的学习机会。只不过，在加涅的理论中，从低阶向高阶的学习发展中没有体现出身体参与的重要性，而在具身认知理论中，身体对于知识的构建与迁移是必不可少的。

5.1.2 学习目标确定过程

具身认知视域下的网络课程设计要求突出学习者学习的主体地位，强调身体在学习过程中的参与有助于认知的形成。因此，学习目标设计要以问题为导向，教学设计要发挥具身性教学情境对认知的促进作用。教学中适当的情境能激发学习者的学习动机，调动学习者的学习情感，使学习者大脑、身体、认知形成统一系统。而学习者在课程学习过程中的身心参与程度将会受到其对学科知识有关技能的基础掌握，对学科知识的兴趣程度，对学科的认知水平，对学习的期望，自身学习风格等因素的影响。为此，在确定学习目标，进行任务分析前需深入分析学习者的学习特点、学习能力、身心特征，这是具身认知理论指导下课程设计的应有之意。

通过任务分析可以把宏观课程目标分解为若干简单的子目标，分析实现该目标所需技能和知识，并以此确定需要完成的学习任务。下一步需要根据知识类型和学习的层级，将具体的学习目标设计为问题，这些问题可以通过若干学习任务完成。但问题在于，如何使学习任务的设计不流于表面，使学习者在完成学习任务之后能够深有体验，进行反思，进行深度学习，这是具身化网络课程的具体课程目标设计所要解决的。

所谓深度学习来源于对信息化学习亦即网络学习的反思，在对网络学习有效性的反思中，上海师范大学的黎加厚教授（2005）提出必须认清四种表象，即"信息不等于知识""活动不等于理解""技术不等于教学""任务不等于智慧"，在此基础上，他提出了深度学习的概念：深度学习是指在理解的基础上，学习者批判性地学习新思想和新知识，将它们与原有的认知结构相融合，将众多思想相互关联，将已有的知识迁移到新的情境中去，做出决策并解决问题的学习。深度学习可以理解为能激发学习者的批判性思维、解决问题、协作和自我导向的学习。深度学习的目标是从死记硬背的学习转变为培养学习者真正的好奇心，使他们有兴趣对主题进行进一步探索。

5.1.2.1 确立具体目标的方法

一门课程的具体学习目标是表明学习者通过某个单元或者某节内容学习后能够做什么的一种明确的、具体的表述。需要说明的是，具身认知虽然给教育领域带来了一种全新的理念，但是并没有提出与其他教育理论不同的课程目标。一般而言，课程以帮助学习者掌握课程和教材所给出的知识、技能和情感价值为目标。具身教育理念也同样如此，其独特之处在于如何在教学中实现这一过程。因此，本小节主要分析现有的具体目标的设定方法，以作为具身化网络课程中具体目标设计的借鉴。

（1）基于外部行为表现的目标。

梅格指出，教学目标必须包括三个组成部分：要学习者外显出来的行为表现；能观察到这种行为表现的条件；行为表现公认的准则。梅格的目标确立原则更强调学习者表现出来的行为，并以此评估他们是否掌握了所要求的知识和技能。一个目标就是期望能够获得改变学习者行为的效果。

第一，需要注意的是，在确立行为表现目标时，其主语是学习者。比如，"（学习者）能列举进行学习任务分析的三种主要方法""能够辨别所教内容的知识和学习类型"，等等。

第二，要使用能够描述行为的动词。可以根据布鲁姆和安德森关于学习目标的描述选择相应的动词表述。比如，和理解这一学习结果有关的动词可以是分类、描述、解释、鉴别、选择、转换、翻译、举例、说明、改述；和创造有关的动词可以是设计、计划、管理、组织、修改、建议、建立、建构等。

第三，表明学习行为的条件。条件表明学习者表现行为时所处的情境，比如，"是不是能参考指定的书""是不是有时间限制"等。条件包括环境因素、人的因素、设备因素、信息因素、时间因素、提示因素等。

第四，期望达到的水平，也就是可以接受的成绩的最低限度。比如"达到什么程度""有多精确""准确率如何"等。

基于外部行为表现的目标主要描述学习者的行为变化，适用于结构化知识和技能的掌握。但是，需要注意的是，学习者的行为变化有可能存在两种原因：一是基于对知识和技能的理解和掌握，这种情况下学习者基本上完成了知识的内在建构，能够随着环境的变化而调整解决问题的策略，这是深度学习的课程目标所要追求的；二是基于大量练习和规训后的行为反应，即在这种情况下，学习者并没有真正地理解和掌握知识或者技能，而只是在特定的情况下做出的行为反应，一旦离开出题的环境，学习者仍然无法独立解决问题，这是深度学习的课程目标所要规避的。

（2）基于认知活动的目标确立。

基于外部行为表现的目标表述往往会忽视个别差异，不利于高级认知目标和情感目标的表现。很多时候，仅仅陈述学习者的外显行为很难准确描述实际的学习结果。因此，格伦德建议采取将学习者的认知活动和外部行为表述相结合的方法，也被称为内外部结合法。基于认知活动的目标描述分为两部分：第一部分为总体目标的陈述，可以采取较为宽泛的术语来表达，比如理解、掌握、欣赏、创造、领会等，这些术语更关注预期的学习结果；第二部分是学习者掌握该目标后可以表现出来的一个或几个具体的行为方式。

虽然认知性目标也是用特定的、可测量的术语表达学习结果，但除了可以用外显的行为动词外，还可以用表述内在认知活动的动词，比如理解、欣赏、掌握等。内外结合的目标表述特别适合说明更高层次的学习。下面是用内外部结合法编写学习目标的例子。

- 总目标：理解某一原理；

- 具体行为目标；

- 用自己的话描述该原理的内容；

- 识别与该原理相关的例子；

- 运用该原理解决新的问题；

- 区分该原埋与其他原理。

（3）基于学习活动的表现性目标确立。

当一个学习项目更倾向于采取建构主义设计取向时，对学习过程的关注将会成为重点。学习目标不再是对知识要点的掌握，而是使学习者形成对知识的个人理解。这样的目标主要指向高阶学习结果，强调学习过程中的参与性和通过协作完成问题解决并获得经验。基于外在行为表现的目标表述和基于认知活动的目标表述方法都很难表达这些课程学习目标。艾斯纳指出，表现性目标表述是描述学习者在一个具体教育情境中的种种"际遇"中所产生的个性化表现。它不是描述学习者在完成一项活动后准备获得的行为，而是描述在学习过程中学习者需要完成的问题解决、从事的活动。也就是说，表现性目标明确要求学习者应该参加的学习活动，需要完成的学习任务，而不规定每个人需要从这些活动中习得什么。因此，表现性目标更适合表述复杂的智力活动，强调学习者的个性化学习和创造性表现。

基于学习活动的表现性目标更加符合深度学习的原则，也是对具身认知在某种方面的体现，课程目标在这里不再是机械化的知识要点的掌握或者形式化的技能行为的表现，而是在具体情境中的个性化表现。尽管表现性目标没有说明身体在这其中所起的作用，但实际上，在解决问题、从事活动的过程中离不开身体的参与。

5.1.2.2 确定课程学习任务

确定具体的学习目标后，就需要确定达成目标的主要步骤，并分析学习者完成每一步骤所需的知识和技能。这些需要完成的知识和技能的学习构成了该门课程的学习任务序列。确定学习任务就是要在前期学习目标已经确定的基础上，分析完成该目标所需的知识和技能，这些知识和技能的学习也就是学习者需要解决的问题。

而这些问题反过来可以作为选择学习哪些知识的依据，对这些问题的解决就构成了学习任务序列。本节将主要根据前文的分析，讨论在具身认知理论下，问题设计时需要注意的主要事项及学习任务的筛选和确定。

（1）问题的设计。

在具身认知理论下，学习任务的分析以问题为起点，在找到起点之后，学习者要为解决问题而有目的、有针对性地寻求知识。根据知识的类型和学习的层级，问题也可以分为事实性问题、概念性问题、程序性问题和策略性问题。不同类型的问题所包含的学习内容也不同，比如事实性问题和概念性问题，其对应的学习内容可能是一些固定的原理或概念，在传统教学理论背景下，教师在讲授时可能以讲解、背诵为主，即以记忆原理或概念为目标，缺少对问题产生情境和背景的理解。而在具身认识理论下，指导学习内容选择的一个重要标准是内容应该能促进理解问题、理解引起问题的可能原因，帮助解决问题。

在甄别学习问题时，根据布里奇斯等人的研究，需要考虑"哪些知识与问题情境中的核心问题直接相关？哪些知识有助于学习者理解和应对这一情景？一旦甄别出与问题相关的知识，就可以设计为解决问题所要求的附加技能和知识"。

除此以外，在具体的问题设计过程中，也有很多需要注意的地方，比如对问题的界定不能太过清晰，否则可能会导致学习者失去发现问题的机会，同时也会使问题脱离情境，失去真实感。另外，也要根据学习者实际的知识水平情况，划分问题的不同难度层次，逐步提高学习者解决问题的能力，使其获得成就感与参与感。

在具身认知理论下，问题的层级性和颗粒度也同样重要。问题的层级性设计应该以学习目标的层级为基础，根据不同的层级确定完成目标所需的核心问题及需要创设的核心情境，再确定子问题及下一级子问题及其具体情境，依此类推。关于问题的层级到底要划分到什么程度，也就是问题的颗粒度大小，一方面要考虑学习目标能够实现的程度，另一方面要考虑学习者所能够承受的学习量，太多，容易产生疲劳以及抗拒情绪。太少，则容易导致对问题的理解难以达到相应的效果。

提炼的问题需要转换为某种类型的学习任务，以此确定学习内容和学习活动，方便创设与之相应的学习情境。表5-2中包含了确定学习任务所需的内容。其中知识类型为事实性、概念性、程序性和策略性知识中的一种或几种；学习的层级参考布鲁姆和安德森的学习成果分类，可以是记忆、理解、运用、分析、评估和创造中的一种；问题描述可以根据需要再划分层级，每个学习任务必须对应一个需要解决的问题。

表5-2　　　　　　　　　　学习任务分析模板

一级目标	二级目标	三级目标	知识类型	学习层级	问题描述	学习任务
一级目标名	具体学习目标1	子目标1				
		子目标2				
		子目标3				
		……				
	具体学习目标2	子目标1				
		子目标2				
		子目标3				
		……				
	……					

（2）学习任务的筛选。

现有的网络课程往往因为学习者主要进行表层的、传输型的学习而受到诟病，如何能促进学习者探究、加深学习者对知识的深度学习也是课程设计需要思考的要素。深度学习与具身认知理论下的教育理念十分相符。根据本书的问卷调查，在网络课程设计中，经常出现为设计任务而设计任务的现象，使得大部分学习任务是孤立的、机械的，既无法激发学习者的学习兴趣，也无法达到有效的学习效果。因此，在具身认知理论下，学习任务的设计与筛选必须把学习引入更深的层次，调动学习者的身心投入。学习任务必须有目的、有依据、有情境，引导学习者深入思考，激发学习者的高级思维。当然，根据问题设计的不同，学习任务的筛选方式也有所不同，对于整体课程而言，一般是不同的学习任务筛选方式搭配使用。

第一种是基于核心概念的学习任务筛选，围绕基本概念、主题和原理确定学习任务，这种方式更关注课程中的知识要素，这些知识要素构成了学科的本质结构，学习者通过对基本概念的理解和核心要素的学习，可以拓展相关知识体系和提高技能。该方式采用的主要学习任务分析方法是信息加工法，步骤是先提炼课程中的核心概念、原理等，由此确定主题。这些核心要素也就是课程的内容框架。在确定主题的基础上，确定需要解释核心要素的具体内容、表征方式，以及具体的学习任务和评估方式。该模式的优点是课程所包含的知识体系比较完备，缺点是学习内容比较固定，不能顾及学习者的差异。

第二种是基于技能的学习任务筛选，这种方式更强调学习者学习的过程，而不是学科知识的组织形式，要根据学习者的先前技能和所需先前技能所构成的学习层级结构，得出学习内容的基本组织框架。该模式采用的学习任务分析方法是层级分析法，要求每一个学习目标必须建立在前面先决技能的基础之上，学习者从最低的技能开始向上发展，通过完成各个步骤的学习目标，最终实现学习序列中的最终目标。筛选学习任务的要点在于，首先确定学习者学完后应该具备的技能，明确学习目标，对目标所需技能进行分解直到最低技能，再按照从低到高顺序排列学习序列，设计每一环节需要掌握的知识点。该种方式的优点是能够考虑学习者的学习状态，确保所需技能的掌握；缺点是可能出现知识结构上的盲点。

第三种方式是基于问题的学习筛选，与围绕基本学科结构和围绕所需先前技能确定学习任务不同，基于问题的学习任务是围绕学习者的学习活动来组织学习序列，强调学习过程是经验的获得和共享，以某个问题或话题展开学习活动，通过解决问题、研究观点和获得经验。该模式在原则上不遵从任何特定的排序原则，应该允许学习者随着问题的展开和项目的进展来学习日益复杂的知识和技能。该模式的优点在于学习者可参与到真实情境中，以解决真实任务或问题为主要目标；缺点是不能为学习者提供系统的知识结构和技能训练。

5.2　基于目标导向原则的学习内容设计

学习内容，是为了实现教学目标，要求学习者系统学习的知识、技能和行为规范的总和，也是教师和学习者进行教学活动的重要依据。[①] 目前，大部分网络课程主要集中在线上，也有部分课程包括线上课程与线下课程两部分，其学习内容也分为线上学习内容和线下学习内容，因此教师要分别根据二者所要达到的不同课程目标和需求进行课程的设计与开发。

教师需将原有教学内容按照不同的教学方式进行划分，比如哪些

---

① 何克抗，郑永柏，谢幼如. 教学系统设计 [M]. 北京：北京师范大学出版社，2002：102 –111.

内容完全可以在线上讲授完成，哪些内容需要学习者自己查找资料进行进一步了解，哪些内容需要一定的线下讲授作为补充或者说明。一般而言，大部分认知性内容可以通过线上讲授或者通过学习者查阅相关资料完成，这样可以充分调动学习者在线学习的积极性，部分重点、难点内容或者相应的情感价值内容、实践内容可以在线下讲授或者活动中由教师进行当面传授或者补充说明，保证教学效果。

与此同时，教师还需要根据教学内容和课程目标的不同选择相应的内容呈现形式和组织形式，比如哪些内容适合以文字形式呈现，哪些内容适合以视频或者音频的形式呈现。

5.2.1 学习内容选取依据

学习者的认知发展是学习内容选择来源的根本要求。学习者的认知发展是具有一定规律的。具身认知认为，身体在学习者的认知过程中占有重要地位，身体并不是游离于认知系统之外的，而是人类认知的重要组成部分，甚至可以说，认知是身体的认知，心智是身体的心智，心理过程、意识体验全都离不开身体，全部都是身体与环境互动的结果。离开了身体，就没有什么心智，认知和思维源于身体，是一种身体体验。因此，在教学内容的选择上，选择适合学习者进行具身体验的内容，可以促进学习者认知水平的发展，易于学习者对相应知识的掌握。需要注意的是，学习者的认知水平发展具有不平衡性，因此每一位学习者对周边环境的感知是有差异的，如何充分地利用教学内容与学习者进行互动，或者调动学习者与周边环境互动、与其他学习者进行互动，会对学习者的学习效果产生非常大的影响。任何一次互动都会影响学习者的认知发展，因此，具身教育理念下的教学内容选择，同样也是以学习者为中心教学模式的一种体现。

社会发展是学习内容选择来源的客观要求。毋庸赘言，教育的目的从来都是为社会的发展培养有用的人才，同时也是为了让学习者能够适应社会发展的需求。不同社会发展阶段对于学习者素质要求是不一样的，我们的课程改革就说明不同发展阶段有不同要求。在工业化时代我们培养流水线上的熟练工人，当今我们培养的是具有创新能力的建设者和接班人，因为时代不同，教育培养人的目的也就不同，目的不同就需要学习内容与目标相适应。我们生活在信息技术高速发展的时代，社会情况错综复杂，这就要求学习者要有提出问题、分析问题、解决问题的能力；要有一定的收集信息、分析信息、处理信息的能力；要有不断地进行自主学习的能力。因此，学习内容的选取必须与社会的发展和需求相匹配，要符合国家和社会对提升学习者的综合素质和创新型人才的要求。

学科知识是学习内容选择来源的基础，但同时，即便是具体学科的知识内容也要体现跨学科的知识特点。当前社会飞速发展，知识也在以前所未有的速度进行更新。互联网上的信息鱼龙混杂，因而网络课程的教学内容选择更需要对学科的知识内容进行筛选。首先是学科知识的主要内容，即本学科的基础知识或经验，这是学习者用以应对未来世界变化和多元化的基本手段，需要以基础知识的"不变"来应对外部环境的变化。其次是本学科的前沿知识，我们要结合当今我国对人才需求现状、社会发展现状，以及目前学习者知识结构、素质结构、人生观、价值观以及对知识的兴趣等，为学习者选择最有用的知识，帮助学习者能够快速走向社会、适应社会。最后是与本学科相关的跨学科知识，教学内容的选择必须要考虑如何通过与其他学科或专业的比较来增进学习者对于本学科知识内容的理解，同时增强对其他相关学科的了解与把握，学习其他专业学科知识去提出问题，从而来加深自己对专业课程的理解，同时也提高学习者跨学科思考的认知能力。

5.2.2　学习内容设计原则

前面对具身教育理念下网络学习内容的选取来源进行了探讨，为了相应的课程目标，必须通过学习内容对学习者进行相应的训练，从而把学习内容内化为课程目标所提出的素质和能力。因此，在对学习内容进行选择时，应该遵循目标导向原则（目标导向原则是指教学者以教学目标为标准，对学习者学习和行为进行反思，判断目标的完成程度，并做出相应的价值判断。这一原则包括两层含义：一是根据教学目标对教学进行价值判断；二是根据教学目标对学习进行反馈，根据教学目标的实现情况改进教学）。需要说明的是，以下学习内容的选择原则是在一般意义上提出的，不同的课程可以根据课程目标的不同，在学习内容的选择上遵循不同的原则。

第一，学习者主体性原则。学习者是学习的主体，不是被动地去接受教学者传授的知识，而是在学习之前有自己的学习目标。因此，教学内容的选取要与学习者的学习目标一致，通过教学内容的传授使学习者达到他自己的学习目标。除了类似于知识掌握程度与考试成绩等能够观察和评价的一些课程要求的显性目标之外，还有教学内容所能够带来的隐性目标，也必须与课程目标相符合，不得与课程目标发生冲突。

第二，学习内容的选择必须有利于学习者认知能力的提高。学习内容的选择要促进学习者对本学科基本知识的掌握和理解；要提高学习者与本学科相关的创造性思维；要培养学习者在本学科相应的科学素养；要提高学习者的道德知识水平与社会文化修养。

第三，学习内容的选择必须与学习者身心发展一致。相应的学习内容应该能够引起学习者对自身的反思，促使学习者对人生观、世界观、价值观的思考，要符合学习者的发展需求，帮助其全面发展。

第四，学习内容的选取需要有"三个面向"思维。学习内容应该面向现代化，面向世界，面向未来，应该包括本学科的最新发展，包括对本学科相应的国内外学术研究的讨论，要与当前的时代发展相一致；结合最新内容，要包括典型的争议，排除落后于时代的案例，以帮助学习者适应时代的发展与变化。

第五，学习内容选择需要注意理论与实践的平衡。学习内容不应该仅包括本学科的理论内容，同时也要注意对学习者实践能力的培养，不能脱离现实，以帮助学习者掌握在当前社会中生存的知识与技能，提高学习者适应现实的能力。

上面是一些学习内容的选择原则，在具体课程中可能会有所不同。因为内容的选择不能全部是通用的，我们需要针对不同专业的学习者进行灵活变换。

5.3　基于双向互动原则的学习活动设计

网络课程的学习任务是通过学习者与学习内容、学习者与学习者、学习者和指导教师等三方面的交互活动完成的。网络课程的相关学习活动可以归为自主学习活动和协作学习活动两大类，按照活动理论，为学习者设计合理的学习活动是促进学习者有意义学习的重要课程设计理念。一门网络课程中各种学习活动是学习者在线参与的所有学习行为的主要表现形式，也是在线学习设计的关键，其交互结构其实也就是学习活动结构。从教学设计的互动原则来看：第一，学习环境应利用多种课堂、课后交互方式让学生在网络课程的学习中提升课堂学习参与度，完成知识、技能和情感的成长；第二，在进行学习活动设计的过程中，基于互动原则的设计策略从参与性策略、互助性策略、存在性策略等三方面进行说明。

5.3.1 互动原则表现形式

5.3.1.1 在线学习活动类型

学习活动的设计是以课程的学习目标为依据，结合学习资源的特征和学习环境的支持情况，通过设计一系列相关的学习任务使学习者获得相关学习体验的活动。学习活动代表了不同教学方法的运用。本书主要关注在线课程中的学习活动设计，主要形式是学习者与学习材料的交互活动、学习者之间的交互活动、学习者与教师之间的交互活动三种类型。随着 Web 2.0 技术的迅速发展，在线学习环境中的社会化学习功能正在逐步加强，学习者之间的社会交互活动也变得更为重要。

根据建构主义学习理论，一个学习环境包含的学习活动应具有多种交互方式，能够促进学习者的知识建构。具有挑战性的活动，能够激发学习者的主动学习；创设问题情境、鼓励学习者之间的协作，能够促进学习者反思；为学习者提供控制学习过程的机会，包括选择学习材料、学习顺序和评价方式等，能够有助于反映学习者对知识的理解程度方面的评估方式等有效的学习方法。

学习活动是某种学习方法或组合的学习方法的体现。普兰斯基（Marc Prensky）曾指出，特定的学习活动可能会产生不同的学习结果，比如：

- 通过模拟、反馈和实践养成行为；
- 通过游戏培养创造力；
- 通过联想、训练、记忆和问题获得事实；
- 通过回顾案例、提问、做出选择、收到反馈和训练进行判断；
- 通过模仿、练习和沉浸学习语言；

- 通过查看例子和反馈进行观察；
- 通过模仿和练习学习程序；
- 通过系统分析、解构和实践学习过程；
- 通过发现原则、完成任务形成体系；
- 通过谜题、问题和例子进行推理；
- 通过模仿、反馈、不断实践和不断增加的挑战获得技能；
- 通过记忆、实践和训练提高演讲技能；
- 通过逻辑、解释和提问增加理论知识。

尼尔森根据布鲁姆的学习结果分类，列出了针对各种学习结果的有效教学方法，这些方法中有些是教师要求学习者完成的活动，有些是学习者为了完成学习任务自己进行的学习活动。每种方法可以达到的效果如表 5 - 3 所示。

表 5 - 3　　　有助于学习者达到不同学习效果的教学方法

效果方法	了解	理解	应用	分析	综合	评价	认知培养	转换心智模型
讲课	■							
互动性讲课	■	■	▨					
习题课	■	■						
定向性培训		■	▨	▨				
说写练习		■	■	■	■	■		
课堂评估技巧		■	■		■	■		
小组活动或学习		■	■	■	■	▨		
学习者间反馈				■		■		
科学实验			■					
及时教学	■							■
案例分析			■	■	■	■	■	

续表

效果方法	了解	理解	应用	分析	综合	评价	认知培养	转换心智模型
探究式学习	■	▩	▩	▩	▩	▩	▩	▩
问题式学习	■	□	▩	▩	▩	▩	□	▩
项目式学习	■	▩	▩	▩	▩	▩	□	▩
角色扮演或模拟	▩	▩	▩	▩	□	▩	▩	▩
反思式学习	▩	▩	▩	▩	▩	▩	▩	▩
实地调查	▩	▩	▩	▩	▩	▩	▩	▩

注：①深灰色表示如果能够恰当运用该方法，就有助于学习者达到学习效果。
②浅灰色表示取决于讲课间隙的各种任务、讨论问题或小组任务。
③黑色表示习得的知识也许仅限于特定问题或项目。
资料来源：Linda B Nilson. 最佳教学模式的选择与过程控制［M］. 3 版. 魏清华，等译. 广州：华南理工大学出版社，2014：123 – 124.

5.3.1.2 网络学习活动类型

研究者们对教学方法或者学习方法的分类标准有所不同，在线学习活动的设计和学习环境能够提供的功能和所选择的学习模式有关。目前，在线学习管理系统能够提供的技术功能，包括信息发布、电子邮件、论坛、维基（Wiki）、博客、测试和问卷、作业、档案袋、工作组、社会网络、聊天室、实时教室或者会议、检索等。这些功能可以支持的学习活动类型可以参考表 5 – 4 所示的内容。

表 5 – 4　　　　　　　　　　网络学习活动类型和工具

学习活动类型	工具	变化形式	参与人员
班级讨论	讨论论坛；社会媒体	创建一个班级社区	二人至全班
文章撰写	微博	个体反思；教师反思/建模	个体

续表

学习活动类型	工具	变化形式	参与人员
分享知识	工作组；群组	合作词典；带注解的参考书	小组至全班
实践练习和自我评估	测试；问卷	多选；填空；配对；判断；简答；论述	个体至二人
项目	工作组；博客；视频网站；PPT 等	小组项目展示；小组研究项目	个体、同伴或整个班级
接受性活动	PDFs；工作组；视频网站；PPT 等	教师/学习者的音频/视频展示；课程的阅读材料；各种音视频材料	个体
研究	网络调查；在线数据库；图书馆	文献综述、元分析、报告；二手研究报告、视频的同伴订阅；一手研究（访谈）	个体、同伴

资料来源：Marjorie Vai, Kristen Sosulski. Essentials of Online Course Design：A Standards – Based Guide［M］. 2nd. ed. New York：Routledge Press, 2016：93.

    设计者可以根据需要确定学习活动的类型和内涵。在线学习活动的具体方法有讲授、演示、讨论、练习、实验、操练、模拟、角色扮演、游戏、案例研究、谈话、建模、合作学习、辩论等。每种方法都有特定的学习功能，能产生不同的学习效果。

    学习者的活动可以是讨论、汇报演讲、小组作业、视频会议测试、情景模拟、角色扮演等活动，也包括利用文本材料的交互设计。除了电话会议和小组讨论之外，还可以混合纸质材料作为辅助。适当要求学习者参与虚拟活动并提交反馈也是让学习者参与学习活动的有效方式，比如设置一些要求学习者反馈的问题，或一些需要完成的自我测试。对学习者的参与给予适当的反馈也非常重要，比如教师或者辅导者回答学习者的提问，总结学习者的讨论等。另外，让学习者以伙伴或者小组形式制订解决问题方案，然后互相展示他们的成果也是非常有效的学习方法。不过，对任何一种合作学习而言，学习者都需要非常清晰的教学指导，尤其在同步环境中。

在进行教学互动原则设计时，要考虑真实性、实用性与可操作性。故可针对具体的教学内容与环境根据此三方面选择互动方式。

5.3.2 学习活动设计策略

学习活动设计的互动原则指在对教学进行设计时，要考虑学习者与学习内容、学习者与学习者、学习者与指导教师等三方面的互动过程与程度，以提高学生的课堂参与性。网络课程的设计既要专注学习内容的设计与安排，也要强调学习活动的配合。网络学习活动策略既要考虑到学习者的个人自主学习需要，也要考虑到能够帮助学习者开展协作，有助于学习者在网络课程学习中完成知识、技能和情感的成长。因此，一般而言，网络课程设计需要考虑参与性策略、互助性策略、存在性策略等。

5.3.2.1 参与性策略

网络课程设计最重要的设计准则就是要给学习者提供大量机会，让学习者对设计的主体进行加工和反思，然后使学习者能够收到对材料理解的反馈。在设计上要选择与教学内容相关，同时能够解决误解和促进综合学习的问题。学习者的积极参与是网络课程获得成功的保证，也是判断学习者是否有效完成学习任务的重要依据。因此，网络课程的参与性设计需要注意以下两点。

第一，参与的自主性。参与，意味着能够满足学习者多样化的学习需求，并且是学习者能够在较短时间内迅速找到自己想要学习的板块及课程。对学习者自主模块的设计要考虑学习者的个性化学习特征。个性化学习的目的是给学习者更多的学习自主权，增加学习动机和参与度。从表面上看，"个人"这个词可能意味着一种孤独的体验，但有效的个性化学习方法，可以促进学习者和教师之间持续对话，为双方提供需要进一步关注的重要见解。

第二，提高参与的便利性。参与的便利性是针对技术层面的设计，体现在要更多地考虑学习者的使用习惯和参与的便利性。随着使用手机进行网络课程学习的用户越来越多，设计方便手机端进行讨论和交流的界面是网络课程设计的关键策略。另外，便于参与还需要考虑参与的时长，采用手机学习的学习者可能不方便长时间完成一个测试或问卷。在视频或者阅读文章中增加批注或评阅，也是鼓励参与的好办法。

5.3.2.2 互助性策略

嵌入社会媒体并充分利用它们展开互动是现有网络课程平台常见的功能。这些社会媒体技术有助于加强经验性学习、发展交流能力、提高创造力、培养批判性思维以及改善教师和学习者之间的交互。有证据表明，学习者们通过发帖和浏览内容的方式参与了群体知识的建构。通过知识共享，学习者可以深化对特定主题的理解。目前，很多网络课程都会鼓励学习者建立自由的学习共同体，以小组的形式互相学习，共同完成学习任务，通过讨论、同伴互助等方式来获得更好的学习效果。因此，网络课程设计的互助性策略需要考虑以下两点。

第一，设置灵活的讨论。人们一起学习时往往会取得更好的学习效果。有效的讨论可以帮助学习者更好地参与，提供适量的主题讨论有助于确保讨论主题的质量。如某平台课程中的讨论非常方便，不设立单独的讨论小组，学习内容和对话始终放在一起。学习者可以在网页上每节内容的旁边进行对话，对话与内容在同一页面上，而不是在其他看不到的位置。此外，主题讨论的内容应当贴近学习者的现实生活，并采用幽默风趣的方式描述，从而引发学习者的兴趣，提升讨论活动的参与度。

第二，提供互助的机会。学习者非常有兴趣了解和自己共同学习的人员，也很希望了解他人遇到的问题是否和自己相同。除了搭建帮助学习者可以自由交流讨论的平台之外，还可以考虑为每位学习者建立档案，用户可以访问他人档案。如在平台上可以关注感兴趣的人，接收对方的动态，在课程讨论中还可以为喜欢的发言点"赞"，这些基于社交网站运作的理念能有效促进共同体的学习。另外某平台还引入了社交网络的结构，可以在大规模社区内创建自己的小社区，这些都有助于学习者之间有针对性地互相帮助。

5.3.2.3 存在性策略

根据加里森的探究社区理论，一个好的在线学习社区应该能够设计三种存在：教学性存在、社会性存在和认知性存在。认知性存在是指学习者在学习社区中通过不断反思和对话来构建意义的程度，也是完成探究和高级学习的条件。社会性存在是参与者在学习社区中，通过利用通信媒体在社交和情感方面表现自己的能力。而一个好的学习社区，应该能够通过对认知过程和社交过程进行的设计、促进和指导，以实现富有个人意义和教育价值的学习成果，这就是教学性存在。其中社会性存在意味着在交互过程中感知到他人对自己的认可程度。加里森通过实践证明了社会性存在在探究学习社区中的重要作用。哈克曼和沃克发现微笑、表扬、使用幽默语言、鼓励反馈等社会性行为，可以提高学习者满意度，有助于拉近学习者之间的心理距离，能够减少学习者的孤独感。皮克阿那研究发现，社会性存在与交互、学习效果有密切关系。

提高社会性存在关键在于创建和培养学习者的"社区感"，使学习者参与到交互和反思中。社会性存在的第一层次的表现是感知他人存在，能够感觉到和他人共处同一个虚拟空间并获得他人的认同。第二层次的社会性存在表现在这个空间可以进行情感的交流，表达对问题的看法和观点。如果能够无风险表达并开始形成稳定的有凝聚力的实践或者学习共同体，则是高层次的社会性存在。

5.4 基于身心融合原则的学习环境设计

具身认知理论认为，学习者的认知过程是大脑—身体—环境的统一，即学习者身心融合地参与到学习环境中去，感受和学习知识的一个过程。但是，基于身心融合原则建立的学习环境与传统的学习环境有很大的不同，在传统教育理论中的学习环境中并没有被赋予恰当的重要性，甚至有时候是被直接忽视的。所谓学习环境，就是学习者在其中学习的全部外部条件与内部条件。因此，从广义上讲，学习目标、学习任务、学习内容、学习活动都属于学习环境的范畴。覆盖范围之广，说明学习环境的设计与构建需要更加宏大的视野。一方面，传统教育理念指导下的学习环境设计在促进学习者对知识的意义建构和迁移应用上并没有达到令人满意的效果，因此不断遭到批判；另一方面，随着教育技术的不断发展与应用，身心融合原则所设想的学习环境设计具有了实现的可能。从身心融合原则来看，学习环境至少应该具备以下两个特征：第一，它应该尽可能地使学习者的身心沉浸其中，使学习者的身体与大脑都能够有效地参与其中；第二，要充分利用各种技术手段实现学习者与学习环境的融合，从而实现学习者身体、大脑与学习环境之间的具身性交互。基于以上特征，提出关于构建身心融合的学习环境设计三大要求。

5.4.1 构建学习环境设计性质

5.4.1.1 整体性

基于身心融合原则的学习环境设计强调的是认知过程中大脑、身体与学习环境的有机统一。因而在学习环境的构建上，采取了整体论的基本立场。这一基本立场可以概括为以下两个观点。

第一，学习环境是辩证统一的。也就是说学习环境中的各要素之间、各要素与环境之间是有机联系的，它们之间相互作用、相互影响，共同形成了一个整体。并且学习环境作为一个整体，它的功能并不是各要素功能的简单相加，在各要素的相互作用、相互影响中会有许多新的功能凸显出来。

第二，学习环境与其各要素之间是相互联系的，这种联系不仅仅体现在学习环境与其构成要素、构成学习环境的各要素之间相互依赖，更重要的是体现在唯有通过学习环境与其构成要素以及构成学习环境的各要素之间相互作用才能够实现学习环境的各项功能，实现学习环境的整体性优势。

5.4.1.2 生成性

基于身心融合原则所提出的学习环境设计，其目的是让学习者身心融合地参与到学习环境中去，这就决定了学习环境的复杂性。学习者与学习环境之间的关系不是单向决定的，而是双向构建的。故学习环境的构建必须是生成性的，不能是机械性的。学习环境始终处于动态变化的过程中，毋庸置疑，学习环境不是一成不变的，而是随着各要素之间的相互作用而不断发展的，要实现学习环境功能的最优化，就必须不断协调学习环境与其构成要素、构成学习环境的各要素之间的关系，不断对学习环境进行更新与调整，因而学习环境的设计也始终处于一个动态的过程中，而非一蹴而就。

5.4.1.3 互利性

美国学者约翰·布朗（John Seely Brown）认为，学习环境是由一些拥有共同目标的、交互影响的、动态发展的"虚拟社群"（communities of virtual）集合而成的自组织系统[①]，而在这个系统中的所有人都具有双重身份：一方面，他们是这个系统的"生产者"，无论是教师还是学习者都参与到了学习环境的营造上；另一方面，他们又是这个系统的"消费者"，学习者在这个系统中利用各种学习资源实现了知识的内化，而教师则在这个过程中进一步提升了自己的技能。

5.4.2 学习环境设计原则

构建有利于学习者身心融合的学习环境最重要的问题就是如何让学习者能够获得更加真实的沉浸感或者在场感，有学者为了解决这一问题，提出了一个用于指导线下课堂学习环境设计的理论框架，即教学具身框架（instructional embodiment framework）[②]，他们在这一框架中提出了身心融合学习环境构建的两个不同方面：物理具身与意象具身。其中，物理具身又可以分为直接具身、代理具身、增强具身三种不同的具身方式，意向具身则可以分为隐性具身与显性具身。他们认为，在身心融合的学习环境的设计过程中，首先要通过物理具身使学习者获得足够的沉浸感，从而调动学习者的感知经验，然后再通过意

---

① Brown J. S. Growing Up Digital: How the Web Changes Work, Education, and the Ways People Learn [J]. Change: The Magazine of Higher Learning, 2000, 32 (2): 11 – 20.

② John B. Black, Ayelet Segal, Jonathan Vitale, Cameron L. Fadjo. Embodied Cognition and Learning Environment Design [M]// David H. Jonassen, Susan M. Land. Theoretical Foundations of Learning Environment. New York: Routledge, 2012: 198 – 223.

象具身使这些经验在学习者的脑海中保存，最后将这些经验内化到学习者的认识结构中，使学习者能够理解并运用这些经验。需要说明的是，尽管这一框架提出时针对的是课堂环境，但对于网络课程的学习环境设计仍然具有十分重要的启发意义，根据他们的建议，在具身学习环境设计中应当遵循以下几个基本原则。

5.4.2.1　感官整合原则

学习者在学习的过程中，在学习环境中越多地使用感觉形态，越能够调动学习者的感官系统，那么学习者对于知识内容的兴趣就越强烈，同时对内容的理解也越深刻。因此，学习环境构建的第一个原则就是要使学习环境尽可能多地调动学习者的感官系统。比如，可以利用相关的技术工具，让学习者可以通过鼠标、键盘等的操作，直接参与对信息的感知当中；也可以利用多媒体技术丰富学习内容的表现形式，给予学习者更多的感官刺激，促进学习者对所呈现内容的感知与思考。

5.4.2.2　内容匹配原则

有研究发现，在动作与概念之间如果存在匹配关系，那么相应的动作能够有效地提升学习者对于概念的理解与掌握。① 因此，具身学习环境设计的第二个原则就是要尽可能多地将抽象的概念以相应的动作或其他能够刺激感官的方式表现出来，调动学习者的身体感官的参与。教师除了要创造学习环境向学习者传达知识以外，同时也要创造相应的环境引导学习者充分利用自己的身体，使学习者能够利用身体自我表达相应的知识概念。当然，需要注意的是，无论是哪种方式都需要遵循感官刺激与知识内容相匹配的原则。

---

① Segal A, Black J, Tversky B. Do Gestural Interfaces Promote Thinking? ［C］// Congruent Gestures Promote Performance in Math. 51st Annual Meeting of Psychonomic Society Conference. St. Louis, Missouri, 2010.

5.4.2.3　增强体验原则

学习者所接触到的许多知识实质上是隐性的、情境的，尽管这些知识能够以概念化的形式表达，但是通过直观的、真实的体验更加能够帮助学习者达到对知识的理解与迁移应用。[①] 因此，在具身学习环境的设计过程中应该最大可能地还原现实生活，使学习者能够获得直接体验。在网络课程的设计中，这一原则是最难实现的，因而可以通过课前预习或课后复习的方式，使学习者能够在线下获得真实体验。

5.4.2.4　可视化操作原则

在很早之前，国外就有学者通过设计游戏的方式，帮助学习者学习几何学知识[②]，将知识可视化并能够为学习者所操作，能够有效地提升学习者对知识的具身化理解，这一原则对于抽象性的、逻辑性的、推理性的知识效果尤为明显。在游戏中，学习者经常是通过操作代理来获得体验，比如在《王者荣耀》这款游戏中，其中的人物非常多的台词来源于诗歌或者典籍，学习者直接背诵这些内容可能存在困难，但在游戏中，他们很快就能对这些内容熟记。需要强调的是，这里只是一个类比，因为在这样的环境中尽管能够学习到一定的知识，但是却难以实现迁移应用。

5.5　基于具身认知的网络课程评价设计

随着技术的发展，高校网络课程已经能够集合多媒体技术、虚拟

---

① Abrahamson D，Lindgren R. Embodiment and Embodied Design［M］// R K Sawyer. The Cambridge Handbook of the Learning Sciences. 2nd ed. Cambridge University Press，2014.

② Papert S. An Evaluative Study of Modern Technology in Education［M］. Cambridge，Massachusetts：MIT Press，1976.

现实技术、5G 技术等，使在线教学具有多向互动、资源共享等优点，同时利用具身认知理论指导课程设计，课程的个性化、交互性、开放性特征更加明显。因此，基于具身认知的网络课程效果评价既要考虑传统网络课程本身的特性，也要注重挖掘具身认知理论指导教学的优势。此外，在综合评价体系中，指标的选取、方法的选择对于提升综合评价结果的精确度具有十分重要的作用。

5.5.1 评价指标体系构建原则

评价指标是进行综合评价的基本工具，因此综合评价网络课程评价设计前需要依据特定的指标构建原则确定评价指标体系，构建一套科学合理的评价指标体系是系统进行综合评价的基础。它由评价指标集的识别和指标体系递阶结构的构建两部分组成。评价指标选取的合理性直接决定评价结果的科学性，指标应该具有严格的科学分类，各项指标相互联系，在进行综合评价时功能又可以互补，评价指标体系是由多项相互联系、相互作用的评价指标按照一定层次结构组成的有机整体，只有合理的评价指标体系才有可能得到科学的综合评价结论。具身认知理论下的网络课程评价指标体系的构建应遵循过程动态性、系统全面性、代表性、可行性原则。

在网络课程的逐步发展过程中，国内外为科学规范评价网络课程也提出了不同的网络课程评价标准，国外《在线学习质量》、优质在线课程评价体系、《网络课程评价规范 CELTS－22.1》以及国内《网络课程课件质量认证标准》《网络教学过程认证标准》《国家网络教育精品课程评价标准》等标准的体系构建同样符合过程动态性、系统全面性、代表性、可行性原则。

5.5.1.1　过程动态性原则

传统的课程评价主要是以总结性评价为主，强调对整个阶段教学结果的评定，采用成绩这一单一的标准进行评定，这样的评价方式是对学习者的静态学习结果进行评价，评价合理性和准确性总是差强人意。但严格来说，网络课程的学习内容选择、教学目标分析以及情境创设对教学设计来说是环环相扣的，学习者基于这样的教学策略应是动态的学习过程，不论是哪方面的学习能力都是随时空变化而持续发展的过程。因此，网络课程的评价应注重其实时、便捷、动态等特点，充分考虑符合这些特点的指标。过程动态性评价强调学习者在全阶段的网络教学过程中的学习习惯、学习情感及学习能力等因素的变化情况。

5.5.1.2　系统全面性原则

具身认知强调学习者身心参与对学习效果的重要作用及情境互动能有效提升教学效果，该理论指导的网络课程更加注重学习者个性的发展，学习者能主动积极地进行身心参与并提升学习效果。传统的课程评价偏向评价学习者某一技术、技能的熟练度和考试成绩的高低，评价标准抑制了学生个性的发展、情感的发挥，评价标准比较单一。相对来说，具身认知的网络课程教学更加注重学习者个性、情感等特点的培育，是学习者自主学习的重要载体。评价网络课程时，应该从整体出发，从课程内容、教学设计等不同维度展开全面评价，同时从学习者学习积极性、技能、知识和学习态度等多方面对学生进行客观、理性的评价。通过对网络课程的多层次和多维度的综合评价，重点关注网络课程教学环节的衔接是否紧密，课程模块的是否强关联、课程内容是否具有具身性、教学资源是否具有综合性，以此提高评价的准确性和说服力，只看重内容丰富、教学互动等某单一特色而以偏概全的评价方式是不科学的。

5.5.1.3　代表性、可行性原则

网络课程评价既要注重个别评价又要注重整体评价，个别评价主要包括学习者的自我评价、学习者互评和教师评价等，能充分反映学习者的个体差异。整体评价是通过大量的数据和信息深入挖掘网络教学中学习者的共同点。也就是说，指标选取应具有代表性，具身认知的网络课程评价指标体系应反映个体评价和整体评价的不同差异特点，能够反映不同的学习者的学习需求和学习兴趣。此外具身认知的网络课程具有资源环境的开放性、学生主体的参与性、课程呈现的个体化、课程内容的价值性、课程情境的关联性等特点，选取的具身认知网络课程评价指标在众多反映这些方面特性的指标中具有代表意义。确定的指标还应考虑指标数据能根据客观的方法测量获得，具有稳定的数据来源且易于操作。

5.5.2　网络课程评价设计方法

网络课程作为决定网络教育质量的一个关键要素，其建设的质量好坏和水平高低，将直接关系到教育的成败。如何对网络课程进行标准化、系统化的评价是目前教育界关注的一个焦点。目前，国内外对网络课程的评价产生了诸多评价方法，最主要有观察法、实验法、指标体系法等。其中观察法及实验评价法属定性评价法；指标体系法属定量评价法，是基于系统性、代表性、可行性等原则，通过调查研究法、德尔菲、层次分析、数据挖掘等方法构建一套评价指标体系，并构建模糊综合评价法、神经网络方法的网络课程综合评价模型等，对网络课程评价问题进行科学量化评价。评价网络课程设计效果时，将定性和定量评价方法有效结合并应用到网络课程设计评价中，可在很

大程度上提高网络课程设计评价的信度和效度以期达到评价的全面性和客观性。

5.5.2.1 观察法及实验评价法

观察法是网络课程评价中常用的定性分析方法，该方法指教师在教学阶段记录观察学生的学习表现、学习行为等，并以此为依据做出学习者效果评价。观察法及实验评价法较为耗费人力、物力，对网络课程设计评价的系统性不够。同时观察法侧重将网络课程设计评价的主体偏向于评价学习者学习效果和教师授课质量，并不是对网络课程设计的评价。

5.5.2.2 总分法及加权平均法

总分法是将评价对象的每一个影响因素视为同等重要，即不考虑各因素的重要程度，在此基础上对每个因素给定一个评价分数，将所有分数的总和作为评价标准的一种综合评价方法。但是，通常在进行综合评价时需要考虑因素间的重要程度，因此更多的是采用加权平均综合评价法。加权平均法对不同因素的重要程度赋予不同的权重，在对各个因素进行评分的基础上进行加权平均，再用加权平均值作为评价标准的一种综合评价方法。相较于总分法，加权平均法能给出更加合理的评价结果。

上述两种方法虽然简单易行，但均未考虑网络课程评价中存在的非量化因素，这些因素的评价往往具有一定的模糊性、随机性，如果只是简单地将这些量化值加总合并，会造成一定信息的损失，从而使最终得到的评价结果是不合理、不准确的。

5.5.2.3 基于模糊综合评价法的网络课程综合评价方法

模糊综合评价法是一种定性、定量相结合的综合评价方法。这种方法可以将一些边界不清、不易定量的因素定量化，对于网络课程的评价来说，其评价指标大多具有"模糊性"或"不确定性"，因此运用模糊综合评价法可以有效解决这些问题。通过对各评价指标权重及模糊评判矩阵各元素值的分析，可对被评价网络课程存在的问题提出改进的建议，评估模型实用性强、可靠性高。

5.5.2.4 基于云模型的网络课程综合评价法

与模糊综合评价法比较，基于云模型的综合评价方法同样存在三要素，即因素集、评判集、单因素评判，但在内容解析上有所不同。云模型能够统一刻画不确定性语言值和精确数值之间的随机性、模糊性以及关联性，实现定性语言值和定量数值之间的自然转换。

5.5.2.5 基于灰色系统理论的网络课程综合评价方法

网络课程评价是一个由多属性、多层次指标体系构成的综合的评价过程，注重对内容、资源和寓于内容之中的教学策略和学习策略的评价。灰色系统评价方法可以使具有小样本性、不确定性及模糊性的评价结果更加合理，为网络课程的多元化评价提供参考和借鉴。

5.5.2.6 基于物元分析模型的网络课程综合评价方法

物元分析是研究解决不相容问题的规律和方法的新兴学科。该模型为网络课程评价设计提供了一个新的视角，即从物元分析理论从发，将物元评价模型与网络课程评价相结合，建构了可定量化评价的网络课程物元评价模型。该模型能够从定性与定量两个维度对网络课程进行准确、全面地评价，能够更好地优化网络课程。

5.5.2.7 基于 BP 神经网络方法的网络课程综合评价方法

BP 神经网络又称误差传递算法，是一种多层前馈型神经网络。通过该方法可以较为高效精确地模拟专家对网络课程的质量评价，减少人为因素导致的错误，较好地反映专家对网络课程评价结论。

第 6 章
基于具身认知的高校网络课程
设计实践应用研究

随着网络学习平台在教育教学中的融合应用及具身认知在学习领域的逐渐渗透与发展，基于具身认知的学习理论为网络课程的设计与应用提供了许多新的视角，对构建具身型网络学习平台开辟了广阔的空间。因此，本章基于具身认知下的网络课程设计为例，探析具身认知理论在网络课程平台及高校网络课程设计中的应用。本章最后，以"数据科学导论"网络课程为例，从具身认知理论出发，通过设计方案将该理论融入网络课程的教学实践，研究在其指导下的教学应用。

6.1 基于具身认知的网络课程平台案例引入

6.1.1 网络课程平台对比介绍

2012 年慕课在全球大幅兴起，2013 年在国内正式起步，截至 2020 年，我国已有 30 多个慕课平台，慕课数量和应用规模位居世界第一。在我国建成的所有慕课平台中，"学堂在线"作为全球首个中

文版慕课平台，2016 年入选为国家首批双创示范基地项目，拥有
2300 门优质课程教学资源和强大的师资团队。上海交通大学也抓住
慕课发展机遇，自主研发"好大学在线"课程平台并探索和创新多
种类型的在线开放课程，在平台功能建设上，创新开发知识图谱、自
适应推送、MOOC + SPOC 部署等特有功能，具有系统直观显示学生
视频学习状态、学习进程和学习效果的优势。2015 年，国内领先的
互联网企业网易也迅猛发力，与爱课程网携手打造中国大学 MOOC
（慕课）在线教育平台，拥有国内多家 211、985 重点院校加盟，享
有上百门国家级精品课程、8000 多门精品课程。同年 2 月，北京大
学与电商巨头模仿国外知名的 Coursera MOOC 平台，联手打造"华文
慕课"，平台秉承课程学习互动性原则，在教学情景创设、互动设计
方面都具有独到的发展模式。从以上四个平台的发展历史来看，这四
个在线教育平台自慕课发展初期便自主开发教学平台，已成为当前国
内在线教育行业的领头羊。近年来不论是平台界面设计、课程资源建
设、课堂交互功能、学习效果评估等方面都得到长足发展，因此下面
将从上述四部分对"学堂在线""好大学在线""中国大学 MOOC"
"华文慕课"这四个网络课程平台进行对比分析介绍。

6.1.1.1 平台界面设计

第一，基础功能。四大平台均包含登录、搜索、查看个人中心等
基础功能，个人中心内可查看学习者参与的课程信息。"华文慕课"
提供了学习者课程学习提醒公告，其余三个平台未有涉及。

第二，平台布局。"学堂在线"首页突出显示名校名课，可见其
作为国内首个"慕课"平台教学资源的优质性，该平台首页还由合
作高校、热门课程、畅销精品课程等板块组成。"好大学在线"首页
简单干净，主要设置了推荐课程、最新课程和 CNMOOC 的运作机制
介绍板块，学习者可以轻松判断该平台的特色优质课程并加以选择。

"中国大学 MOOC"首页放置的内容较多，设置有国家精品课程、最近直播课程、推荐课程、本周排行课程、国家精品课程、精彩评价等板块。整体上看，"中国大学 MOOC"视觉效果不佳，学习者不易快速找到自己想要学习的课程。"华文慕课"首页布局最为简单，仅有特色课程、慕课教师、论坛活动、贡献院校四个重要板块，与其他平台不同的是，学习者仅能在该平台选择首页所列的精品课程，课程筛选时，仅能按照最新课程、最热课程或学科门类进行课程选择，这凸显了"华文慕课"平台界面组织设计的不足。

6.1.1.2 课程资源建设

课程资源包含课程指导资源和课程学习资源。一门课程的课程介绍、教学大纲等，以及能够对该门课程进行详尽介绍的信息均为课程指导资源，学习者能够通过此类信息提前了解该门课程与其想要达到的学习能力是否一致，是否有兴趣确定学习该门课程。除了课程介绍、教学大纲外，"学堂在线"还设置了开课时间、教学时长、教学进度、开课机构及教师团队介绍；"好大学在线"设置了课程开课及选课时间、考核标准、学习目标、考核标准、教材参考；"中国大学 MOOC"还提供了课程评价、课程目标、预备知识、证书要求及参考资料模块；"华文慕课"还设置了课程说明、参考资料、拓展阅读，但并非每门课程均提供相应模块的信息。通过对比，"好大学在线"和"中国大学 MOOC"的指导性资源更加全面，更加符合学习者的实际需求。四大平台的课程学习资源形式都较为单一，均以提供视频教学资源和文档教学资源为主，采取的是"视频 + 文档"的教学方式。其中视频时长均为 5 ~ 15 分钟左右，每个视频讲解一个知识点，充分满足学习者碎片化学习的需要。学习者能根据自身情况调节视频播放速度或快进拖拽到相应部分，但"好大学在线"平台例外，该平台不允许学习者进行选时学习，这也能从一定程度上保障学习者的学习效果。

6.1.1.3 课堂交互功能

在线讨论是当前慕课平台最为盛行的学习交互设计模式，其为学习者提供平等和谐的学习氛围，激发学习者在自主学习过程中的学习潜能，使学习者真正成为学习活动的主体。在交流讨论过程中，学习者能通过其他学生的提问、回复和教师的反馈，提高对课程内容的正确认知，加强深度理解。本节所研究的四个网络课程平台的论坛讨论区的组织方式差异较大。"学堂在线"没有将讨论区进行划分，但学习者可以按照自己发布、教师参与和讨论单元将整体讨论话题进行筛选浏览或交流讨论。"好大学在线"论坛预设了"课程内容纠错区""技术提问区""课程讨论区"。"课程讨论区"是按照章节内容分区讨论，学习者可以根据自己的学习进度到相应的章节中发布提问、发起投票和问题辩论，或参与到其他学习者发布的问题讨论中，以发布和回复帖的方式参与讨论。"中国大学 MOOC"设有"老师答疑区""课堂交流区""综合讨论区"三个子板块，除子板块外，教师可以随时在每段视频教学中嵌入讨论话题，学习者也可以在自主学习时直接向老师提问。"华文慕课"和"中国大学 MOOC"的设置形式类似，设置了"答疑提问""课堂互动""综合讨论"三个子板块，学习者在视频学习过程中也可以随时提问，参与课堂互动。除讨论区互动功能外，"华文慕课"和"好大学在线"均提供了学习笔记模块，"华文慕课"中记录笔记时视频学习不需要暂停而"好大学在线"记录笔记时视频学习需要暂停。"中国大学 MOOC"和"学堂在线"都不支持笔记功能。作业和测验是对学习者学习过程学习效果客观真实的评价和反馈，也是学习者与教师进行交互的方式之一，四个平台均提供了练习和测验，"华文慕课"和"好大学在线"还设置了作业互评模块。四大平台均不提供实时聊天、视频服务、电子白板的功能。

6.1.1.4 学习效果评估

四大平台的成绩考核整体是以单元测验、单元作业和考试合成的标准，但不同平台不同课程的成绩评定也存在差异。"学堂在线"的方法类课程的成绩评定则包含课后测验和课后习题，课后测验是学生对课程掌握程度的一种过程性评价，需要学习者在规定时间范围内在线上作答，题目包含客观题。"好大学在线"的考核包含线上成绩、线下成绩和其他如翻转课堂成绩、论坛参与成绩，其中线上成绩包含课件浏览、客观练习、主观练习以及课内讨论。"中国大学 MOOC"的部分课程将论坛参与度纳入学习者学习效果的考核范围，以单元测验、单元作业、期末作业、论坛活跃度四个部分进行总体评分。单元测验同样要求学习者在学习每个单元结束后，均需参与并在指定的时间内提交，题目包含选择题、判断题和填空题，由系统自动评分。活跃参与课堂讨论区的发帖和回帖，表现优秀的学习者可获得额外加分。"华文慕课"的部分课程是以视频、课后作业、考试的方式进行评分，部分课程也把随堂练习和线下成绩涵盖进考核范围。

图 6-1 是"学堂在线""好大学在线""中国大学 MOOC""华文慕课"在平台界面设计、课程资源建设、课堂交互功能、学习效果评估这四个方面的对比分析图，深色部分即该平台具有该功能，浅色部分即该平台不具有该功能。经过对比分析，以上四个网络课程平台的界面设计和学习效果评估方式差异不大，"中国大学 MOOC"和"学堂在线"的课程资源更加丰富，课堂交互功能方面"好大学在线"和"华文慕课"更优。同时从上述分析内容及对比图可知，以上四个网络课程平台完全支持学习者多风格模块选择、智能引导和匹配课程，以及智能动态合规化评价学习效果，这充分证明网络课程顺应时代发展潮流，打破了传统课堂教育范式。

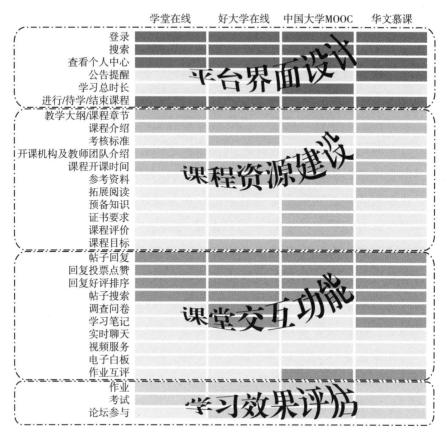

图 6 - 1　各平台模块对比

6.1.2　基于具身认知的网络课程教学模式比较

现代信息和大数据技术的迅速崛起，使人们对视频观看、直播观看等类似传统灌输"填鸭式"的网络课程教学模式变革的需求日益加剧，尤其是在 2020 年新冠疫情的影响下，中国在线教育行业的重构需求越加增强。网络课程在教学形态和教学模式重构的过程中仍存在一些问题需要去研究和解决，因此，我们需要及时了解当前不同的网络课程教学模式，正确认识不同的网络课程教学模式的优缺点。6.1.1 节中我们已经发现"学堂在线"和"中国大学 MOOC"提供的学习资源服务更为相似，"好大学在线"和"华文慕课"这两大课程平台的交互性功能都相对较好，因此笔者将网络课程平台分类为"资源丰富型"和"交互强劲型"，并在这两类中分别选取"学堂在线"和"好大学在线"进行具身认知网络课程教学模式的对比。

"学堂在线"的教学模式具有两大突出特色：一是其具有得天独厚的优质教育资源；二是"学堂云＋雨课堂＋直播课堂"等线上线下混合式教学模式。此外，"学堂在线"与清华大学联合开展"大规模实时交互式在线教学模式"也高质量应对了2020年新冠疫情大考。"学堂在线"背靠国内顶尖学府清华大学，教育资源具有先天优势，同时"学堂在线"作为教育部在线教育研究中心的研究交流和成果应用平台，先天优势更为明显。

2016年"学堂在线"推出智慧教学工具——雨课堂，旨在连接师生的智能终端，将课前—课上—课后的每一个环节都赋予全新的体验，最大限度地释放教与学的能量，推动教学改革。这种智慧教学解决方案连接校内校外、融合线上线下、贯穿课内课外，集合课堂智慧教学平台"雨课堂"、校内网络教学平台"学堂云"、在线课程运行平台"学堂在线"以及课程国际化推广平台，采取"学堂云＋雨课堂""学堂云＋雨课堂＋直播课堂"等的线上线下混合式教学模式。该模式将网络课堂与实体课堂的用户、内容、场景打通，融合课程、教学系统、教学服务，实现教与学的全景分析，形成认知、身体和环境相互影响的动态统一模态。这种方式弥补了教学空间异步和传统教学身心分离可能造成的学习者学习效果不佳的缺陷，促进了学习者在学习过程中达到身体和心智的统一，使学习者积极性和主动性得以提升。为达到网络课程需满足学习者与学习内容的互动体验，注重学习者在学习过程中的物理情境、语言情境、人际互动与文化情境等真实场域，以及学习者认知建构的动态开放特征的要求，"学堂在线"紧紧围绕"互动为主"开展教学活动，将信息技术与在线教学深度融合，利用体感设备、互联网技术等智能化工具实现全景互动，全方位满足云端建课需求及线下课堂师生互动，让学习者真正成为知识的联结者、创造者与建构者。

此外，面对2020年汹涌而来的新冠疫情，"学堂在线"和清华大学积极应变，超前布局，制定"清华大学大规模实时交互式在线教学模式"的教学实践方案，秉持"交互为体，直播为用"的理念，通过"信息投递、学习反馈、知识众筹"功能的在线教学工具，对教学内容进行"碎、动、减"的教学设计，实现了大规模指导教学、远程同屏、互动讲解，确保了教学效果"实质等效"。"学堂在线"的网络课程教学还包括一系列课堂直播授课之外的补充性教学活动，例如答疑、测试及督学服务模块。采用全平台在线互联网技术，让互联网记录下学生的所有学习动态，建立相应的大数据库，通过数据的比对，针对每位学习者分别给予具有差异性的学习反馈，让学习者通过外界的反馈刺激，得到相应的认知，派生恰逢适宜的思维，做出有助于课程教学的行为，从而使得网络课程教学的效果提升。点对点的交互式答疑、课堂课后及时的模拟测试，以及课上的签到、课后的督学，都在通过外界事物和环境氛围，利用触手可及的资源，促进对学生的身心沉浸式教学。种种外界的刺激将学生的身体始终沉浸在网络课程教学中，在这样的氛围中，身心合一不过是时间问题。

"好大学在线"依托百度平台，打造以学生自学、合作、交流、应用、反思为核心的网络教育模式，集优质教育资源、在线题库、互动问答等于一体的智能化教育互通系统以及云视频线上"你提问、我回答"互动教学模式。在建立之初，上海交通大学与中国互联网龙头企业百度签署了《上海交通大学—百度慕课战略合作协议》，旨在合作打造中国高水平大学大规模在线课程联盟中文慕课平台——"好大学在线"。这一全球首个全中文慕课平台在百度校园品牌部的积极支持下，对接百度教育和百度搜索实现教育资源共享，依托百度提供的云计算资源平台，开发优质慕课课程，搭建教学管理平台，提供在线学习资料，共建在线学习生态圈，给中国亿万网民带来全新的教学模式。"好大学在线"基于百度云流媒体技术、云虚拟仿真技术、云大数据分析技术以及云时代的群体计算技术等现代新型技术，创新研发以学生自学、合作、交流、应用、反思为核心的网络教育模式，支持以短视频、强交互为特点的在线网络课程教学模式，完全凸显视频测验（In–Video Quiz）、掌握学习（Mastery Learning）和同行评审（Peer Review）等教学特点，打破传统的教学模式，全方位调动学习者的感官和思维，使学习者的身体能与学习过程有效融合，学习者能真正地在网络课程的学习过程中达到全身心投入状态，最终提升学习效果。在百度教育的支持下，"好大学在线"搭建教学资源互通系统，将百度贴吧、百度知道、百度百科、百度文库等全线产品互联互通，建立一个集优质教育资源、在线题库、互动问答等于一体的智能化教育信息库支撑平台，学习者可以无障碍跳转学习，学习者能充分发挥学习的积极主动性。"好大学在线"还采用云视频服务平台，授课形式生动活泼，充分运用短视频、动画模拟、微课程和小测试等手段进行授课，使教学深入浅出，极大地促进了教师与学习者之间的互动教学和学习者与学习者之间的协同学习，这能有效推进受教育者的感官具身、身体延伸和在场感提升。"好大学在线"强大的线上学习社区也是其教学特色，线上"你提问、我回答"互动模式，将学生的人身"分离"状态逐渐引导转变为人身"合一"，同时身心又与课程相结合的状态，集中学生的学习注意力，进而提升学习效率、学习效果等。"好大学在线"还为学生和用户提供在线电子书籍与参考资源、知识搜索、学习辅导、学习用品电子商务、个人学习档案、就业推荐等多元化服务，建立基于云题库的练习和测试系统，支持公式可视化编辑，支持学生的作业自评与互评功能，支持课程成绩设定及学习成绩自动统计功能，这使得在线学习的学习者能够通过这种全新而自主的学习模式培养学习兴趣，成为学习主体，达成学习目标。

"学堂在线"和"好大学在线"这两大网络课程平台的教学模式发展已呈现优质资源和教学交互两边倒的态势，即"学堂在线""中国大学 MOOC"等大型网络课程平台在教学资源的整合和建设上具有强大的支撑，完全整合国内知名高校的教学资源。"好大学在线""华文慕课"等小型网络课程平台则依托国内的互联网企业，充分利用大数据、5G、虚拟仿真等现代新型数字化技术实施互动性课堂教学。事实上，资源和交互的有效融合才是网络课程教学模式发展的正确选择，如何建设好、管理好、使用好网络课程教学资源，以及如何顺应时代发展，充分借助互联网技术优势才是高校网络课程建设面临的核心任务。

6.2 "数据科学导论"网络课程体系简介及应用

6.2.1 "数据科学导论"网络课程体系简介

根据不列颠百科全书定义，统计是"收集、分析、展示和解释数据的科学"，或者称为数据科学（data science）。"数据科学导论"面向大数据、人工智能类专业，尤其是数据科学与大数据技术、大数据管理与应用、大数据技术与应用、人工智能、商务智能、数据分析等新兴专业，以及传统统计学、计算机科学、金融、医学和材料科学等专业人才培养，课程建设完全响应大数据产业加快发展的号召及人才市场需求和技术发展需求，致力于为大数据所催生的新产业、新业态、新经济培养具备扎实数据分析和系统建构能力、了解数据应用场景和价值创造机制的复合应用型人才。

数据科学是在数学、统计学、计算机科学等相关学科的支撑下对数据开展研究和应用的学科，涉及大数据从获取、分析、管理、分析到领域应用等整个数据生命周期各个环节的内容，因此，"数据科学导论"课程群研究内容包含数据收集、数据分析、数据展示、数据解释四个板块的内容。

数据收集是大数据分析的首要环节，是后续数据分析、展示、解释的基石，传统数据采集方式为人工采集，在大数据时代数据挖掘是主要的采集数据的有力工具，采集到的数据包括结构化、半结构化、非结构化三种类型。

数据分析是基于研究目的，对采集到的包括数值、文本、声音、图像、视频等数据进行分析和总结概括的过程，找到数据中的规律，进而能够对特定应用领域进行辅助决策，数据分析的意义在于把隐藏在数据中的信息萃取研究和概述总结。数据分析的主要技术包括探索性数据分析和机器学习，探索性分析包含数据的集中趋势、离散趋势、分布情况、相关关系等；机器学习技术包含社交网络、决策树、KNN、SVM、ANN 等算法，该板块要求学习者掌握数据分析领域的核心知识、关键技术、常用方法、主要技能及最新动态；掌握基于Python 或 R 的数据理解、数据加工和数据预处理方法；掌握基于机器学习的数据分析方法及 Python 编程能力；掌握基于 Spark 和 Mon-goDB 的大数据分析方法。

数据展示即可视化分析，可视化分析是指对数据包含的信息、数据分析过程中的中间及最终结果、研究意图以及规划等的主观展示。展示方式有散点图、折线图等基本图形和热力图、3D 图、小提琴图、词云图、关系图等高级图形，Python 的 Matplotlib 包、Seaborn 包以及R 的 ggplot2 包、recharts 包、shiny 包、plotly 包等是当前常用的可视化工具包。

数据解释包含可视化解释和模型解释,可视化即利用计算机图形学和图像处理技术,将数据转换成图形或图像,使我们更易理解数据表达的内容,数据解释即是通过构建经典的线性回归分析、逻辑回归分析、聚类、因子分析、时间序列或目前最为盛行的机器学习算法模型来解释已经发生的行为和预测尚未发生的未来行为。在目前热门的人工智能领域,以数据科学为基础的机器学习是人工智能的核心,是计算机智能化的基础,其应用遍及人工智能的各个领域,如数据挖掘、计算机视觉、自然语言处理、生物特征识别、搜索引擎、医学诊断、检测信用卡欺诈、证券市场分析、DNA 序列测序、语音和手写识别、战略游戏和机器人等领域。

6.2.2 "数据科学导论"在网络课程平台中的应用

在线教育作为未来教育的主流趋势,也是培养数据科学人才的摇篮,其数据科学人才培养战略对我国教育起着举足轻重的作用。就目前网络课程平台对"数据科学导论"系列课程的开设情况来看,开设课程的数量、广度、深度具有平台差异化;课程建设碎片化、大杂烩现象严重;教学过程对学生学习主动性调动不够,具身性强调不够。

网易云课堂长期专注职场教育,一直为学习用户提供最前沿实用的知识内容,该平台开设的数据科学课程较多,开设有包括深度学习、机器学习、区块链设计等众多前沿数据科学课程。因此,笔者通过在6.1.1节选取的四个课程平台以及网易云课堂中通过关键词搜索的方式进行课程开设情况了解。搜索关键词包含 Python、深度学习、机器学习、数据挖掘、R、可视化等,将搜索结果进行统计分析,结果如图 6-2 所示。"学堂在线""好大学在线""中国大学 MOOC"

"华文慕课"这四个平台均开设了如 Python 基础、可视化分析基础等数据科学的基本专业课程。与网易云课堂相比，这四个平台开设的课程比较基础，知识内容欠缺深度和广度，对理论知识涉及较多，对有一定的深度的实践知识涉及太少，尚不能满足当前数字化发展需要的"高素质应用型数据科学人才"的人才培养目标要求。网易云课堂作为目前数据科学系列课程开设较多的网络教学平台也存在不足，由于该平台长期专注职场教育，其课程并非免费提供，优质资源没有实现公开共享，对在校学生或经济薄弱的学习用户不太友好。

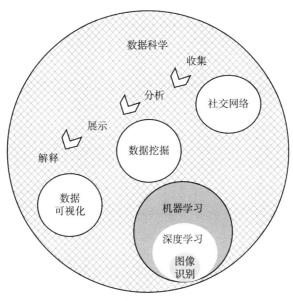

图 6 - 2 "数据科学导论"课程体系

同时，网络课程平台开设的课程整体杂乱无章，课程群内各门课程的相关性不强。由于数据科学是一个跨领域学科，课程群建设既要求传统数学、统计学等理论基础学习，也要求 Python、R 等基础计算机语言的掌握，同时也要求将人工智能、机器学习、区块链、云计算和互联网等新老技术融合学习（如图 6 - 3 所示）。也就是说，数据科学课程群建设时首先要处理好传统基础课程和前沿延伸课程的关系，以及处理好如何把编程语言和软件操作融入课程，由此形成基础课程、拓展课程以及工具教学的互动效应，提升教学效果。但是，目前的网络课程平台开设课程仍旧是孤立设立。

图6-3 "数据科学导论"网络课程群设置情况

此外，数据科学是一门实践性极强的学科，对学习者的身体参与、沟通交流以及周围环境的互动而完成对知识的建构的要求很高，而部分教师对网络课程的理解不够、进行具身化网络课程设计的能力不足，导致网络课程平台开设的数据科学系列课程没有真正达到教学效果。例如"中国大学 MOOC"中北京理工大学开设的"Python 信息提取"这门课程中，讲授方式主要是通过视频播放的形式，仍旧以教师为主导进行内容讲授，很大程度上还是照搬传统课堂中的教学方式，学习自主操作仅能在视频课程学习后进行参与。同时沟通互动交流很少，且仅设置了课程讨论区，很大程度上没有达到教师与学习者的深度互动，这将授课效果和传统线下授课方式无较大差异。同时从北京理工大学对这门课程的教学大纲设计来看，具身理论体现不足。

6.3 具身认知下的"数据科学导论"网络课程体系方案设计

6.3.1 基于具身认知的数据挖掘专题的方案设计

6.3.1.1 数据挖掘的概述

在信息时代，海量的数据大多以网页的形式存在，这些数据中往往蕴含着许多有价值的信息，自动、高效的抓取这些数据变得越来越重要。因此，数据挖掘已成为学习数据科学领域中一个重要的环节。在大数据时代下，信息的有效挖掘也在不断地改变传统的生活模式，数据挖掘已与人们的生活息息相关，收集分析数据，用数据说话将在未来产生更加深远的影响，数据挖掘正在创造更加智慧的生活方式。对于数据挖掘，其一般定义为在数据量非常巨大的并且是随机性、模糊性、不完整性的数据中，对其深层次的信息和规律进行提取的过程。

数据挖掘是利用统计学知识、机器学习、人工智能等方法对收集来的数据进行深度分析，发现其未知的和有用的规律，让数据产生更大的价值的数据分析方法。

6.3.1.2 数据挖掘的流程

因为数据挖掘技术板块体系庞大，实践性很强，正常情况下需要开几门课程进行授课，因此在设置本部分课程的目标时，除知识性目标外，更应关注学习者技能的掌握。通常，数据挖掘与数据分析是紧密联系在一起的，将收集到的数据进行层层处理和挖掘，进而根据挖掘出的价值信息做出分析决策。其基本流程大致如图 6-4 所示。

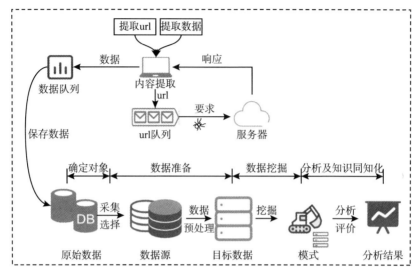

图 6-4　数据挖掘的基本流程

　　数据挖掘板块的目标为：（1）理解数据挖掘的概念，体会数据挖掘的作用，并尝试进行数据挖掘；（2）掌握基本数据的处理方法及相关的挖掘方法，树立用数据说话，用数据指导生活的思想意识；（3）能够选择合适的工具进行数据挖掘技术实现（如 Python、R 等工具）。

6.3.1.3　理论知识转化为实际应用

　　数据挖掘对许多学生而言，是一个全新且抽象的概念，框架的搭建需要一步步地累积，从表层到内涵，逐步深化才能体会其作用和意义。故本次专题教学设计是以问题驱动、目标驱动的实战拉动理论的学习过程，即情境再现，以引导性问题让学生感受数据挖掘；实战案例，以目标需求带领学生尝试数据挖掘；需求式理论研习，以需求拉动带领学生认识数据挖掘；反思拓展，以举一反三的教学带领学生展望数据挖掘。通过这一系列的过程，让学生在做中学、学中思、思中用，在情境化的技术活动中，归纳数据挖掘的方法，从而树立用数据说话，用数据指导生活的思想意识。

6.3.1.4 设计原则（整个设计步骤）具身

具身认知强调的是认知、身体和环境的相互作用，个体认知的形成受到身体和外界环境的影响。因此，基于具身认知的数据挖掘专题教学设计主要从以下几个方面入手。

（1）心智与身体全面参与式学习。学习数据挖掘不是一蹴而就地，学生的身体动作需要直接地、亲身地参与到整个学习过程中，在教学实践中尽量保持学习者身体上的自由，让学习者在切身的实际操作中主动地建构知识，再将知识应用于实践。

（2）情境式学习。在教学过程中，教师将对教学模式进行变换，不只是单纯的教师讲学习者听，更多的是把枯燥难懂的理论知识变得富有乐趣，贴近生活，不再空洞乏味。因此，知识要在情境中形成，脱离情境的知识是没有意义的，本专题将采用情境式的学习，包括视频引入、AR/VR 等情境模式，创设丰富的教学情境以帮助学习者在认知过程中受到一定的正向刺激，形成积极的情感态度。

（3）教学课堂动态性学习。学习知识的过程不是一成不变的，在教学编程中解决问题的途径多种多样，每个学习者的想法不一，教师可在数据挖掘的课堂中不断地与学生进行交流互动，相互学习，相互探讨。不同的任务学习活动需要身心合一，这是一个动态的过程。因此，在实际教学中教师可面对实际的教学状况找到积极的应对策略，让课堂成为一个富有生命活力的地方。

（4）思维和过程可视化。本专题为加深学习者对数据挖掘的认识，掌握数据采集与数据分析技能，在教学过程中将采用直观教学方式，如可视化图表、视频、情境化虚拟技术等，将复杂、抽象的理论知识或大脑的思维通过可视化的途径让学习者具体地感知，从而激发学习者学习的兴趣，使学习者容易记忆和理解教学内容，能够较好地实现预期的教学目标（如图 6-5 所示）。

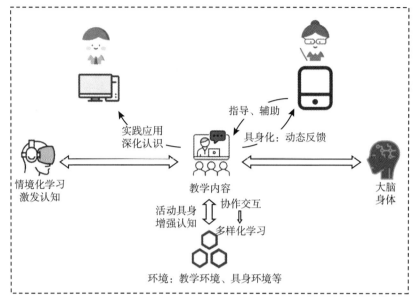

图 6 - 5　数据挖掘专题设计思维

6.3.2　基于具身认知的数据科学可视化专题的方案设计

6.3.2.1　数据可视化的目标确定

数据科学中的可视化是指在获取数据之后，通过计算机技术来描述、分析和展示数据的一种方法。其目的就是利用图形的颜色、形状、大小、位置、方向、纹理等元素，揭示复杂数据背后隐藏的信息，让读者能快速准确地理解数据。图片是最简便的传递信息的方式，尤其是对于那些较大的高维度数据集。

数据可视化流程可以描述为五部：收集数据—处理数据—分析数据—寻找可视化方法—可视化实现。收集、处理、分析数据后找出可以合理、准确、简洁表达数据信息的可视化方法，通过计算机图形、图像、人机交互相关技术呈现可视化结果（如图 6 - 6 所示）。数据分析决定了数据隐含信息最终被展示了多少，是数据可视化的核心。
寻找可视化方法决定研究人员能不能以简洁、正确的方式展示分析结
果，是数据可视化的难点。

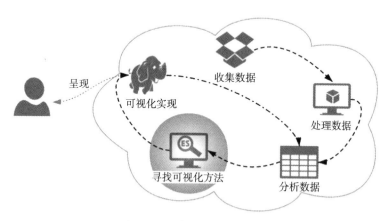

图 6 - 6 数据可视化流程

　　数据可视化是为适应信息时代对大数据和商业智能人才的需求而
开设的，既重视学习者相关理论的系统学习，又强调培养学习者发现
问题、分析问题和解决问题的实践应用能力。基于具身认知理论提出
的网络数据可视化教学，要充分发挥媒体的作用，使学习者的身体完
全参与到学习中，最终达到学习者、课堂、环境交互学习的目的。

　　因此，数据可视化教学的目标确定为：第一，学习者掌握数据可
视化的一般原理和处理方法；第二，了解能进行数据可视化操作的工
具和平台；第三，学习者能使用数据可视化工具对数据进行可视化处
理；第四，培养学习者的信息数据处理能力、信息分析和应用能力、
信息表达能力；第五，能够针对不同业务情境下的海量数据，洞察和
分析隐藏在数据背后的重要信息，并可视化展示为相关决策者提供辅
助决策支持。该专题能够帮助学习者养成良好的职业素质，培养动手
能力、创新能力和独立解决实际问题的能力。

6.3.2.2　数据可视化的内容选取

学习者通过本专题的学习，能具备处理实际生活中的各类数据并用美观、简洁的可视化图片来展示数据的信息和规律是本专题的主要目的。数据可视化教学将从以下五个部分展开，如图 6-7 所示。

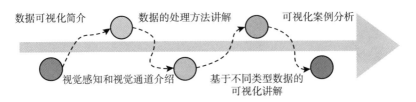

图 6-7　数据可视化内容选取

（1）数据可视化简介。要学习可视化，第一步就是对数据可视化的简史、意义、目的、作用、分类、软件和工具有初步系统的了解。了解了可视化的强大功能和独特魅力之后，学习者易对本专题的学习产生兴趣，兴趣带动式学习有利于学习者全身心地投入学习中。

（2）视觉感知和视觉通道介绍。可视化的主要目的是通过展示图片来揭示数据信息和规律。人们接收信息时，会分析图中的空间、标记、位置、颜色、亮度、方向和图形形状等细节。通过介绍视觉感知和视觉通道帮助学习者理解可视化原理。

（3）数据的处理方法讲解。处理数据是数据可视化极为关键的一步，数据缺失、错误和不合理都会对可视化的结果造成影响。数据的不准确会使可视化的结果没有意义。

（4）基于不同类型数据的可视化讲解。不同类型的数据可视化的操作方法和展现效果都不同，不能一概而论，必须具体问题具体分析。这一部分对编程有要求，是本专题的重点章节。

（5）可视化案例分析。通过案例分析的方式，让学生有参与感，在思考专题知识的时候动手实践，把理论知识转化为个人知识。同时，教师和学习者相互交流，活跃学习的氛围，提高教学质量。

其中，有关数据可视化简介、视觉感知和视觉通道介绍只需了解，可以粗讲，数据的处理方法讲解是进行数据可视化的关键一步，需要精讲，对于某一数据的分析展示，取决于我们想要表达什么。在分析数据的联系、比较、趋势、分布/地理位置、构成几方面时，选择的图表类型也不一样。所以基于不同类型数据的可视化要重点讲解，最终通过可视化案例分析讲解让学习者在课堂上动手操作，形成实践认知、教师与学习者互动的教学氛围。

6.3.2.3　理论知识转化为实际应用

可视化在我们的生活中随处可见，如地图、课程表和股市的趋势图等都是可视化的一种体现，学习者在学习本专题时容易产生兴趣，接受相关知识。其教学难点主要在于数据处理方法和可视化编码方法，想要学习者的课程体验好、教学效果好，应该由浅入深教学，通过理论指导实践。教师需要从课前准备、课中交流、课后创新三阶段入手教学。在课前准备时，教师可以给出当下热门数据和数据可视化效果图、热门数据和非传统的效果图会刺激学习者的求知欲望，让学习者有兴趣去探索数据可视化。还可成立讨论小组，调动学习者的脑、口、手等部位，积极解决问题。在课中学习的过程中，教师除了细致地讲解理论知识外，无论是已经提出的问题还是新的案例，都需要展示可视化实际操作过程。同时，关注学习者的错误点、编程水平和理解效果，可以根据学习者的学习质量对课堂教学速度和难度进行调节。在课后，教师应该准备比课堂案例更复杂的数据，学习者在课后解读数据，根据数据创造出更多样式的图表。

6.3.2.4　设计原则

由于具身认知强调的是认知、身体和环境的相互作用，个体认知的形成受到身体和外界环境的影响。因此，基于具身认知设计的数据可视化专题要满足以下几个原则。

（1）情境性原则。具身认知是建立在情境之上的，不存在没有情境的具身认知。在教学的过程中，应当创设与教学有关的情境，挖掘与教学有关的各种有意义的资源作为情境创设的素材。在创设情境的过程中，应保证唤醒学习者的身体"细胞"，为后续学习的身体体验提供正向的引导，确保学习者进入具身状态。

（2）具身性原则。具身教学强调的是学习者的实践活动，脑、身、心的协调合作。传统教学活动往往只关注大脑思考，讲解知识、灌输知识，具身认知教学除了关注学习者的大脑，还要关注学习者的身体，提倡全身心学习。数据可视化教学需要学习者把身体融入到学习中，通过眼睛观察、小组讨论和动手操作才能展示出最终结果。只有学习者亲自参与了实践活动才能高效地把理论知识转化为自我认知，形成个人知识。

（3）交互性原则。交互性原则是具身认知教学的关键一步，交流互动在身体与情境之间架起一座桥梁，通过实践活动把社会环境与理论知识结合起来，帮助学习者更好地掌握知识。在具体的具身活动设计中要注重交互活动的设计，并且在设计活动时要充分表现通过身体主体与自然环境的互动以及结合社会文化情境的维度来理解人类的认知，注重活动过程中交互的动态性、主观性和多样性。由此可见，认知需要实践，实践产生交互，尤其是具身认知，其体现的是身体与情境的交互，则更加注重交互性原则的设计。

6.3.2.5 实施过程

数据可视化通过图表形式展现数据，帮助用户快速、准确理解信息。准确、快速是可视化的关键。要学习者大脑与身体都参与到学习中，就少不了实践操作。Excel、Origin、SigmPlot、MATLAB、Python、

R、Graphag Prism 这几款软件都是常用的实现数据可视化的工具。Excel、Origin、SigmPlot、Graphag Prism 这几款软件有很强的局限性，无论是图表类型还是图表中的元素都只能是软件提供的，无法创造新的更能表达数据信息的图表。R 和 Python 具有开源、免费、灵活、简便的特点，在数据科学领域被广泛使用。其中，R 软件相对于 Python 对操作者的编程要求更低，有一套完整的数据处理和计算功能，与众多领域相关的可视化包。故本专题以 R 软件为主进行教学。

针对"数据科学导论"中的数据可视化教学，具体实施如下：

（1）问题导入。教师给出操作数据并提出问题，让学习者先了解数据背景，思考问题，做好上课准备。在进行数据可视化分析前，需要对原始数据进行处理并探索数据信息，再思考哪种可视化能正确表达数据信息，选择合适的图表来展示可视化结果。在学习的过程中，一个人的智慧是有限的，一群人的智慧是无限的。教师可以提前成立线上课堂小组，建立 QQ 交流群，让学习者在获取数据的时候可以及时进行交流，做出更多丰富完整的数据可视化结果。通过课前准备，教师也能对学习者的当堂课程的知识、操作水平有初步的了解，有利于教师做出针对性教学（如图 6 - 8 所示）。

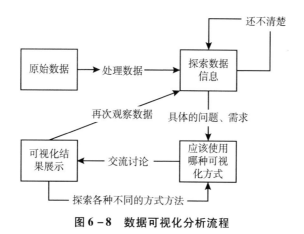

图 6 - 8　数据可视化分析流程

（2）R软件数据可视化展示。使用R软件进行可视化操作对于初学者有一定的难度，为了提高初学者的兴趣和学习动力，可以将学习者常用的Excel可视化和R可视化结果进行对比。在选取可视化展示图形时，可以采用学习者熟知的柱状图、散点图、面积图和折线图来展示，结果如图6-9、图6-10所示。

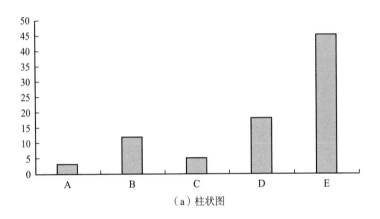

（a）柱状图

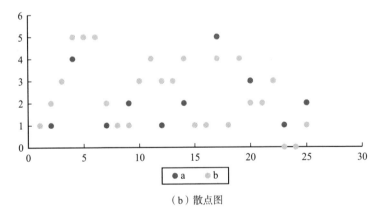

（b）散点图

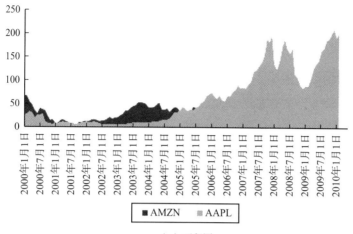

（c）面积图

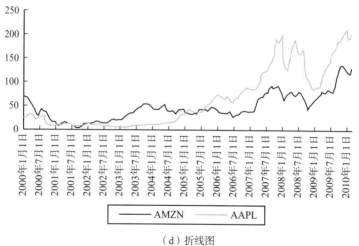

（d）折线图

图 6 - 9　Excel 数据可视化展示

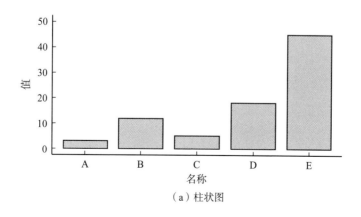

（a）柱状图

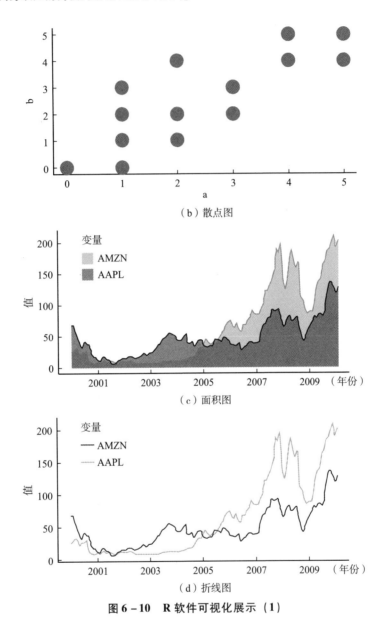

（b）散点图

（c）面积图

（d）折线图

图 6 - 10 R 软件可视化展示（1）

除了常见的图表可以用 R 软件画出，R 软件还可以画出热力图、山脊线图、词云图和地图等非常规图形，如图 6 - 11 所示。

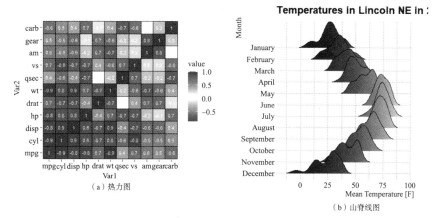

（a）热力图

（b）山脊线图

（c）词云图

图 6－11　R 软件可视化展示（2）

（3）寻找合适的可视化方法。从数据中获取什么信息就要使用相对应的图表进行分析。常用的图表类型分为六大类，分别是数据关系型、类别比较型、时间序列型、数据布局型、地理位置型、局部整体型。确定了数据适合哪类图表类型还要选择能够最简洁地表示数据信息的可视化方式。比如，在描述数据分布情况的时候，可以使用很多可视化方式来展示，但根据直观、简洁原则最常使用的是箱型图、密度图、直方图。

（4）数据可视化度量调整。可视化最直接的目的是让图形美观清晰的表达数据信息。人们常采用的方式是控制图片中的具体细节，比如颜色、线条、形状、位置、长度、角度、方向、面积、体积、饱和度以及 X、Y 轴等。通过图形中细节的调整来突出数据信息。以 Facet_Data 数据为例，制散点图展示如图 6-12 所示。

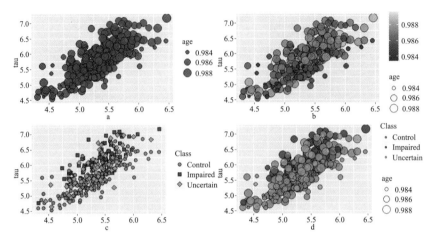

图 6-12　散点图度量调整过程

图 6-12 中，a 图只对散点大小进行了调整，b 图和 d 图都加上了颜色调整，c 图加上了形状调整。可以看出合理的调整度量有利于数据信息的展示和读者的解读。

（5）案例评讲。钻石（Diamonds）数据是 R 软件自带的数据，只需要调用即可。调用之后，查看数据的类型和特性以及检查数据是否有缺失，为了运行方便，笔者从钻石数据抽取 10000 个样本进行分析。其执行代码如下：

```
library(ggplot2)
library(cowplot)
data(diamonds)
head(diamonds)
summary(diamonds)
```

```
sum( is. na( diamonds ) ) set. seed( 1234 )

diamonds < – diamonds[ sample( 1 :53940 ,10000 ) , ]

p < – ggplot( diamonds ,aes( x = carat ,y = price ) )
```

对钻石数据的分析结果展示如表 6 – 1、图 6 – 13 所示。

表 6 – 1　　　　　　　　　　钻石数据展示

carat	cut	color	clarity	depth	table	price	x	y	z
0. 23	Ideal	E	SI2	61. 5	55	326	3. 95	3. 98	2. 43
0. 21	Premium	E	SI1	59. 8	61	326	3. 89	3. 84	2. 31
0. 23	Good	E	VS1	56. 9	65	327	4. 05	4. 07	2. 31
0. 29	Premium	I	VS2	62. 4	58	334	4. 2	4. 23	2. 63
0. 31	Good	J	SI2	63. 3	58	335	4. 34	4. 35	2. 75
0. 24	Very Good	J	VVS2	62. 8	57	336	3. 94	3. 96	2. 48
…	…	…	…	…	…	…	…	…	…

注：carat 代表钻石克拉数，cut 代表切工，color 代表不同颜色，clarity 代表净度，depth 代表深度，table 代表台面大小，price 代表价格，x、y、z 分别代表钻石的长、宽、高。

```
> summary(diamonds)
     carat                cut          color        clarity
 Min.   :0.2000   Fair     : 1610   D: 6775   SI1    :13065
 1st Qu.:0.4000   Good     : 4906   E: 9797   VS2    :12258
 Median :0.7000   Very Good:12082   F: 9542   SI2    : 9194
 Mean   :0.7979   Premium  :13791   G:11292   VS1    : 8171
 3rd Qu.:1.0400   Ideal    :21551   H: 8304   VVS2   : 5066
 Max.   :5.0100                     I: 5422   VVS1   : 3655
                                    J: 2808   (Other): 2531
     depth           table           price             x
 Min.   :43.00   Min.   :43.00   Min.   :  326   Min.   : 0.000
 1st Qu.:61.00   1st Qu.:56.00   1st Qu.:  950   1st Qu.: 4.710
 Median :61.80   Median :57.00   Median : 2401   Median : 5.700
 Mean   :61.75   Mean   :57.46   Mean   : 3933   Mean   : 5.731
 3rd Qu.:62.50   3rd Qu.:59.00   3rd Qu.: 5324   3rd Qu.: 6.540
 Max.   :79.00   Max.   :95.00   Max.   :18823   Max.   :10.740

       y               z
 Min.   : 0.000   Min.   : 0.000
 1st Qu.: 4.720   1st Qu.: 2.910
 Median : 5.710   Median : 3.530
 Mean   : 5.735   Mean   : 3.539
 3rd Qu.: 6.540   3rd Qu.: 4.040
 Max.   :58.900   Max.   :31.800
```

图 6 – 13　钻石数据特征展示

从钻石数据中可以看出，每一个指标分了几类，每类包含多少个样本都清晰地展示出来了。观察数据后，此数据可以分析钻石价格与钻石其他要素的关系以及钻石某要素的分布情况。此时，可以选择散点图、曲线图、柱形图、箱型图等来进行数据的可视化展示。

首先，分析钻石价格和克拉数之间的关系，结果如图 6 – 14 所示。

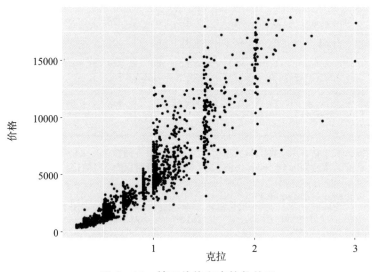

图 6 – 14　钻石价格和克拉数关系

图 6 – 14 中能够明显看出钻石价格的离散程度，但以黑白呈现，美观性不足，且没有展示出钻石价格与其他因素的关系，改进之后，代码如下，结果如图 6 – 15 所示。

$$p + geompoint（aes（color = color））$$

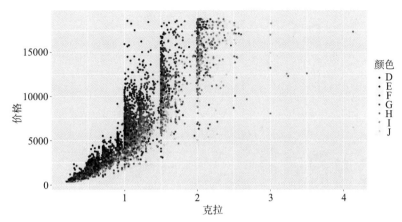

图 6 – 15　钻石价格与克拉数关系彩色

加上颜色指标，可以清晰看出价格、克拉数和钻石颜色三者之间的关系。除了上述方法外，还可以对颜色进行分类展示，如图 6 – 16 所示。

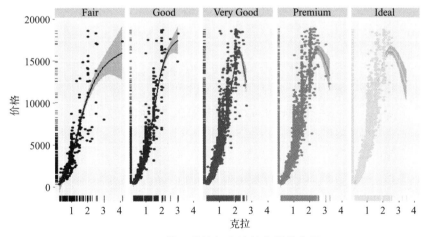

图 6 – 16　钻石价格与克拉数分类散点图

在表现钻石价格、克拉数和钻石颜色三者关系上，除了散点图还有折线图、箱线图，如图 6 – 17 所示。

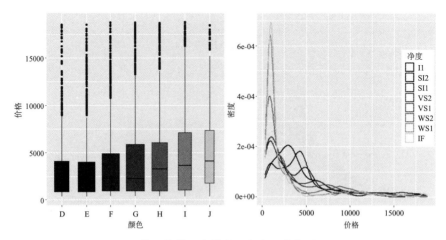

图 6 - 17 钻石价格、克拉数和颜色三指标关系图展示

关系型数据除了用散点图、曲线图外，还可用树形图、雷达图、相关系数图、网络图等进行图形展示，此数据还可以用柱状图、箱型图、直方图等分析数据分布情况。如何选择正确的图形展示数据信息需要学习者自己探索，教师不需要将每一个图的结果展示出来，给学习者一部分提示，引导学习者自己动手操作、相互交流，更有利于学习者掌握知识。

6.3.3 基于具身认知的社交网络专题的方案设计

6.3.3.1 社交网络分析的目标确定

社交网络分析在"数据科学导论"这门课程中涉及的是数据分析的模块。社交网络分析是指基于信息学、数学、社会学、管理学、心理学等多学科的融合理论和方法，为理解人类各种社交关系的形成、行为特点分析以及信息传播的规律提供的一种可计算的分析方法。社交网络分析关心的正是点与边之间依存的社会关系。随着个体数量的增加，以及个体间社会关系的复杂化，最后形成的整个社交网络结构可能会非常复杂。社交网络分析现可运用于新闻领域、商业营销分析、竞争情报、网络信息资源评价以及经济学上的分析等。

这里以"社交网络分析"专题详细地描述教学设计过程。对社交网络分析专题板块进行案例分析式教学，带领学习者入门，以便解决实际问题，激发学习者兴趣，亲身体验感受编程软件的魅力。社交网络分析的应用方面很广泛，实践性较强，且此专题内容对于学习者来说较有兴趣。实现本部分课程的目标，除需要了解有关社交网络知识外，也要关注学习者使用开发语言进行社交网络分析技能的掌握。对于社交网络分析专题的目标确定为：先对社交网络的概念和原理进行基本的概述，而后介绍常用社交网络分析的开发语言及案例实现；通过学习社交网络分析专题，可以举一反三并且自行探索在其他方面的应用。

6.3.3.2　社交网络分析的内容选取

本章对于社交网络分析专题的内容选取确定为：先对社交网络的概念和原理进行基本的概述，而后介绍常用社交网络分析的开发语言及案例实现。

基本要求为：社交网络的概念和原理；社交网络分析理论基础；社交网络分析作用及目的；常用社交网络分析开发语言有 R、Python 等；如何进行社交网络分析，如实例应用、结果解读。内容选取原则主要有：注重社交网络分析知识主体；社交网络分析方法的使用通过案例应用说明，抛开抽象概念；数据主导。具体如图 6 – 18、图 6 – 19 所示。

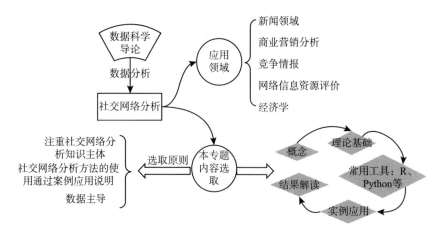

图 6 – 18　社交网络分析内容选取

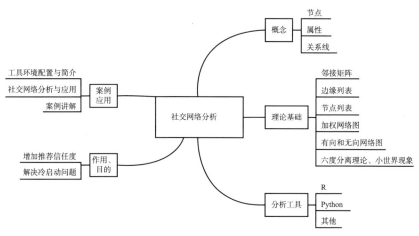

图 6 – 19　社交网络分析五大板块

（1）概念：社交网络是一个由个人或社区组成的点状网络拓扑结构。个体也称为节点，个体可以是组织、个人、网络 ID 等不同含义的实体或虚拟个体；而个体间的相互关系可以是亲友、动作行为、收发消息等多种关系。个体与个体之间可能存在各种相互依赖的社会关系，在拓扑网络中以点与点之间的边表示。社交网络分析收集社交网络的人群特征、行为模式和联系来分析人群活动和可能有的一些关系。把自己作为一个点，把自己身边的人做一个罗列，简单画出来就是一个简单的网络系统。

（2）理论基础：网络图由几个关键部分组成，第一是节点，也称顶点，节点代表需要在网络中连接对的实体（涉及个体，诸如人员、单位或各种事物）。第二是边，也称链接或联系，连接节点之间的线体实体的交互作用或关系。第三是邻接矩阵也称社交矩阵（adjacency matrix），这是一个方阵，其中列名和行名是网络的节点。这是 R 中的许多网络分析程序包都接受的标准数据格式。在矩阵内，没有权重时，1 表示节点之间存在连接，0 表示没有连接，而如果有权重度量，则矩阵内显示的是权重。第四是边缘列表（edge list），至少包含两列的数据框：一列节点对应于连接的来源，另一列节点包含连接的目标。数据中每个节点都由唯一的标识符标记。第五是节点列表（node list），具有一列的数据框，列出了边缘列表中的节点 ID，还可以增加数据的其他特征或属性。第六是加权网络图（weighted network graph），边列表还可以包含描述属性的其他列，如边的大小，如果有衡量边的大小度量，图形就可以加权。第七是有向和无向网络图，如果源与目标之间的关系并非同等，则网络是有向。有向边表示节点的排序，例如从一个节点延伸到另一个节点的关系。如果两个节点区的关系是对等的，则网络是无向的。

（3）作用、目的：基于社交网络的推荐可以很好模拟现实社会，因此，本专题简单介绍下如何利用社交网络数据进行个性化推荐。一般获取社交网络数据的途径有电子邮件、用户注册信息、用户的位置数据、论坛和讨论组、即时聊天工具和社交网站（又可分为以社会身份为主的社交图谱和以兴趣为主的兴趣图谱）。社交网络数据一般分为三类：一类是双向确认的社交网络数据（如 QQ 好友）；另一类是单向关注的社交网络数据（如微博关注）；还有一类就是基于社区的社交网络数据（如贴吧）。社会化推荐之所以受到很多网站的重视，主要由于：一是好友推荐可以增加推荐的信任度；二是社交网络可以解决冷启动问题（可以把新用户的好友喜欢的物品推荐给新用户）。

（4）分析工具：对于社交网络分析的工具，IBM Lotus Connection 增加社交网络分析功能，SAS 也开发了关于社交网络分析的新产品——Social Network Analyzer，可以通过分析客户的社交网络来帮助银行企业防止商业欺诈等行为的软件还有很多。在这里本专题进行社交网络分析的工具为 R。

（5）案例应用：对于社交网络分析的案例应用有三点：

一是 R 教学工具环境配置与简介。本次教学主要使用的工具为 R，R 是一套完整的数据处理、计算和制图软件系统，是一个免费的自由软件，在 R 主页可以下载到 R 的安装程序、各种外挂程序和文档。本章进行社交网络分析主要使用 visNetwork 包。在使用 visNetwork 包进行社交网络分析前，大部分数据都需要通过挖掘得到，此专题对于数据挖掘不作说明，只需要利用工具对数据进行社交网络分析。本节专题的教学，需要让学习者熟悉 R 的使用与包的安装等。

二是社交网络分析案例与应用，包括概述与方法讲解。首先可以通过列举大量案例，如六度分离理论、小世界现象等激发学习者兴趣；然后提出社交网络分析的相关应用，如社交网络分析中的影响力分析、凝聚子群分析、结构洞、QAP 相关分析等。

三是案例讲解。这部分将以案例带领学习者将理论应用于实践，使用简单的案例让学习者入门，体会案例分析的乐趣。从案例中得到新的知识，并形成自己的思维，看能否有更多关于社交网络分析的想法。

6.3.3.3 实战与理论相结合

社交网络分析对于学习者来说可能并不陌生，它在我们身边的应用很广泛，例如个性化推荐、个体影响力分析、用户画像、舆情分析等。但其可应用于很多方面，包括并不熟知的结构洞等。社交网络分析的应用性较强，故在对社交网络分析专题教学时，从案例分析出发，以问题为导向进行教学可以提升学习者兴趣。在学习过程中了解理论进而增加实战过程中的认知，通过从实战中去学习理论知识，让学习者身、心、脑同时参与学习，更加有助于激发学习者深度学习的欲望。

6.3.3.4 具身设计原则（整个设计步骤）

社交网络分析专题对学习者而言，概念性知识或浅或深，故对社交网络分析的学习应该由浅入深。本着理论指导实践的原则，应对其中一些基础性概念进行了解之后，再在软件上进行社交网络分析的实操，加深对为何要进行社交网络分析的了解。同时，学习者要多进行练习，体会学习过程，发现问题。诸如此类，不能让教师一一给学习者讲清楚，应让其了解，在学习过程中坚持以数据为导向，然后在逐步学习社交网络分析的案例中对此知识进一步强化，最后会对社交网络分析的概念及应用实践有更深刻的体会。符合"在真实世界感知—在数字世界抽象—在方法世界中计算"的课程设计思路。

在学习社交网络分析时，要将具身认知融入社交网络分析中。基于具身认知的社交网络分析专题进行教学设计的原则如图 6 – 20 所示。

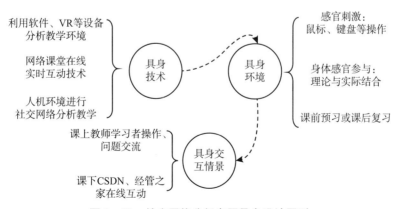

图 6 – 20 社交网络分析专题具身设计原则

6.3.3.5　实施过程

在网络教学课程中，具体的实施步骤如下：课前环节，教师需要搭建教学环境，比如准备好智能教学设备、课件资源以及充分利用互联网；教师提前了解学习者状况，为学习者制定相关的学习方案，选取的案例分析符合学习者认知现状；提前发布本专题任务，要求学习者自学并完成相关学习准备（具体为教师带领学习者进行一系列社交网络分析的前期准备，包括 R、RStudio 的安装以及所需第三方库的安装；若使用 R 软件进行分析推荐使用 RStudio，对于学习者来说，RStudio 对于代码有更加清晰的提示；对于其他第三方库的安装，可以用语句来完成安装与加载）；教师需要对学习者进行引导性提问，引导性提问需要教师根据教材内容和学习者实际水平提出问题，启发、引导学习者去解决问题，从而达到理解、掌握知识，发展各种能力和提高思想觉悟的目的。课中环节，教师利用教学设备等与学习者进行交流互动，在进行案例讲解时以问题、目标为导向激发学习者进行计算机实操的兴趣，以便在实际操作中拉动理论学习；可视化尽可能美观，以吸引学习者目光、兴趣；课上以学习者发弹幕的方式吸引学习者提问、互动。课后环节，学习者的学习记录不可或缺，创建课外群聊以便及时回答学习者问题、发布学习任务；利用 CSDN 等软件可以进行学习者自我学习动态的记录，可以帮助其获取和学习更多的相关知识；学习者学习完本专题后，让学习者评价自我收获程度，并将学到的方法应用到自己感兴趣的问题中。

［案例 6 - 1］

（1）数据：某学校 4 个班中部分学生之间的社交关系数据。两组数据，分别是节点数据与边关系数据。

（2）数据解释：该数据内容包括学生的 ID、姓名等一些变量，姓名可能会有重复，但是 ID 是唯一的，所以在进行分析的时候姓名只是节点的标签。在节点数据与边关系数据中，已经有按照学生情况的不同对各种节点形状、标签以及边宽度进行描述的数据。

（3）使用工具：R 中 visNetwork 包。

（4）问题导向：首先需要明确我们需要解决的问题是什么。学生之间的社交关系部分程度上可以说明学生的状态，比如一位同学不和本班同学打交道，或者说一位同学完全没有与任何同学打交道，又或者说一位同学交友很广泛。那么教师肯定可以从中获取一些信息。当然，这只是比较简单的社交网络分析，它还有其他十分广泛的用途，这需要学习者自己去挖掘，还有什么数据我们可以进行社交网络分析，得到的结论又可能是什么呢？对我们解决实际问题有什么帮助？

（5）实验目的：①简要分析几个班级部分学生的社交状况；②找出有异常的学生；③学会看网络图与数据，了解各部分组成要素；④可以根据已学内容对自己感兴趣的方面进行一个简单的社交网络分析。

（6）实验过程：通过如下代码，我们可以看到关于节点和边的前几行数据，如图 6-21、图 6-22 所示。

```
library('visNetwork')#加载 visNetwork 包
setwd('C:/Users/Administrator/Desktop')#设置读入数
据的路径
nodes < - read.csv("Highschooler.csv",header = T,as.is =
T)#读入 Highschooler 数据
```

```
edges < - read. csv( "Friend. csv" , header = T, as. is = T) #读入 Friend
数据
head( nodes)

head( edges)
```

```
    id     name grade title    label  shape value shadow group
1 1510   Jordan     9     9   Jordan circle     3   TRUE     9
2 1689  Gabriel     9     9  Gabriel circle     4   TRUE     9
3 1381  Tiffany     9     9  Tiffany circle     3   TRUE     9
4    1    Sunny     9     9    Sunny circle     2   TRUE     9
5    2     Zoey     9     9     Zoey circle     2   TRUE     9
6    3     Adam     9     9     Adam circle     3   TRUE     9
```

图 6 - 21　节点

```
  from    to length width
1 1510 1381     80     5
2 1510 1689     80     5
3 1689 1709     80     5
4 1381 1247     80     5
5 1709 1247     80     5
6 1689 1782     80     5
```

图 6 - 22　边关系

通过如下代码得到图 6 - 23。

```
edges $dashes = TRUE

edges $smooth = TRUE

edges $shadow = TRUE

visNetwork(nodes,edges)% >%  visEdges(arrows = "to")% >%
  visOptions( highlightNearest = list( enabled = TRUE,
algorithm = "hierarchical"))
```

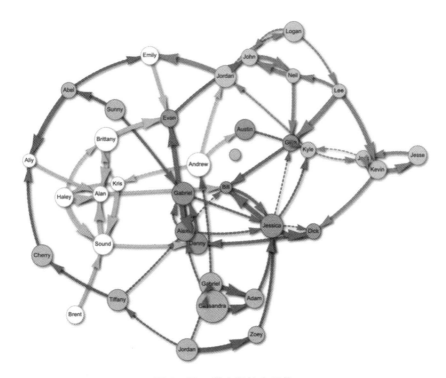

图 6-23　学生间社交网络

可以看出，大多数同学间的社交都是在本班之内。其中，社交关系的强弱可以由关系线的粗细反映，一位名叫布伦特（Brent）的同学只与同班一位同学有社交关系，如果我们是这位学生的家长或者老师，我们需要重点关注吗？从图中还可以发现什么？在此案例中，各种节点、标签与关系强弱在我们使用数据时就已经标注好了，其实，在进行社交网络分析画图时，可以根据数据情况增加关系图信息（此处只是抛砖引玉，更多的等待同学们发现）。

［案例 6-2］

（1）数据：A—H 八个地区之间的贸易关系，数据分别为 node1 与 edge1。

（2）使用工具：R 中 visNetwork 包。

（3）问题导向：使用 R 实现形成贸易数据的图形对象，产生网络图形，可视化分析各地区贸易亲密程度。

（4）实验过程：通过如下代码得到图 6 - 24，该社交网络图有箭头。

```
library('visNetwork')#加载 visNetwork 包
setwd('C:/Users/Administrator/Desktop')#设置读入数据的路径
nodes < - read.csv("node1.csv",header = T,as.is = T)#读入 node1 数据
edges < - read.csv("edge1.csv",header = T,as.is = T)#读入 edge1 数据
nodes$label < - nodes$name#在节点有增添标签
nodes$shape < - "square"
nodes$color < - "orange"
nodes$shadow < - TRUE#阴影
nodes$borderWidth = 15#节点大小
edges$dashes = TRUE
edges$smooth = TRUE
edges$shadow = TRUE
visNetwork(nodes,edges)% >%
  visEdges(arrows = "from")% >%
    visHierarchicalLayout(levelSeparation =200,nodeSpac-
ing =100,treeSpacing =200)
```

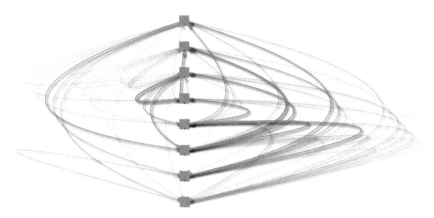

图 6 - 24　贸易网络

可以发现不同地区的贸易情况。学习者在进行实战操作演练时，中间会遇到各种困难，课堂中需不断引导学习者自己提出问题，教师辅助回答来解疑释惑。这种方式能够让学习者发现问题，提出疑问并引导他们自己去寻找答案。

6.3.4　基于具身认知的神经网络图像识别专题的方案设计

6.3.4.1　神经网络图像识别的目标确定

机器学习是数据科学的一部分，而深度学习是机器学习的一个新领域（见图 6 - 25），是利用人工神经网络实现机器学习的过程，简单来说深度学习就是神经网络的发展，涵盖多个隐藏层的多层感知器就是一种深度学习结构，它主要包含深度信念网络（DBN）、卷积神经网络（CNN）、递归神经网络（RNN）基本模型。目前，主要用于语音识别、自动机器翻译、即时视觉翻译（拍照翻译）、自动驾驶汽车、人脸识别等。

图 6 - 25　神经网络结构

如今，我们对刷脸支付或人脸门禁都不陌生，这就是人脸识别，人脸识别技术是图像识别技术之一。图像识别技术是利用计算机对图像进行处理、分析和理解，以识别各种各样的对象的技术。图像识别是深度学习的实际应用，而神经网络是深度学习的基础，是类似人的大脑结构和功能的数学模型，通过连接大量的神经元进行计算（见图 6 - 26），现代神经网络是一种非线性统计性数据建模工具。

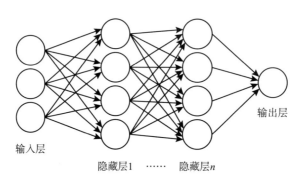

图 6 - 26　神经网络结构中的神经元

神经网络图像识别技术是传统图像识别技术与神经网络相结合的一种新的图像识别技术，利用神经网络系统，通常先提取图像特征，然后利用图像特征映射到神经网络进行图像识别和分类。卷积神经网络是深度学习算法的代表之一，主要应用于图像识别，因此本次神经网络图像识别的教学内容选取的是卷积神经网络图像识别。卷积神经网络主要由以下四层组成，如图 6-27 所示。

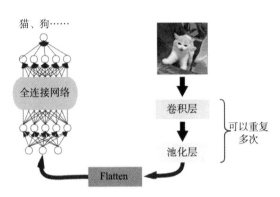

猫、狗……

全连接网络

卷积层

池化层

可以重复多次

Flatten

图 6-27　卷积神经网络流程

注：Flatten 层用于将多维输入变为一维，常用于从卷积层到全连接层的过渡。

（1）输入层，是整个过程的输入，例如在处理图像时，输入层一般为一张图片的像素矩阵。

（2）卷积层，是卷积神经网络最重要的部分，其中每一个节点的输入只是上一层的一小块。计算机一开始不知道识别的部分有哪些特征，根据与不同的卷积核相作用得到的输出值，相互对比来确定哪一个卷积核最能体现该图像的特点，也就是说卷积层输出值越高，越能体现该图像的特征。

（3）池化层，在不改变三维矩阵的同时缩小矩阵的大小，保留最有用的图像信息，减少噪声的传递，从而减少整个神经网络的参数。

（4）全连接层，卷积层和池化层是对图像重要信息的提取，用全连接层来输出最后的分类结果。

神经网络图像识别技术是实践性技术，需要亲身体验。因此，设计本专题课程的目标时，除学习理论知识外，更要关注学习者对图像识别基本技能的掌握。因此将本专题课程目标确定为：①了解神经网络和深度学习的基本理论概述；②理解卷积神经网络工作原理；③使用 Python 进行技术实现，掌握卷积神经网络图像识别技术的实操技能。通过学习，能够举一反三研究其他图像识别方法的实操。

6.3.4.2 神经网络图像识别的内容选取

由于本专题的目的是让学习者理解深度学习和神经网络的基本原理，掌握神经网络图像识别技术的基本操作，让学习者感受深度学习的魅力，激发学习者对深度学习的喜爱。本专题以目标为导向来对教学内容进行选择，因此，根据图像识别经典案例（以猫、狗识别为案例）进行实践教学的目标，具体的内容选取如图 6 – 28 所示。

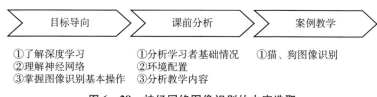

图 6 – 28　神经网络图像识别的内容选取

（1）环境配置。深度学习常见的框架有 Theano、TensorFlow、Keras、Caffe、MXNet、CNTK、PyTorch 等，这些框架被应用于计算机视觉、语音识别与生物信息学等领域，都取得了良好的效果。其中 TensorFlow 和 PyTorch 的使用很广泛。根据我们的教学目的主要是引领学习者进入深度学习领域，培养学习者对深度学习的兴趣，因此本次选择的框架是 Keras，因为是由纯 Python 编写，并且由 TensorFlow、Theano 及 CNTK 做后端，它的句法是相当明晰的，文档也非常好（尽管相对较新），入门最简单。

（2）理论概述。本专题的教学思想从实际案例和问题出发，在进行实际案例分析的过程中去了解神经网络的由来和它的工作原理以及神经网络和深度学习的关系等。因此，这部分讲解神经网络的起源、发展，还有它的基本工作原理以及神经网络和深度学习的关联。

（3）实操案例分析。由于数据库和教学目的，这部分将以经典案例——猫、狗识别进行讲解，这是一个简单的二分类案例，讲解这个案例主要是为了带领学习者进入深度学习，激发他们深度学习的学习欲望。

6.3.4.3　实战与理论相结合

深度学习对学习者而言可能是一个陌生的词语，但是它的应用却无处不在，如语音翻译、刷脸支付等。因为深度学习实操性很强，所以，本专题教学模式力图打破从理论到实操的传统的教学模式，以目标为导向进行教学设计，根据"神经网络图像识别"专题的教学目的，从实际案例分析出发，在实战的过程中向学习者传授本专题的理论知识，让学习者从实战中学习理论，再用理论知识去提升实战能力。通过从实战中去学习理论知识的过程，让学习者身、心、脑同时参与学习，更加有助于激发学习者深度学习的欲望。

6.3.4.4　具身设计原则（整个设计步骤）

本专题的教学设计应遵循以下三个原则：

（1）多角度原则。这是一个网络课程，需要多角度素材和教学内容相结合，让学习者多感官参与。例如，使用音频授课让学习者有听觉感受，使用可视化动图让学习者有视觉感受，引导学习者自己动手操作等。通过课上的听、看、动手操作等方式，理解神经网络图像识别的基础原理和熟练实操步骤等，加深学习者的感官认识。

（2）培养意愿原则。学习主要是学习者本身的学习意愿，注重培养学习者的学习意愿。从实际中的具体问题切入，再步步深入本专题的知识和技能。通过让学习者把已有的知识技能过渡到新知识中去，能帮助学习者进入身心统一状态，从而真正进入学习新知识的状态。例如，学习卷积神经网络图像识别技术，可以通过从目前火热的人脸识别话题来带领学习者去了解背后的基本原理，这是让学习者从熟悉的事情去对卷积神经网络图像识别技术进行学习，让他们产生学习的意愿。

（3）情景原则。让学习者处于和教学内容相符合的环境中，促进学习者学习的动力。在进行神经网络图像识别教学时，可以插入与神经网络来源有关的视频，让学习者对神经网络的由来有所了解，增强学习者的亲身体验。上操作课时，可以选择学习者感兴趣的图像进行操作教学。

6.3.4.5　具身实施过程（具体的详细步骤）

具身认知教学模式主要包括三部分：课前分析—教学实施—学习效果评价，如图6-29所示。

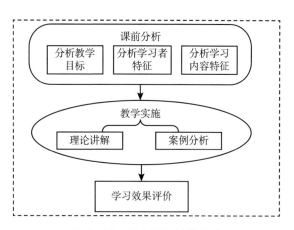

图6-29　具身认知教学模式

（1）课前分析。本次专题需要运用Python软件，在上课之前教师可以建一个班群，在群里了解学习者的编程基础，根据他们的反馈来调整自己的教学内容。然后，需要在班群给学习者发布这次专题需要安装 Keras 和本次需要用到的数据。引导学习者自主通过网络搜索安装步骤，自己探索，这样才能让学习者有参与感。如遇到不懂的问题，可以在群里询问教师或与其他学习者探讨。根据学习者的基础、数据库的问题和本次的教学目的，本专题以"猫、狗图像识别"为实际案例，将带领学生掌握神经网络图像识别的具体应用。

（2）教学实施。教师在开始上课时，可以提出一些引导性的问题，问题要能激发大脑的思维，有助于学习者主动学习。本专题的讲解从人的视觉和计算机的视觉开始进入课程的讲解，可以搜集一些与本专题相关的视频让学习者观看，产生视觉冲击，然后用一个与人们生活息息相关的例子引入神经网络图像识别技术，比如刷脸解锁、支付等，以提问和举例子的方式激发学习者的思考，由此展开本专题的授课。由于本专题是一个实操性很强的学科，本次授课的方式是以目标和问题为导向，从实际的案例出发，在案例讲解中，遇到什么问题或理论知识，我们再给学习者进行详细讲解。本专题的教学方式自始至终是让学习者在实操案例中去了解和理解其中的理论基础。具体的教学实施步骤如图 6-30 所示。

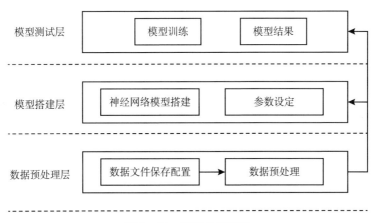

图 6-30 案例分析流程

①数据文件保存配置。该案例总体分为训练和测试两个部分，因此将所有打好标签的猫、狗数据划分为训练集和测试集，并且将划分好的数据集放置到 data 下面不同的目录文件夹中，存储方式如图 6-31 所示。

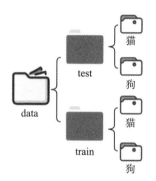

图 6-31 数据文件保存配置

②数据预处理。首先，由于每一张图片都可能存在尺寸大小不一、像素不一、方向不一等情况，因此需要对图片数据进行预处理，可构造一个函数对每一张图片进行处理，包括旋转、平移、归一化、同质化等。其次，由于此处样本数据量太小，为提升模型识别的效果，还需要增大样本量，如把同一个图片变成多张，使样本容量扩大。部分预处理代码如下：

```
datagen = ImageDataGenerator(
        rotation_range = 40,        #随机旋转角度
        width_shift_range = 0.2,    #随机水平平移
        height_shift_range = 0.2,   #随机竖直平移
        rescale = 1. /255,          #数值归一化
        shear_range = 0.2,          #随机裁剪
```

```
zoom_range = 0.2,          #随机放大
horizontal_flip = True,    #水平翻转
fill_mode = 'nearest')     #填充方式
```

③神经网络模型搭建。在数据预处理后，接下来进行模型的搭建，本次案例选择的模型结构大体为卷积—卷积—池化—卷积—卷积—池化—卷积—卷积—池化—打平—全连接，该结构能够实现模型识别准确度的最佳化，模型搭建结构如表 6 - 2 所示。

表 6 - 2   神经网络模型搭建结果

Layer	output Shape	Param
conv2d_1（Conv2D）	（None，150，150，32）	896
conv2d_2（Conv2D）	（None，150，150，32）	9248
max_pooling2d_1（MaxPooling2）	（None，75，75，32）	0
conv2d_3（Conv2D）	（None，75，75，64）	18496
conv2d_4（Conv2D）	（None，75，75，64）	36928
max_pooling2d_2（MaxPooling2）	（None，37，37，64）	0
conv2d_5（Conv2D）	（None，37，37，128）	73856
conv2d_6（Conv2D）	（None，37，37，128）	147584
max_pooling2d_3（MaxPooling2）	（None，18，18，128）	0
flatten_1（Flatten）	（None，41472）	0
dense_1（Dense）	（None，64）	2654272
dropout_1（Dropount）	（None，64）	0
dense_2（Dense）	（None，2）	130

注：Layer - 层，output Shape - 输出维度，Param - 参数。

④参数设定。模型搭建好之后，下面就是定义优化器、损失函数，代码如下：

```
#定义优化器
adam = Adam(lr = 1e - 4)
#定义优化器,loss function,训练过程中计算准确率
model.compile(optimizer = adam, loss = 'categorical_
crossentropy', metrics = ['accuracy'])
model.summary()
```

⑤模型训练。

```
#训练模型
model.fit_generator(
        train_generator, #生成的训练数据, 每一次拿32张
图片来训练, 图片的大小是统一的
        steps_per_epoch = totalFileCount/batch_size,
#每一次迭代有多少个小的步骤
        epochs = 50, #迭代次数, 即所有的数据需要循环多少次
        validation_data = test_generator, #测试数据,
一遍训练一遍测试
        validation_steps = 1000/batch_size,
        )
#保存模型, 注意要保存模型必须要先 pip install h5py
model.save('CNN1.h5')
```

⑥模型结果。根据表6-3的模型结果得出:在迭代50次后,训练集准确率是0.8646,测试集准确率是0.783,测试集的准确率不高,原因可能是训练集的样本数太少。这只是一个案例,不是追求模型的准确率,主要的目的是让学习者理解卷积神经网络图像识别的原理和操作步骤,引导学习者进入深度学习。

表6-3   模型结果

次数	loss	acc	val_loss	val_acc
1	0.6924	0.5149	0.6914	0.5015
2	0.6904	0.5278	0.6942	0.5036
3	0.6836	0.558	0.6701	0.624
……	……	……	……	……
22	0.4636	0.7912	0.4913	0.7515
23	0.4629	0.7818	0.5016	0.7419
……	……	……	……	……
48	0.3374	0.8512	0.4647	0.7851
49	0.3285	0.8571	0.4582	0.7815
50	0.3189	0.8646	0.4819	0.783

注：loss－训练集损失信息，acc－训练集准确率，val_loss－测试集损失信息，val_acc－测试集准确率。

（3）学习效果评价。传统的学习效果评价是重视学习者对教师讲的客观知识的掌握程度。但是本专题对学习效果评价不只是重视学习者头脑的认知，也需要注重身体的参与和感受。学习者只有通过身体的感受形成对知识的理解，从而转变成解决问题的能力。因此，本专题实操性很强，学习效果评价先从身体感受开始，看学习者的操作情况，从操作到对理论的认知再到对现实问题的解决能力来评价。因此，本次专题后让学习者找自己感兴趣的图像进行练习，让他们加深身体记忆来促进大脑记忆，从而达到对知识的理解并加以运用。

第 7 章
具身认知视域下高校网络课程设计的实效性评价

基于具身认知视域下高校网络课程方案设计质量与教学的实效性是教育革新的一个重要考察方向，对其方案的评价往往是定性维度的评价，并且其网络课程的评价指标众多，这些评价指标的结果具有差异性。如何合理、有效地对网络课程体系方案设计的效果进行评价一直是教学研究的重点。因此，本章通过构建具身认知视域下高校网络课程效果评估指标体系，基于调查问卷结果从定性、定量两个不同维度来评价具身认知视域下"数据科学导论"网络课程体系方案设计效果。

7.1 具身认知视域下高校网络课程效果评价方法及技术路线

7.1.1 具身认知视域下高校网络课程设计效果评价方法

7.1.1.1 文本分析技术

文本分析是机器学习中常用的挖掘方法，是指对文本处理并对文本建模提取其中有价值的信息。完整的文本分析过程包括文本预处理、文本表示、特征选择等步骤，分析过程如图 7 – 1 所示。其中文本预处理包括分词、去除停用词等步骤；文本表示包含独热编码（One – Hot）、词袋模型（BoW）等方法；特征选择包含 TF – IDF 等方法。

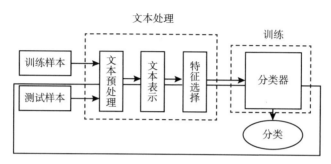

图 7 – 1　分析过程步骤

（1）文本预处理。

①中文分词，是指将一个汉字序列切分成一个单独的词。分词就是将连续的字序列按照一定的规范重新组合成词序列的过程。分词是中文文本预处理过程中的重要环节，因为中文汉字序列与英文文本不同，英文文本是基于单词间的空格作为分词符直接进行分隔，而中文文本必须借助分词算法对汉字序列进行拆分。因此，中文文本在分类操作中使用单词表示文本时必须要先进行分词处理。目前常用的分词算法可分为三大类：基于字符串匹配的分词方法、基于理解的分词方法和基于统计的分词方法。

②去除停用词，是对中文文本分词后的词进行清洗，停用词就是那些没有真实意义的词，或者当句子中去除这些词，也不会改变句子的含义，例如"的""了""啊"等。将这些词从文本中清除，可以避免它们对之后分类结果产生干扰，也可以使实验中数据规模和计算时间均达到显著降低的效果。

（2）文本表示。由于计算机不能直接识别除机器语言之外的语言，因此，在真正的模型训练之前，需要将文本内容转化成计算机可以识别的语言。简言之，文本表示就是将文本转化成数学上的向量，把字符串转化为向量。文本表示的目的是把文本内容公式化，转换成既能表征文本又可以被计算机理解和处理的表示形式，目前常用的文本表示算法有独热编码和词袋模型等。

①独热编码（One – Hot），又称作一位有效编码，主要是采用 N 位状态寄存器来对 N 个状态进行编码，每个状态都有他独立的寄存器位，并且在任何时候只有一位有效。简单来说，独热编码就是把文本数据生成为一组二值向量，类别数据中期待的对应二值向量为 1。独热编码在处理类别型数据的离散值问题上具有特别的优势，解决了分类器不好处理属性数据的问题，在一定程度上起到了扩充特征的作用。但当类别的数量较多时，独热编码也会暴露出缺点，即特征空间大，易成为高维稀疏矩阵，这会给分类算法的时间复杂度和空间带来麻烦。

②词袋模型，简称 BoW，主要思想是构建各类文本的词典，然后针对每一个文本计算该文本每个词在词典中对应位置出现的次数。袋子中的词语相互独立，不考虑词与词之间的上下文关系，仅考虑词在文本中的权重。模型实现可由以下例子说明：a. 小明喜欢看电影；b. 小明也喜欢踢足球。这两个句子，可以构建一个词典，首先分词后构成的词典为：{小明，喜欢，电影，足球，看，踢，也}，上述两个句子用词袋模型表示成向量就是：a. [1, 1, 1, 0, 1, 0, 0]；b. [1, 1, 0, 1, 0, 1, 1]。

（3）特征选择。通常情况下分词后得到的词语数量较多，文本的特征维度成千上万，容易造成"维度灾难"。这将大大降低文本分类的准确率和运行效率，因此为避免"维度灾难"，需运用特征选择方法来移除大量无用、冗余的特征，选择更具有代表性和区分性的单词来表示文本。目前文本特征选择使用比较广泛的方法有：文档频率、文档频率—逆向文档频率特征、互信息、信息增益、期望交叉熵、相关系数、文本证据权重、概率比等方法，本章主要介绍使用到的 TF – IDF 方法。

TF – IDF 是一种计算词语权重的方法，用以评估一个字词对于一个语料库中的文本的重要程度。TF 是词频，指的是词语在本文中出现的频率，IDF 是逆文本频率，是一个词语普遍重要性的度量。TF – IDF 的主要思想是，如果某个词或短语在一个文本中出现的频率较高，而在其他文本中很少出现，则认为该词具有很好的类别区分能力，适合用来分类。计算一个词语的 TF 的公式为：

$$tf_{i,j} = \frac{n_{i,j}}{\sum_k n_{k,j}}$$

其中，$n_{i,j}$ 表示词 i 在文档 j 中出现的次数，$\sum_k n_{k,j}$ 表示文本中所有字词出现的总次数。计算一个词语的 IDF 的公式为：

$$idf_i = \log \frac{|D|}{|\{j : t_i \in d_j\}|}$$

其中，$|D|$ 表示语料库中文本的总数，$|\{j : t_i \in d_j\}|$ 表示包含词语 t_i 的文件数目。一个词语的 TF – IDF 的公式为：

$$tfidf_i = tf_{i,j} \times idf_i$$

7.1.1.2 模糊综合评价方法

模糊综合评价方法是以模糊数学理论为基础，根据模糊数学的隶属度理论将现实问题的定性评价转化为定量评价，对受到多因素限制的事物或相关事物进行整体评价的一种综合评价分析方法。该方法具有结果清晰，系统性强的特点，能够较好地对模糊不确定的、难以量化的问题做出总体评价。

模糊综合分析包含以下六个步骤：

第一，确定模糊综合评判因素集 $U = \{U_1, U_2, U_3, \cdots, U_n\}$；

第二，确定评语等级域 $V = \{V_1, V_2, V_3, \cdots, V_m\}$；

第三，单因素模糊评判，对每一类的各因素进行评判，确定因素论域 U_i 中的各因素对应评语等级集 V 中的第 j 个等级 V_j 的隶属程度，得到模糊关系矩阵 R，表示为：

$$R = \begin{pmatrix} r_{11}, & r_{12}, & \cdots, & r_{1m} \\ r_{21}, & r_{22}, & \cdots, & r_{2m} \\ \cdots & & & \\ r_{p1}, & r_{p2}, & \cdots, & r_{pm} \end{pmatrix}$$

矩阵 R 中的元素 r_{ij} 表示因素论域 U 中第 i 个因素 U_i 对应于评语等级 V 中第 j 个等级 V_j 的隶属程度。具体地说，r_{ij} 表示第 i 个因素 U_i 在第 j 个评语 V_j 上的频率分布。

第四，确定向量矩阵 $A = \{a_1, a_2, a_3, \cdots, a_n\}$，每个类别、每个因素相对于评价对象的重要程度不一致，故需对每个因素赋予不同的权值，常用的方法有德尔菲法、专家调查法和层次分析法。

第五，建立评判模型，进行综合评判。模糊综合评判的建立需要利用模糊合成算子来进行，合成过程如下：

$$B = A \oplus R$$

其中，"$\oplus$" 为模糊合成算子，一般合成算子有（$\wedge$，$\vee$），（$\bullet$，$\vee$），（$\bullet$，$\oplus$），（$\wedge$，$\oplus$）。

第六，计算模糊综合评价结果。

7.1.2 具身认知视域下的高校网络课程效果评价技术路线

本章的目的是对第 6 章设计的具身认知视域下的"数据科学导论"网络课程体系方案进行效果评估。因此，本章首先依据现有线上线下课程质量评价研究提炼出具有网络新技术特色的、体现具身教育理念的网络课程方案评价指标，并运用层次分析法进行指标权重赋权，构建一套具身认知理论下高校网络课程效果评价指标体系。其次，依据"数据科学导论"课程体系中关于数据收集、数据分析、数据展示、数据解释四类专题课程的具体方案设计逻辑，制作具身认知视域下高校网络课程设计的实效评价调查问卷，问卷设计题型包含开放型文本题和打分题。在具体的实效评价调查问卷设计上，考虑到因目前条件限制，尚未录制"数据科学导论"专题精品课程来具体实施教学方案真实模拟网络课堂。因此，问卷设计严格站在教师可参照借鉴本书提出的具身认知"数据科学导论"网络课程教学方案的理论，以期将该教学方案具体实施后能提高学习者学习积极性和学习效果。将问卷发给学习者进行填写，以收集学习者对本书提出的教学设计方案满意度等真实评价信息。最后，借助文本分析方法将收集到的开放型文本数据进行分词、去除停用词、特征选择等文本挖掘步骤，绘制出相应的词云图，并对打分题定量数据进行描述性分析，以分析被访者对本网络课程方案的评价现状。此外，使用模糊综合评价分析方法对具身认知视域下的高校网络课程方案设计效果进行综合评估，科学量化了网络课程评价指标体系的有效性、适用性、可行性。具体的技术路线如图 7 - 2 所示。

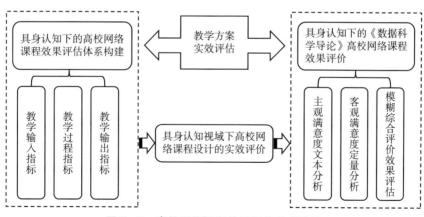

图 7 - 2　高校网络课程效果评价技术路线

7.2 具身认知视域下高校网络课程效果评价体系构建

结合网络课程特点，利用自然语言处理技术、词云图、情感分析等方法，建立具身认知课程设计的效果评价指标体系，基于课程设计评价的文本挖掘技术和定量数据分析技术进行网络课程设计综合评价。

关于网络课程的方案设计，部分学者进行了一些探索。石兆（2019）从课程建设、课程组织、课程考核、用户体验、课程推广五个维度构建在线开放课堂质量评价体系；潘长亮等（2020）借助AHP对课程输入、过程、产出、系统四个维度的课程评价体系进行量化评价；齐春微（2020）从CIPP模式构建教学背景、教学输入、教学过程、教学输出四个维度的教学质量监控评价体系；李学兰（2020）构建教学主体、教学环境、教学过程及监督三个角度的翻转课堂教学质量评价体系；张磊（2020）借助BP神经网络构建以课堂教学质量、网络课程质量两个维度八个指标的课程质量评价指标体系。本书基于现有研究，借鉴网络课程教学实施模型，从教学输入（教学准备）、教学过程（教学实施）、教学输出（反思与评价）三个维度，融合具身教育理念、网络新技术应用等创新点，构建具身认知视域下高校网络课程方案评价体系，并借助文本分析和综合评价分析方法，科学量化呈现该指标体系效果。

7.2.1 基于具身认知的教学输入指标开发

教学输入多为静态的、传统的数据，可借助数据量化处理方法，进行综合评价分析。教学输入可分为教学投入与教学环境两个维度的指标。

对于网络课程方案设计的评价指标体系，在教学输入过程的教学投入主要是教师投入，包括课前准备、课堂教学秩序以及教师现场指导，例如沈忠华（2020）谈到的变量设计。但综合现有研究及课程特色，本书将教学投入量化为教师准备投入与学生情感投入两个方面而不是单从教师方面进行评价，指标具体表现为师生了解度（学情分析）与学习者对教学内容的期待度，针对指标具体表现形式，设计为打分题。

教学环境在教学输入中发挥着重要的作用，良好的教学环境营造良好的教学氛围，尤其是具身教育理念下教学实践环境有助于提升学习者的综合素质。马莉萍（2020）指出，在研究同步在线教学中的课堂互动与课程满意度时，针对研究变量设置，在教学环境方面使用了环境和网络支持，具体是指在网络课程的进行中，学习者能否处于安静、专注的环境以及在线上课期间学习者的网络运行是否稳定。在研究多方文献及考虑课程方案设计版块结合了"数据科学导论"系列课程的实操性、技术性等特点，融入了具身教学理念，故把教学环境分为虚拟情境教学环境搭建与智能教学设备配置两大模块，进而对这两部分的配置环境进行满意度打分。

7.2.2 基于具身认知的教学过程指标开发

开发具身认知视域下的网络课程教学过程指标需要考虑教学过程中的具身性、针对性和交互性。因此，本书将教学过程分为三个维度，分别是教学内容、教学组织和教学交互。

教学内容是教学过程的基石。具有吸引力的教学内容能提起学生的学习兴趣，激发学生的学习动力。杨冬梅（2020）在研究微课堂的时候就提出教学内容是课程教学性的体现，是教学过程中的重要环节。并且提出教学内容要以清晰的教学目标为导向，要能体现教学重点、难点，以及需要满足严谨、系统和结构合理等要求。本书基于具身认知所提出的教学内容不仅是教学过程中课堂知识的展示，还包括人与教学内容的互动。除了杨冬梅所提到的严谨、系统、目标、逻辑等要求，还需要注意教学内容是否可以调动学习者心智、身体全方位参与学习。因此，本书从五个方面来展示教学内容，分别为教学内容的具身选择、系统关联性、新颖适用性、亲身实操性、启发拓展性。其中，教学内容的具身选择设计为文本题，其余为打分题。

教学组织包括教学模式、教学方法和教学手段三个方面，是教学过程中的实施形式。在教学活动中，运用合理的教学模式、手段和方法，控制教学环境、教学空间和教学资源更有效地作用于学习者。杨亭亭（2002）在研究远程教育课程的教学过程指标中提到可以根据培养的目标、学生的特点、课程难易度和资源丰富度来确定教学模式。本书基于具身认知视域下所提出的教学组织，需要通过教学模式、教学方法、手段以学习者为主进行教学，最终达到学习者全身心参与学习的效果。因此，从具身性和针对性原则出发制定教学组织的具体指标，分别为具身教学方法多样性、具身教学手段使用度、教学流程的具身导向、教学针对性（以学习者为中心）。其中，教学针对性（以学习者为中心）为打分题，其余为文本题。

教学交互是学习者与教师之间沟通的桥梁，也是教学过程的重中之重。由于网络课程不能使教师与学习者、学习者与学习者面对面的学习交流，线上交互就变得十分重要。教师是否能及时掌握学习者的学习动态，学习者能否及时反馈教学过程中遇到的问题，学习者能否及时解决遇到的问题都需要有良好的教学互动的作为支撑。杨冬梅（2020）在建立微课堂教学评价指标时，也从侵入性和互动性角度提出了交互体验指标。其侵入性反映的是侵入体验，即全身心地投入到事件中；互动性反映的是不同对象之间的交流互动，即教师、学习者、教学环境和教学内容之间的互动。本书基于具身认知下所提出的教学交互，主要体现在教师与学习者、学习者与学习者、人与教学资源、人与教育设备之间的互动，提倡通过教学内容、教学展示、教师风采和课堂氛围充分调动学习者的大脑和身体，使学习者能身心合一地参与到教学中来。因此，选取学习动态记录情况、教学交互频率、人机环境交互作为教学交互的具体指标。其中，学习动态记录情况为文本题，其余为打分题。

7.2.3 基于具身认知的教学输出指标开发

教学输出为整个教学实施模型的成果展示，对整个教学方案设计的质量具有举足轻重的作用。本书从教学效果、拓展效果两个维度反映教学输出、教学成效，该部分主要为动态的、非传统的，可在线获取轨道数据。

陈志华（2014）在进行网络课程评价指标体系方面的选取，对网络课程的有用性进行评价选取符合学习者学习需求、网络课程对学习进行过程的支持、帮助学习目标的实现等指标。在符合学习者学习需求方面主要考虑符合自身特点及需要等，在网络课程对学习进行过程的支持方面主要选择在课程教学过程中使用图像、视频、动画等多种媒体来呈现课程内容，提供课堂练习以便让学习者应用新知识和技能等。基于此，本书将文献的研究、目前网络技术的发展、"数据科学导论"系列课程体系的特点以及具身认知相关理论进行融合探究，提出教学效果指标分为教学参与度、课堂灵活生动性、教学匹配度、教学收获度、教学共情体验感等五个维度指标；拓展效果指标可分为知识举一反三能力、理论联系实际情况（学习者知识掌握应用程度）等两个指标。其中教学效果的教学参与度、教学收获度等两个指标能直接体现具身教学理念的效果，而教学共情体验感进行文本填写可以了解在融入具身认知理论的网络课程设计在学生身上的体验。所以，基于具身认知的网络课程方案评价指标体系构建如表 7 - 1 所示。

表 7 - 1　　　基于具身认知的网络课程方案评价指标体系构建

一级指标	二级指标	三级指标	指标处理
教学输入	教学投入	师生了解度（学情分析）	打分
		学习者对教学内容的期待度	打分
	教学环境	虚拟情境教学环境搭建	打分
		智能教学设备配置	
教学过程	教学内容	内容的具身选择	文本
		系统关联性	打分
		新颖适用性	打分
		亲身实操性	打分
		启发拓展性	打分
	教学组织	具身教学方法多样性	文本
		具身教学手段使用度	
		教学流程的具身导向	
		教学针对性（以学习者为中心）	打分
	教学交互	学习动态记录情况	文本
		教学交互频率	打分
		人机环境交互	打分
教学输出	教学效果	教学参与度	打分
		课堂灵活生动性	打分
		教学匹配度	打分
		教学收获度	打分
		教学共情体验感	文本
	拓展效果	知识举一反三能力	打分
		理论联系实际情况（学习者知识掌握应用程度）	文本

7.3 具身认知视域下高校网络课程 "数据科学导论" 效果评价

7.3.1 基于文本分析的方案设计评价

基于最终我们收集到的 979 份问卷中关于"数据科学导论"系列课程的教学方案融合了哪些具身元素问题，被调查者认为教学方案融合了情境教学、师生互动和实战拉动理论等具身元素相对较多（如图 7 - 3 所示）。

图 7 - 3　教学方案融合具身元素词云图

关于教学方案中用到的具身教学方法问题，被调查者认为"数据科学导论"系列课程的教学方案中用到的可视化、多媒体、引导性提问和目标驱动的方法比较多（如图7-4所示）。

图7-4 教学方案用到的具身方法词云图

关于教学方案中的学习动态记录方式的问题，被调查者认为"数据科学导论"系列课程的教学方案中对于学习动态记录的方式主要是创建群聊、写博客和论坛（如图7-5所示）。

图7-5 教学方案学习动态记录方式词云图

关于具体实施本教学方案后能给您带来怎样的共情体验感受的问题，被调查者认为具体实施本教学方案后能给他带来的共情体验感受主要有增加了交流合作，提高动手能力（如图7-6所示）。

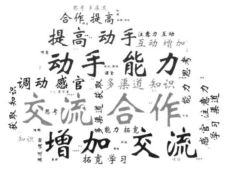

图 7 - 6　共情体验感受词云图

关于教学方案的内容对您解决实际生活中的问题有什么帮助的问题，被调查者认为学习了系列课程对他解决实际生活中的问题的帮助主要有改变了思维方式、提高了科研能力和职场竞争力（如图 7 - 7 所示）。

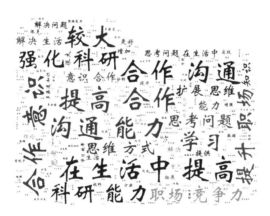

图 7 - 7　实际收获词云图

7.3.2　基于描述统计的方案设计评价

7.3.2.1　基本信息分析

在调查具身认知理论下的"数据科学导论"网络课程体系方案

设计的合理性、有效性、适应性前，对学习者的基本信息进行的调查。结果表明（见图7－8），图7－8左边饼图是调查学习者是否参与过网络课程的学习，调查结果表明979名被调查者中有96.4%参与过网络课程的学习。图7－8右边饼图是调查参与过网络课程学习的被调查者是参与过哪一个平台的课程学习，调查结果表明，参与过网络课程的被调查者选择中国大学MOOC平台最多，占比31.7%。从学习者基本信息调查的结果来看，绝大多数的学习者是参与过网络课程学习，这对具身认知理论下的"数据科学导论"网络课程体系方案设计的合理性、有效性、适应性调查提供了强大的支撑。

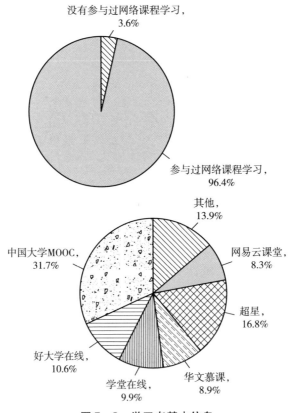

图7－8 学习者基本信息

7.3.2.2 教学输入分析

指标的设计是从教学输入、教学过程和教学输出三个方面来评估具身认知理论下的"数据科学导论"网络课程体系方案设计的合理性、有效性、适应性。根据调查者对具身认知理论下的"数据科学导论"网络课程体系方案设计的评价（见图 7-9，图中 x 轴 1~5 表示调查者对指标的评分，数值越大表示越看好），被调查者对具身认知理论下的"数据科学导论"网络课程体系方案设计中课前学情分析将对他的帮助程度、教学内容期待程度和搭建的教学环境（智能教学设备、虚拟情境技术）都集中在 4~5 分，被调查者中对这三个方面的评价在 4~5 分的人数超过了 50%，表明被调查者认为具身认知理论下的"数据科学导论"网络课程体系方案设计中的课前学情分析对他们是有帮助的，对方案设计的教学内容期待度高，对教学搭建的环境评价高。从调查的分析结果来看，具身认知理论下的"数据科学导论"网络课程体系方案在教学输入方面的设计是可行的。

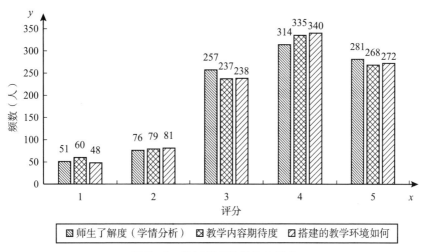

图 7-9 学习者对教学输入评价

7.3.2.3　教学过程分析

（1）教学内容分析。从图 7 - 10（图中 x 轴 1 ~ 5 表示调查者对指标的评分，数值越大表示越看好）可以得出学习者对具身认知理论下的"数据科学导论"网络课程体系方案教学内容设计的评价。首先，学习者对教学方案中教学内容间的关联性较强，占比 37.9%；其次认为教学内容间关联性很强，占比 28.7%，21.7% 的学习者认为教学内容间的关联性一般，仅仅只有 11.7% 的学习者认为教学内容间没有什么关联性，这说明绝大多数的学习者对具身认知理论下的"数据科学导论"网络课程体系方案教学内容间的关联性比较认可。学习者对教学内容的新颖性评价、教学内容动手操作性的评价和教学内容启发拓展性的评价都集中在 3 ~ 5 分，分别占比 86.5%、84.4% 和 87.1%，这说明大多数学习者认为教学方案中设计的教学内容具有新颖性，教学内容中动手操作强和教学内容具有一定的启发拓展性。

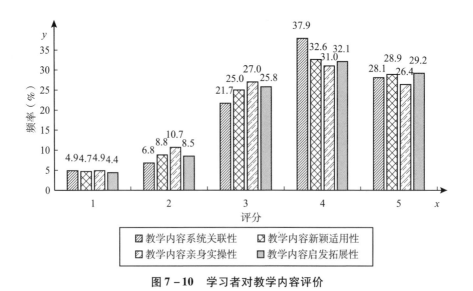

图 7 - 10　学习者对教学内容评价

（2）教学组织分析。从教学组织分析调查的 979 名学习者中有 344 名认为"数据科学导论"网络课程体系方案设计应根据学习者的自身条件来设计教学内容，263 名认为"数据科学导论"网络课程体系方案设计是以学习者为中心，教学针对性强，仅仅有 41 名学习者认为此方案设计完全没有针对性（见图 7 - 11）。研究的结果表明，大多数学习者认为此方案设计是具有针对性的，说明设计的教学方案符合具身认知理论。

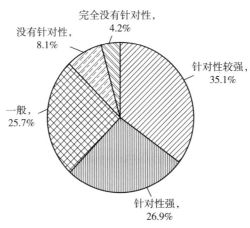

图 7 - 11　学习者对教学组织评价

（3）教学交互分析。教学交互环节更能体现具身教学，调查教学方案中的交互情况，更加让我们知道具身认知理论下的"数据科学导论"网络课程体系方案设计的合理性、有效性、适应性。图 7 - 12 是本次学习者对教学交互评价结果，上图表示学习者对教学方案中的互动程度的评价，下图是学习者对教学方案中使用到计算机等教学设备或者音视频等教学资源的程度评价。从上图可以看出超过一半的学习者认为在此方案中交互行为频繁，从下图可以看出 65.2% 的学习者认为在此方案中使用到计算机等教学设备或者音视频等教学资源的程度较多。分析的结果表明在教学方案设计中关于交互教学方面得到大多数学习者的认可。

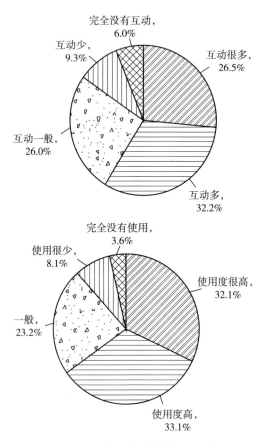

图 7-12 学习者对教学交互评价

7.3.2.4 教学输出分析

（1）教学效果分析。在教学中，教学效果是评价之前所有教学输出和过程的好与坏最直接的指标。在本次收集到的问卷中，87%的学习者认为设计的教学方案能够吸引他参与到课堂教学中去；大约85%的学习者认为设计的教学方案能够营造一个比较好的学习气氛；86.7%的学习者表示教学方案中的教学内容与自己期望的学习内容匹配程度较好；87.8%的学习者认为具体实施本教学方案后能为他带来的一定的收获。从分析的结果来看，多数学习者对"数据科学导论"系列课程设计方案的教学效果给予了肯定（见图7-13）。

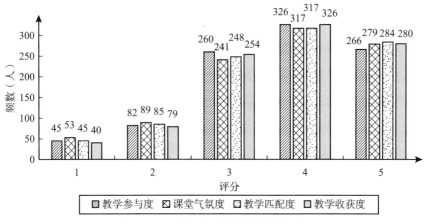

图7-13　学习者对教学效果的评价

（2）拓展效果分析。学习一门课程，不仅仅是掌握课堂上的理论知识和实际操作，更是要把课堂上所学的知识运用在解决实际的问题上和提升自己的创新能力。图7-14得出32.74%的学习者认为学习了这一系列课程将会对提升自己的创新能力较多帮助，29.93%的学习者认为学习了这一系列课程将会对提升自己的创新能力帮助很大。这说明超过一半的学习者认为具身认知理论下的"数据科学导论"网络课程体系方案设计对他们提升自身创新能力帮助较大。

总之，从上面对从教学输入、教学过程和教学输出三个方面分析后得出，大多数学习者认为具身认知理论下的"数据科学导论"网络课程体系方案设计是合理的、有效的、适应的。

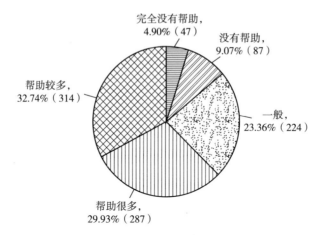

图 7-14 学习者对教学拓展效果的评价

7.3.3 基于模糊综合评价的方案评估

鉴于被调查者对基于具身认知的"数据科学导论"网络课程方案满意度受多种因素影响，且因素间存在模糊性特征，本节将采用模糊综合评价方法，结合主观认知和客观认知，更合理地评价分析被调查者对该方案的满意度情况。

7.3.3.1 模糊综合评价建模步骤

模糊综合评价方法的基本思想是应用模糊关系合成原理，根据多个因素对被评价对象本身存在的性态或类属上的亦此亦彼性，从数量上对其所属程度给予定量描述。模糊综合评价方法包括以下六个基本步骤。

（1）划分因素集。基于具身认知的网络课程设计效果评估指标体系，将"数据科学导论"网络课程方案满意度用 U 表示，因素集 U 分为以下三层：一级指标教学输入、教学过程、教学输出分别用向量 $U = [U_1, U_2, U_3]$ 表示；二级指标分别用向量 $U_1 = [U_{11}, U_{12}]$，$U_2 = [U_{21}, U_{22}, U_{23}]$，$U_3 = [U_{31}, U_{32}]$ 表示；三级指标分别用向量

$U_{11} = \begin{bmatrix} U_{111}, & U_{112} \end{bmatrix}$，$U_{12} = \begin{bmatrix} U_{121} \end{bmatrix}$，$U_{21} = \begin{bmatrix} U_{211}, & U_{212}, & U_{213}, & U_{214} \end{bmatrix}$，$U_{22} = \begin{bmatrix} U_{221} \end{bmatrix}$，$U_{23} = \begin{bmatrix} U_{231}, & U_{232} \end{bmatrix}$，$U_{31} = \begin{bmatrix} U_{311}, & U_{312}, & U_{313}, & U_{314} \end{bmatrix}$，$U_{32} = \begin{bmatrix} U_{321} \end{bmatrix}$ 表示。

（2）确定评语集。评语等级是模糊综合评价所必备的要素，必须事先确定。评语等级是对各个因素进行评价的模糊概念，评语集合是被调查者对基于具身认知的"数据科学导论"网络课程方案作出的各种不同评价的一个集合，集合的确定能够使模糊综合评价得到一个模糊评价向量，满意度评价通过评语的等级隶属度显示出来，这里将选择评价等级为5，即 $C = (C_1, C_2, C_3, C_4, C_5)$，其中 C 表示评语集，C_1 表示非常满意，C_2 表示满意，C_3 表示一般，C_4 表示不满意，C_5 表示非常不满意。

（3）建立模糊关系矩阵 R。对同一问题，把参与评分的被访者回答的各评语等级人次数除以该问题参与评分被访者总人次数，得到单项问题对各评语等级的隶属度。各个指标的子系统各评语等级的隶属度构成该指标层的模糊隶属关系矩阵 R。模糊隶属关系矩阵形式为：

$$R = \begin{pmatrix} R \mid x_1 \\ R \mid x_2 \\ \cdots \\ R \mid x_m \end{pmatrix} = \begin{pmatrix} r_{11} & r_{12} & \cdots & r_{1n} \\ r_{21} & r_{22} & \cdots & r_{2n} \\ \vdots & \vdots & \vdots & \vdots \\ r_{m1} & r_{m2} & \cdots & r_{mn} \end{pmatrix}_{mn}$$

其中，m 表示指标数，n 表示评价等级，r_{ij} 为被评价单位第 i 项指标隶属于第 j 评语等级的程度。根据本次收集到的问卷数据，通过数据处理后得到相关的模糊综合关系矩阵如下：

①教学投入的模糊综合关系矩阵 R_1：

$$R_1 = \begin{bmatrix} 0.05 & 0.08 & 0.26 & 0.32 & 0.29 \\ 0.06 & 0.08 & 0.24 & 0.34 & 0.27 \end{bmatrix}$$

②教学环境的模糊综合关系矩阵 R_2：

$$R_2 = \begin{bmatrix} 0.05 & 0.08 & 0.24 & 0.35 & 0.28 \end{bmatrix}$$

③教学内容的模糊综合关系矩阵 R_3：

$$R_3 = \begin{bmatrix} 0.05 & 0.07 & 0.22 & 0.38 & 0.29 \\ 0.05 & 0.09 & 0.25 & 0.33 & 0.29 \\ 0.05 & 0.11 & 0.26 & 0.31 & 0.27 \\ 0.04 & 0.08 & 0.26 & 0.32 & 0.29 \end{bmatrix}$$

④教学组织的模糊综合关系矩阵 R_4：

$$R_4 = \begin{bmatrix} 0.04 & 0.08 & 0.26 & 0.35 & 0.27 \end{bmatrix}$$

⑤教学交互的模糊综合关系矩阵 R_5：

$$R_5 = \begin{bmatrix} 0.06 & 0.09 & 0.26 & 0.32 & 0.26 \\ 0.04 & 0.08 & 0.23 & 0.33 & 0.32 \end{bmatrix}$$

⑥教学效果的模糊综合关系矩阵 R_6：

$$R_6 = \begin{bmatrix} 0.05 & 0.08 & 0.27 & 0.33 & 0.27 \\ 0.05 & 0.09 & 0.25 & 0.32 & 0.28 \\ 0.05 & 0.09 & 0.25 & 0.32 & 0.29 \\ 0.04 & 0.08 & 0.26 & 0.33 & 0.29 \end{bmatrix}$$

⑦拓展效果的模糊综合关系矩阵 R_7：

$$R_7 = \begin{bmatrix} 0.05 & 0.09 & 0.25 & 0.32 & 0.29 \end{bmatrix}$$

（4）确定评价因素的权重。在确定科学合理的评价指标体系后，确定客观合理的指标权重是评价基于具身认知的"数据科学导论"网络课程方案的关键。确定指标权重常见的方法有德尔菲法、专家调查法、层次分析法。考虑到评价指标的科学性、客观性、可操作性，因此利用层次分析法确定各指标的权重。层次分析法是一种定性和定量分析相结合的评价方法。参照相关网络课程方案满意度评价文献，并利用 Python 程序对各个指标进行层次分析法赋权，具体权重结果如表 7-2 所示。

表 7 - 2　　　　　　　　　　网络课程体系方案设计评价指标体系

一级指标 U	二级指标 U_k	三级指标 U_{k1}
教学输入（0.3）	教学投入（0.45）	师生了解度（学情分析）（0.5）
		学习者对教学内容的期待度（0.5）
	教学环境（0.55）	虚拟情境教学环境搭建 智能教学设备配置
教学过程（0.35）	教学内容（0.2）	系统关联性（0.2）
		新颖适用性（0.2）
		亲身实操性（0.3）
		启发拓展性（0.3）
	教学组织（0.3）	教学针对性（以学习者为中心）
	教学交互（0.5）	教学交互频率（0.45）
		人机环境交互（0.55）
教学输出（0.35）	教学效果（0.8）	教学参与度（0.25）
		课堂灵活生动性（0.25）
		教学匹配度（0.25）
		教学收获度（0.25）
	拓展效果（0.2）	理论联系实际情况

（5）基于具身认知的"数据科学导论"网络课程方案满意度模糊评价。由各个指标的子系统权重向量乘以由子系统构成的模糊隶属关系矩阵得到该测评指标的满意度模糊评价向量 B。计算公式为：

$$B = (b_1, b_2, \cdots b_n) = W \bigcirc R$$

$$= (w_1, w_2, \cdots, w_n) \bigcirc \begin{bmatrix} r_{11} & r_{12} & \cdots & r_{1n} \\ r_{21} & r_{22} & \cdots & r_{2n} \\ \vdots & \vdots & \vdots & \vdots \\ r_{m1} & r_{m2} & \cdots & r_{mn} \end{bmatrix}$$

其中，"$\bigcirc$"为模糊合成算子，通常采用模型 $M(\bullet, \oplus)$，即

"•"表示普通的实数乘法,"⊕"表示有上界求和;B 为模糊评价结果向量。

根据基于具身认知的"数据科学导论"网络课程方案满意度评价指标体系的特点,指标之间具有层级关系,因此采用三级模糊综合评判模型。首先针对指标体系中的三级指标分别做出三级指标模糊综合评判,再利用评判的结果进行一、二级指标的模糊综合评判,最终得到综合模糊评判的结果。

下面根据"数据科学导论"网络课程方案满意度评价指标体系来分析利用模糊综合评判法量化评价指标的计算过程。

①三级指标模糊综合判断。由各个指标的子系统权重向量乘以由子系统构成的模糊隶属关系矩阵得到该测评指标的满意度模糊评价向量 B。模糊合成算子,采用模型 M(•,⊕):

$$B_1 = w_1 \bigcirc R_1 = (b_1, b_2, b_3, b_4, b_5)$$
$$= (0.06, 0.08, 0.25, 0.33, 0.28)$$
$$B_2 = w_2 \bigcirc R_2 = (b_1, b_2, b_3, b_4, b_5)$$
$$= (0.05, 0.08, 0.24, 0.35, 0.28)$$

$$B_3 = w_3 \bigcirc R_3 = (b_1, b_2, b_3, b_4, b_5)$$
$$= (0.05, 0.09, 0.25, 0.33, 0.28)$$
$$B_4 = w_4 \bigcirc R_4 = (b_1, b_2, b_3, b_4, b_5)$$
$$= (0.04, 0.08, 0.26, 0.35, 0.27)$$
$$B_5 = w_5 \bigcirc R_5 = (b_1, b_2, b_3, b_4, b_5)$$
$$= (0.05, 0.09, 0.25, 0.33, 0.29)$$

$$B_6 = w_6 \bigcirc R_6 = (b_1, b_2, b_3, b_4, b_5)$$
$$= (0.05, 0.09, 0.26, 0.33, 0.28)$$

$$B_7 = w_7 \bigcirc R_7 = (b_1, \ b_2, \ b_3, \ b_4, \ b_5)$$
$$= (0.05, \ 0.09, \ 0.25, \ 0.32, \ 0.29)$$

②二级指标模糊综合判断。根据三级指标模糊综合评判得到的评判结果向量 B_1，B_2，B_3，B_4，B_5，B_6，B_7，则二级指标对应的模糊关系矩阵分别为：

$$A^{(1)} = \begin{bmatrix} b_1^{(11)} & b_2^{(11)} & b_3^{(11)} & b_4^{(11)} & b_5^{(11)} \\ b_1^{(12)} & b_2^{(12)} & b_3^{(12)} & b_4^{(12)} & b_5^{(12)} \end{bmatrix}$$

$$A^{(2)} = \begin{bmatrix} b_1^{(21)} & b_2^{(21)} & b_3^{(21)} & b_4^{(21)} & b_5^{(21)} \\ b_1^{(22)} & b_2^{(22)} & b_3^{(22)} & b_4^{(22)} & b_5^{(22)} \\ b_1^{(23)} & b_2^{(23)} & b_3^{(23)} & b_4^{(23)} & b_5^{(23)} \end{bmatrix}$$

$$A^{(3)} = \begin{bmatrix} b_1^{(31)} & b_2^{(31)} & b_3^{(31)} & b_4^{(31)} & b_5^{(31)} \\ b_1^{(32)} & b_2^{(32)} & b_3^{(32)} & b_4^{(32)} & b_5^{(32)} \end{bmatrix}$$

根据二级指标的权重显示，$W^{(1)} = [W_{11}, \ W_{12}]$，$W^{(2)} = [W_{21}, \ W_{22}, \ W_{23}]$，$W^{(3)} = [W_{31}, \ W_{32}]$ 对应一级指标的二级指标综合评判结果向量分别为：

$$B^{(1)} = W^{(1)} \bigcirc A^{(1)} = [b_1, \ b_2, \ b_3, \ b_4, \ b_5]$$
$$= [0.052, \ 0.081, \ 0.247, \ 0.340, \ 0.279]$$
$$B^{(2)} = W^{(2)} \bigcirc A^{(2)} = [b_1, \ b_2, \ b_3, \ b_4, \ b_5]$$
$$= [0.046, \ 0.085, \ 0.250, \ 0.335, \ 0.284]$$
$$B^{(3)} = W^{(3)} \bigcirc A^{(3)} = [b_1, \ b_2, \ b_3, \ b_4, \ b_5]$$
$$= [0.047, \ 0.086, \ 0.255, \ 0.327, \ 0.285]$$

③一级指标模糊综合判断。一级指标模糊综合评判与二级指标模糊综合评判类似。由二级指标模糊综合评判得到的评判结果向量 $B^{(1)}$，$B^{(2)}$，$B^{(3)}$ 构成一级指标模糊综合评判的模糊综合关系矩阵：

$$\boldsymbol{B} = \begin{bmatrix} B^{(1)} & B^{(2)} & B^{(3)} \end{bmatrix} = \begin{bmatrix} b_1^{(1)} & b_2^{(1)} & b_3^{(1)} & b_4^{(1)} & b_5^{(1)} \\ b_1^{(2)} & b_2^{(2)} & b_3^{(2)} & b_4^{(2)} & b_5^{(2)} \\ b_1^{(3)} & b_2^{(3)} & b_3^{(3)} & b_4^{(3)} & b_5^{(3)} \end{bmatrix}$$

根据一级指标的权重 $W = \begin{bmatrix} W_1, & W_2, & W_3 \end{bmatrix}$，综合评价"数据科学导论"网络课程方案对评语集 V 的评判结果向量为：

$$\boldsymbol{C} = W \bigcirc B = \begin{bmatrix} w_1, & w_2, & w_3 \end{bmatrix} \bigcirc \begin{bmatrix} b_1^{(1)} & b_2^{(1)} & b_3^{(1)} & b_4^{(1)} & b_5^{(1)} \\ b_1^{(2)} & b_2^{(2)} & b_3^{(2)} & b_4^{(2)} & b_5^{(2)} \\ b_1^{(3)} & b_2^{(3)} & b_3^{(3)} & b_4^{(3)} & b_5^{(3)} \end{bmatrix}$$

$$= \begin{bmatrix} b_1, & b_2, & b_3, & b_4, & b_5 \end{bmatrix}$$

从而可以得到 $C = \begin{bmatrix} 0.048, & 0.084, & 0.251, & 0.334, & 0.283 \end{bmatrix}$。

由此可以得出，被调查者对网络课程方案非常满意的程度为 28.30%，认为满意的程度为 33.4%，认为一般的程度为 25.10%，认为不满意的程度为 8.40%，认为很不满意的程度为 4.80%（如图 7 – 15 所示）。

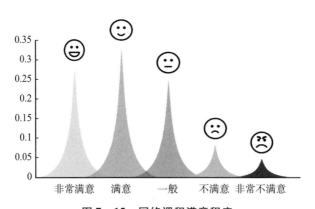

图 7 – 15　网络课程满意程度

（6）对评语的定量化处理。为了便于对该方案满意程度有更直观的认识，可以进一步将定性的评语进行百分制计分。例如：$50 \leqslant C < 60$

（非常不满意），$60 \leqslant C < 70$（不满意），$70 \leqslant C < 80$（一般），$80 \leqslant C < 90$（满意），$90 \leqslant C < 100$（非常满意），这样就组成了量化评语集：$C = (C_1, C_2, C_3, C_4, C_5)$，再计算得分。

在各个阶段，采用对各个评语实行百分制记分，构造如表 7-3 所示的得分等级表。

表 7-3　　　　　　　　　　网络课程设计方案的满意程度评价

得分	$90 \leqslant C_1 < 100$	$80 \leqslant C_1 < 90$	$70 \leqslant C_1 < 80$	$60 \leqslant C_1 < 70$	$50 \leqslant C_1 < 60$
评语	非常满意	满意	一般	不满意	非常不满意

得到关于评语的分数向量 $C = (c_1, c_2, c_3, c_4, c_5)$，再计算得分：

$$S = \frac{BC^T}{\sum\limits_{i=1}^{n} b_i} = \frac{\sum\limits_{i=1}^{n} b_i c_i}{\sum\limits_{i=1}^{n} b_i}$$

由于各评语的得分是一个区间，所以一般计算三个有代表性的得分：

$$S_{\text{高}} = \frac{\sum\limits_{i=1}^{n} b_i c_{\text{高}i}}{\sum\limits_{i=1}^{n} b_i}, \quad S_{\text{中}} = \frac{\sum\limits_{i=1}^{n} b_i c_{\text{中}i}}{\sum\limits_{i=1}^{n} b_i}, \quad S_{\text{低}} = \frac{\sum\limits_{i=1}^{n} b_i c_{\text{低}i}}{\sum\limits_{i=1}^{n} b_i}$$

其中，$c_{\text{高}i}$ 为各元素取区间的上限组成的评语分数向量；$c_{\text{中}i}$ 为各元素取区间的中间值组成的评语分数向量；$c_{\text{低}i}$ 为各元素取区间的下限组成的评语分数向量。

最后，对 $S_{\text{高}}$，$S_{\text{中}}$，$S_{\text{低}}$ 取算数平均，即：

$$S_{\text{均}} = \frac{S_{\text{高}} + S_{\text{中}} + S_{\text{低}}}{3}$$

对照得分等级表，得出各个阶段的标准化程度。这里得到关于评语的分数向量为：

$$c_高 = (100, 90, 80, 70, 60)$$

$$c_中 = (95, 85, 75, 65, 55)$$

$$c_低 = (90, 80, 70, 60, 50)$$

由于各评语的得分是一个区间，所以一般计算三个有代表性的得分：

$$S_高 = \frac{\sum\limits_{i=1}^{n} b_i c_{高i}}{\sum\limits_{i=1}^{n} b_i} = 87.19 , \quad S_中 = \frac{\sum\limits_{i=1}^{n} b_i c_{中i}}{\sum\limits_{i=1}^{n} b_i} = 82.19 , \quad S_低 = \frac{\sum\limits_{i=1}^{n} b_i c_{低i}}{\sum\limits_{i=1}^{n} b_i} = 77.19$$

对 $S_高$，$S_中$，$S_低$ 取算数平均，即：

$$S_均 = \frac{S_高 + S_中 + S_低}{3} = \frac{87.19 + 82.19 + 77.19}{3} = 82.19$$

根据表 7 - 4 的结果，并对照下表可以定级为 A2 类，说明评价值对基于具身认知的"数据科学导论"网络课程方案总体评价为满意。

表 7 - 4 　　　　　　　　　　　　评价定量分级标准

评价值	评语	定级
$90 \leqslant S < 100$	非常满意	A1
$80 \leqslant S < 90$	满意	A2
$70 \leqslant S < 80$	一般	A3
$60 \leqslant S < 70$	不满意	A4
$50 \leqslant S < 60$	很不满意	A5

第8章
研究结论与展望

8.1 研究结论

现代通信技术的发展打破了信息传播的时空局限，给教育发展提供了新契机。互联网的普及让网络教育成为未来的发展趋势之一，如何充分发挥网络课程的功效成为教育领域的重要议题。本书从具身认知的理论视角出发，基于 1113 份教师调查问卷和 3447 份学习者调查问卷，分析了当前高校网络课程的发展现状和存在的主要问题，提出了具身认知课程框架设计的一般方法，并以"数据科学导论"课程体系为例，对网络课程设计进行了实践。具体的研究内容和结论如下：

第一，目前高校网络课程设计面临的问题主要有以下几点：一是从教学资源来看，高校网络课程的教学内容以教师讲解为主，缺少情景导入；教学手段单一，难以调动学习者的参与积极性；互动环节形同摆设，师生间基本没有或互动很少。二是从课程平台来看，高校网络课程平台卡顿、掉线现象很常见；课程监督作用下降，刷课现象常见，导航、检索功能不便捷，信息检索不准确。三是从学习者自身来看，学习者学习网络课程的主动性不够，局限于学校规定的专业内容。

第二，目前高校网络课程产生问题的原因主要有以下几点：一是教学资源建设缺乏规划，教学师资质量有待提升；二是对学习者需求的体察不足，课程设计难以满足学习者需要；三是具身教育的网课设计欠缺指导，师生交流互动方式单一；第四，学习者具身认知不足，对待网络课程自控力差。

第三，本书认为，具身认知理论可以贯穿网络课程设计框架的始终，包括学习目标和学习任务的设计、学习内容的设计和学习活动设计等环节中都可以融入具身认知思想。在设计学习目标和学习任务时，具身教学要将学习者从记忆辨识的低阶学习阶段转化到运用创造的高阶学习阶段。在设计学习内容时，教师要按照课程内容的选择与课程目标相一致、课程内容的选择要有利于学习者认知能力的提高、课程内容的选择要与学习者身心发展一致、课程内容的选择要有全球性思维的原则，将原有教学内容按照不同的教学方式进行划分，区分哪些内容需要线上讲授、哪些内容需要学习者自身实践、哪些内容需要线下讲授。在设计学习活动时，要按照具身认知教育理念，遵循从低阶到高阶的顺序，帮助学习者掌握相关原理、规则，调动学习者的身心参与。

第四，本书提出了具身认知视域下，高校教师促使学习者对学习内容进行加工四大策略。具体来说，一是要从参与性策略出发，让学习者参与学习内容的加工和反思，加深学习者对材料的理解；二是要从互助性策略出发，鼓励学习者建立自由的学习共同体，以小组的形式互相学习，共同完成学习任务；三是要从存在性策略出发，提高学习者的被关注度；四是要从成长性策略出发，激发学习者的批判性思维。在具体开展学习活动时，要将线上的观看学习视频、答疑讨论、在线测试、撰写学习日志与线下的知识点巩固、案例分析、作品展示、课堂测试结合起来。在设计网络课程的评价分析体系时，要同时设置自我评价和他人评价两套体系。针对自我评价，要引导学习者根据自身的后测评成绩、期末成绩、小组学习中自己的表现，撰写自我反省的文章，促使学习者反思自己的优势和不足。针对他人评价，要将小组评价、教师评价、测试成绩综合起来，不仅要帮助学习者反思自身学习效果，还要帮助教师反思自己采用的教学方法、选择的教学内容、设置的教学环境。

第五，就基于具身认知的网络课程设计实践而言，本书以"数据科学导论"课程体系为例，在进行方案设计时，本书以"数据挖掘""数据科学可视化""社交网络""神经网络图像识别"等具体专题为例，描述了课程目标的确定、课程内容的选取、实战与理论相结合、专题个别设计原则、教学活动实施、学习效果评价等具体课程设计过程。在进行效果评估设计时，本书以具身教育理念为基础，综合考虑网络新技术（如 VR、5G 等）对网络课程的影响作用，构建一套具有网络新技术特色的、体现具身教育理念的网络课程方案评价体系，从教学输入（教学准备）、教学过程（教学实施）、教学输出（反思与评价）三个维度，借助文本分析和综合评价分析方法，筛选构建"教育技术学研究方法下具身认知的网络课程"方案评价体系。教学输入指标主要测量教学投入、教学环境；教学过程指标主要考察教学内容、教学组织、教学交互；教学输出指标重点评估教学效果和拓展效果。

8.2 研究不足与展望

网络的出现改变了传统的教育方式，新的变化要求我们能够在互联网背景下重新认识高校教育活动，从而促进我国高等教育事业的进一步发展。本书将具身认知理论应用于网络课程设计的研究中，初步实现了西方认知心理学理论在中国环境中的检验，但是相较于互联网的复杂性和教育领域的特殊性而言，相关研究还有进一步拓展的空间。具体来说，本书的研究不足主要体现为以下两点：第一，本研究借鉴现有课程质量评价的学术研究，构建一套具有网络新技术特色的、体现具身教育理念的网络课程设计方案与实效评价模型，但在网络平台的教学实战效果还有待验证和推广；第二，本书重点考察了具身认知理论如何应用于特定的一门或几门具体课程，但如何将该理论升级为方法论，进而应用于长期教学活动中还有待研究。

随着信息技术的不断发展，本书希冀在未来继续深化以下研究：第一，继续追踪具身认知研究的最新理论成果，对具身认知理论进行更加深入的研究，寻求将具身认知融入教学理论的更多可能性，在理论上对当前存在的教学模式进行优化与完善；第二，尝试引入行动研究法，在自然真实的教育环境中，考察基于具身认知的教学理念的实践效果，并根据学习者的反馈情况，对教学活动进行适时调整；第三，建立跨学科团队，真实引入 AR、VR 等新技术，增强学习者的参与感，将沉浸感、临场感从心理投影提升到物理感知层面，进而考查学习者在具身式沉浸环境中的学习效果。

附　录

附录1　高校网络课程设计调查（教师问卷）

亲爱的老师：

您好！

非常感谢您在百忙之中接受我们的问卷调查。本次调查旨在了解高校网络课程设计发展现状。本次调查为匿名调查，您的一切信息都将被保密。再次感谢您的参与及配合！

第一部分：基本情况

1. 您的性别是（　　　）？（单选）

A. 男　　　　　　　　　　　B. 女

2. 您的学历属于（　　　）？（单选）

A. 本科及以下　　B. 硕士　　C. 博士　　D. 博士后

3. 您的教龄是（　　　）？（单选）

A. 不足 1 年　　　　　　　　B. 1 ~ 5 年

C. 6 ~ 10 年　　　　　　　　D. 11 ~ 15 年

E. 15 年以上

第二部分：网络授课现状及其局限与优势

4. 您开设的网络课程类型属于（　　　）？（多选）

A. 教师全堂讲授

B. 教师讲授与学生讨论相结合

C. 自主学习与教师答疑

D. 个人自主学习

E. 小组合作自主学习

F. 其他类型

5. 您使用哪种形式进行网络课程授课？（　　　）（多选）

A. 直播授课 　　　　　　　B. 播放录播视频

C. 会议讨论模式 　　　　　D. 作业资料完成

E. 其他

6. 相较于传统课程，您认为网络课程的不足是（　　　）？（多选）

A. 教师的监督性下降

B. 创建教学情境难度加大

C. 课堂的交流方式单一

D. 网络等媒介因素不稳定性强

E. 教师的安全感下降

F. 师生空间的分离，上课的体验感降低

7. 您认为网络课程哪些优点值得传统课堂借鉴？（　　　）（多选）

A. 时空限制小 　　　　　　B. 课程辅导资源丰富

C. 点名等考勤方式多样 　　D. 课程成本相对较低

E. 资源共享性强 　　　　　F. 师生交流互动便捷

第三部分：网络课程设计要素原则

8. 您设计网络课程之前是否参与相关的课程培训？（　　　）（单选）

A. 是 　　　　　　　　　　B. 否

9. 网络课程设计要素中您关注的是哪项？请在选项后的态度下面打"√"。

题目/选项	非常关注	比较关注	一般	关注较少	不关注
课程内容					
呈现结构					

题目/选项	非常关注	比较关注	一般	关注较少	不关注
呈现方式					
学习者经验					
教学环境					

10. 网络课程设计重要原则中您关注的是哪项？请在选项后的态度下面打"√"。

题目/选项	非常关注	比较关注	一般	关注较少	不关注
整合性原则					
互动性原则					
生成性原则					
发展性原则					
可选择性原则					
亲和性原则					

第四部分：网络课程设计存在的问题及其原因

11. 您认为当前的高校网络课程设计中存在的问题？（　　　）（多选）

A. 章节测试或课后习题很少

B. 教学素材不齐全，部分课件、讲义等稀少

C. 教学内容缺少情景导入，以教师讲解为主

D. 教学手段单一，难以调动学生的参与积极性

E. 互动环节形同摆设，师生间基本没有或互动很少

F. 不在同一空间上课，课堂氛围下降

12. 您认为网络课程设计存在问题的主要原因是（　　　）？（多选）

A. 网络课程设计缺乏规划，部分学科资源重复浪费或短缺

B. 对学生体察不足，课程设计难以满足学习者需求

C. 教学理念没有及时改进，新的教学网络方式照搬原有传统课堂

D. 教师没有完全适应网络课程，网络课程学习体验不佳

E. 网络平台功能单一，无法实施同步教学

F. 网课学习学生自律性欠佳，缺乏独立自主性

13. 你觉得高校的网络课程设计哪些方面需要改进?（　　）（多选）

A. 完善教学意见反馈系统，及时调整教学方案

B. 增加视频、音乐、表演等，多手段搭建教学场景，改善学习氛围

C. 师生互动交流，提高师生互动频率，改善上课质量

D. 有效利用图像、声音、虚拟环境呈现教学内容

E. 运用案例型教学，增强学习者身心融合的学习感受

F. 建立实时在线监测系统，构建合理的学生学习效果评价体系

G. 完善网络课程的硬件，减少网速等客观条件的影响

H. 其他_____（请填写在横线上）

第五部分：具身视角下的网络课程设计

14. 您是否了解具身教育理念（主张身心统一，强调身体在认知和思维中发挥着重要作用）?（　　）（单选）

A. 是　　　　　　　　　　B. 否

15. 您是否认同具身教育理念?（　　）（单选）

A. 认同　　　　　　　　　　B. 不认同

【回答不认同的请回答此题】

16. 您不认同的原因是什么?_____（请将您的回答写在横线上）

【回答认同的请回答以下两题】

17. 具身教育理念对网络课程设重要的原因是（　　）?（多选）

A. 从切身体验出发，充分调动学生身体和心理参与，轻松愉悦增强学习兴趣

B. 通过感受、知觉、反思、实践不同方式领悟知识，达到身心融合学习

C. 利用在线视频、音乐渲染等手段刺激感官，调动学生激情和投入

D. 丰富交互模式，师生互动发挥学生的创造性和个性

18. 具身教育理念的网络课程设计，您做到了哪些?（　　）（多选）

A. 了解学生需求和偏好，设计轻松愉快的网课内容

B. 收集网络音频资源，保证鲜活的教学案例

C. 积极学习新型呈现技术手段，将抽象知识形象化、可视化

D. 创建表演模仿、实验演示等多种情境，将感性认知具体化、可操作化

E. 引导学生积极参与互动，调动学习自主性

F. 运用学生主导的演讲、表演等多种手段，强化学生学习身心体验

19. 您认为根据具身教育理念进行网络课程设计是否能够弥补传统网络课程设计的某些不足?（　　）（单选）

A. 可以弥补　　　　　　　　B. 有待试验

C. 不能弥补

20. 在以往的网络课程设计过程中，您是否有意根据相应知识点创建教学情境?（　　）（单选）

A. 曾经有过

B. 从来没有

C. 不曾有意进行，但可能在无意中有过类似的举动

21. 网课教学中，创设教学情境您关注哪种情境? 请在选项后的态度下面打"√"。

题目/选项	非常关注	比较关注	一般	不太关注	不关注
视频再现情境					
表演模仿情境					
音乐渲染情境					
语言描绘情境					
心理模拟情境					

22. 网课教学中,您用何种形式与学生进行互动?(　　)(多选)

A. 回复弹幕评论 　　　　B. 手势或其他肢体语言

C. 提问互动交流 　　　　D. 可视化或音频播放

E. 其他

23. 网课教学中,您一般一个课时与学生互动的状态属于(　　)?(单选)

A. 基本不互动,互动次数≤2 次

B. 不太活跃,互动次数 2～6 次

C. 经常互动,互动次数 7～10 次

D. 活动频繁,互动次数≥11 次

24. 您与学生互动的目的是(　　)?(多选)

A. 活跃课堂气氛 　　　　B. 训练学生思维

C. 帮助学生进入相应情境 　D. 鼓励学生参与课堂练习

E. 管理课堂秩序 　　　　F. 完成考勤等教学任务

G. 其他

第六部分:具身视角下的网络课程设计展望

25. 虚拟现实等技术可能引入到网络课程设计,您认为会对高校网络课程设计的发展有何影响?(　　)(多选)

A. 还原和模拟教学场景,优化学习环境

B. 提高知识可视化能力,降低知识抽象程度

C. 模拟知识的真实环境，增加学生观察的机会

D. 调动和关注学生身体与心理，促进身心融合学习

E. 增加个性化教学，有效实现因材施教

26. 您认为哪些课程更适合开展具身认知的网络教学？（　　　）（单选）

A. 理论性强的课程　　　　B. 学习和研究方法类课程

C. 人文素养类课程　　　　D. 实践类课程

附录2　高校网络课程设计调查（学习者问卷）

亲爱的同学：

你好！

非常感谢你在百忙之中接受我们的问卷调查。本次调查旨在了解高校网络课程发展现状。本次调查为匿名调查，你的一切信息都将被保密。再次感谢你的参与及配合！

第一部分：基本信息

1. 你的性别是（　　）？（单选）

A. 男　　　　　　　　　　B. 女

2. 你的年级是（　　）？（单选）

A. 大一　　　　　　　　　B. 大二

C. 大三　　　　　　　　　D. 大四

E. 硕士及以上

3. 你的专业属于哪个学科门类？（　　）（单选）

A. 哲学　　　　　　　　　B. 经济学

C. 法学　　　　　　　　　D. 教育学

E. 文学　　　　　　　　　F. 历史学

G. 理学　　　　　　　　　H. 工学

I. 农学　　　　　　　　　J. 医学

K. 军事学　　　　　　　　L. 管理学

M. 艺术学　　　　　　　　N. 其他_____

第二部分：网络课程学习原因和内容

4. 你参与过几门网络课程的学习？（　　　）（单选）

A. 没有参与过　　　　　　　　B. 0～2门

C. 3～5门　　　　　　　　　　D. 6～10门

E. 10门以上

【注：以下题目只要求参与过网课的同学回答】

5. 你参与网络课程的主要原因是（　　　）？（多选）

A. 学校/学科需求　　　　　　B. 职业或技能规划

C. 个人兴趣　　　　　　　　D. 其他_____

6. 你接触的网络课程类型主要是（　　　）？（多选）

A. 在线直播/直播回放

B. 录播讲解视频（有教师人像）

C. 讲解音频（无教师人像）

D. 补充链接资料（网页、文章、视频）

E. 其他

7. 你使用网络课程主要用于学习什么内容？（　　　）（多选）

A. 公共课

B. 专业课

C. 考研课程

D. 四六级英语等外语课程

E. 技能考试（会计/证券等）

F. 兴趣课程（手工课/舞蹈课等）

G. 其他_____

第三部分：网络课程学习方式及其具身认知考虑情况

8. 网课学习中，你的状态属于（　　　）？（单选）

A. 专心致志，不受外界干扰

B. 大部分时间能够专心

C. 容易受到外界干扰，需要老师监督

D. 完全进入不了学习状态

9. 网课学习中，当对老师讲解的知识点不感兴趣，你会选择（   ）？（单选）

A. 坚持听下去

B. 边听边与同学网上聊天

C. 边听边查找本课程相关知识的资料

D. 将网课挂着专注干别的事情

10. 网课学习中，哪个因素会促使你参加话题讨论？（   ）（多选）

A. 感兴趣的知识点

B. 有疑问，想解惑

C. 提高平时成绩

D. 逐渐被教师引导而参加讨论

E. 本身喜欢讨论的教学方式

F. 其他_____

11. 当你对老师讲的某个知识点不理解时，你通常采用（   ）？（多选）

A. 发声直接问老师

B. 在群里发文字问老师

C. 在群里发表情包

D. 课后询问老师或同学

E. 自己查资料

F. 点评留言

G. 置之不理

H. 其他_____

12. 网课学习中，老师利用可视化、音乐渲染、视频再现等创设教学情境，对你的学习兴趣影响（   ）？（单选）

A. 非常有效，能活跃思维理解知识

B. 有一定效果，会对知识有大概的印象

C. 一般，就是一个正常的教学行为

D. 没什么效果，网课的情景教学感受不佳

13. 网课学习中，老师适当的语言描绘情境或表演模仿动作会（　　　）。（多选）

A. 帮助更好地理解知识点　　　B. 提高我的注意力

C. 活跃课堂气氛　　　　　　　D. 挖掘学习兴趣

E. 打乱我的思绪　　　　　　　F. 没有影响

14. 你认可"网络学习中，身体动作（如表演、模仿或实战演练）会影响对知识的理解"吗？（　　　）（单选）

A. 认可　　　　　　　　　　　B. 不认可

15. 网课学习中，下面辅助理解知识的教学方式你喜欢哪种？请在选项后面的态度下打"√"。

题目/选项	非常喜欢	比较喜欢	一般	不太喜欢	不喜欢
语言描绘					
展现图片或视频					
实物展示					
实战演练或角色模拟扮演					

第四部分：网络课程优点和缺点、改进与展望

16. 你觉得网络课程与传统课程相比，有哪些优点？（　　　）（多选）

A. 线上课程资源充足

B. 学习成本低

C. 在线交流问题便捷

D. 异地共享名师资源

E. 自由选择时间地方

F. 自主选择感兴趣的课程和老师

G. 其他_____

17. 你认为目前高校的网络课程平台存在哪些问题？（　　）（多选）

A. 受网络影响大，卡顿、掉线常见

B. 手机、平板等设备的功能不齐全

C. 没有学生自我展示平台

D. 没有微信、聊天室、讨论区等交流平台

E. 导航、检索功能不便捷，信息检索不准确

F. 课程监督作用下降，刷课现象普遍

H. 其他_____

18. 网课学习中，你认为师资方面存在哪些问题？（　　）（多选）

A. 部分老师对网课操作不熟悉，上课效率下降

B. 课程没有专门针对网课特点设计，知识吸收不好

C. 部分老师不擅长网络互动，师生交流变少

D. 老师下线快，课后交流解惑减少

E. 没有问题

19. 你觉得高校的网络课程哪些方面需要改进？（　　）（多选）

A. 完善教学意见反馈系统，及时调整教学方案

B. 增加视频、音乐、表演等多手段搭建教学场景，改善学习氛围

C. 师生互动交流，提高师生互动频率，改善上课质量

D. 有效利用图像、声音、虚拟环境呈现教学内容

E. 运用案例型教学，增强学习者身心融合的学习感受

F. 建立实时在线监测系统，构建合理的学习者学习效果评价体系

G. 完善网络课程的硬件，减少网速等客观条件的影响

H. 其他_____

20. 随着 5G 时代的到来，沉浸式电子技术如虚拟现实技术（VR 技术）在教育等领域的应用将愈加广泛。那么，你认为会对高校网络课程的发展有何影响？（　　　）（多选）

A. 教学场景模拟增加，提升体验感

B. 知识还原能力提高，增强知识理解

C. 师生交互模式改进，激发上课激情

D. 没有太大影响

21. 你认为网络课程的发展前景如何？（　　　）（单选）

A. 网课会逐渐成为主流　　　　B. 还是以传统课堂为主

C. 两者齐头并进　　　　　　　D. 不知道

22. 你认为哪类课程更适合开设增加具身（身心融合）的网课？（　　　）（单选）

A. 理论性强的课程　　　　　　B. 学习和研究方法类课程

C. 人文素养类课程　　　　　　D. 实践类课程

附录3 高校网络课程设计调查
（学习者思想观念问卷）

亲爱的同学：

你好！

非常感谢你在百忙之中接受我们的问卷调查。本次调查旨在了解新冠肺炎感染疫情影响下，开展网络课程教学对高校师生思想观念的影响，以便从具身认知的视角，提出加强网络课程建设的建议。本次调查为匿名调查，你的一切信息都将被保密。再次感谢你的参与及配合！

第一部分：基本信息

1. 你的性别是（　　　）？（单选）

A. 男　　　　　　　　　　　　B. 女

2. 你的年级是（　　　）？（单选）

A. 大一　　　　B. 大二　　C. 大三　　　D. 大四

E. 硕士及以上

3. 你的专业属于哪个学科门类？（　　　）（单选）

A. 哲学　　　　　B. 经济学　C. 法学　　　D. 教育学

E. 文学　　　　　F. 历史学　G. 理学　　　H. 工学

I. 农学　　　　　J. 医学　　K. 军事学　L. 管理学

M. 艺术学　　　　N. 其他_____

第二部分：网络课程学习原因和内容

4. 你参与过几门网络课程的学习？（　　　）（单选）

A. 没有参与过　　　　　　　B. 0~2 门

C. 3~5 门　　　　　　　　　D. 6~10 门

E. 10 门以上

【注：以下题目只要求参与过网课的同学回答】

5. 你使用网络课程主要的原因是（　　　）？（多选）

A. 学校/学科需求　　　　　B. 职业或技能规划

C. 个人兴趣　　　　　　　　D. 其他_____

6. 你接触的网络课程类型主要是（　　　）？（多选）

A. 在线直播/直播回放

B. 录播讲解视频（有教师人像）

C. 讲解音频（无教师人像）

D. 补充链接资料（网页、文章、视频）

E. 其他

7. 你使用网络课程主要用于学习什么内容？（　　　）（多选）

A. 公共课

B. 专业课

C. 考研课程

D. 四六级英语等外语课程

E. 技能考试（会计/证券等）

F. 兴趣课程（手工课/舞蹈课等）

G. 其他_____

第三部分：网络课程学习方式及其具身认知考虑情况

8. 网课学习中，你的状态属于（　　　）？（单选）

A. 专心致志，不受外界干扰

B. 大部分时间专注

C. 容易受到外界干扰，需要老师监督

D. 完全进入不了学习状态

9. 网课学习中，当老师讲解的知识点不感兴趣，你会选择（　　　）？（单选）

　　A. 坚持听下去

　　B. 边听，边与同学网上聊天

　　C. 边听边查找本课程相关知识的资料

　　D. 将网课挂着专注干别的事情

10. 网课学习中，哪个因素会促使你参加话题讨论？（　　　）（多选）

　　A. 感兴趣知识点

　　B. 有疑问，想解惑

　　C. 提高平时成绩

　　D. 逐渐被教师引导而参加讨论

　　E. 本身喜欢讨论的教学方式

　　F. 其他_____

11. 当你对老师讲的某个知识点不理解时，你通常采用（　　　）？（多选）

　　A. 发声直接问老师

　　B. 在群里发文字问老师

　　C. 在群里发表情包

　　D. 课后询问老师或同学

　　E. 自己查资料

　　F. 点评留言

　　G. 置之不理

　　H. 其他_____

12. 网课学习中，老师利用可视化、音乐渲染、视频再现等创设教学情境，对你的学习兴趣影响（　　　）？（单选）

　　A. 非常有效，能活跃思维理解知识

　　B. 有一定效果，会对知识有大概的印象

C. 一般，就是一个正常教学行为

D. 没什么效果，网课的情景教学感受不佳

13. 网课学习中，老师适当的语言描绘情境或表演模仿动作会
（　　）？（多选）

A. 帮助更好地理解知识点

B. 提高我的注意力

C. 活跃课堂气氛

D 挖掘学习兴趣

E. 打乱我的思绪

F. 没有影响

14. 你认可"网络学习中，身体动作（如表演模仿或实战演练）
会影响对知识的理解"吗？（　　）（单选）

A. 认可　　　　　　　　　　B. 不认可

15. 网课学习中，下面辅助理解知识的教学方式你喜欢哪种？请
在选项后面的态度下打"√"。

题目/选项	非常喜欢	比较喜欢	一般	不太喜欢	不喜欢
语言描绘					
展现图片或视频					
实物展示					
实战演练或角色模拟扮演					

第四部分：网络课程优点和缺点、改进与展望

16. 你觉得网络课程与传统课程相比，有哪些优点？（　　）（多选）

A. 线上课程资源充足

B. 学习成本低

C. 在线交流问题便捷

D. 异地共享名师资源

E. 自由选择时间地点

F. 自主选择感兴趣的课程和老师

G. 其他_____

17. 你认为目前高校的网络课程平台存在哪些问题？（　　　）（多选）

A. 受网络影响大，卡顿、掉线常见

B. 手机、平板等设备的功能不齐全

C. 没有学生自我展示平台

D. 没有微信、聊天室、讨论区等交流平台

E. 导航、检索功能不便捷，信息检索不准确

F. 课程监督作用下降，刷课现象普遍

H. 其他_____

18. 网课学习中，你认为师资方面存在哪些问题？（　　　）（多选）

A. 部分老师对网课操作不熟悉，上课效率降低

B. 课程没有专门针对网课特点设计，知识吸收不好

C. 部分老师不擅长网络互动，师生交流变少

D. 老师下线快，课后交流解惑减少

E. 没有问题

19. 你觉得高校的网络课程哪些方面需要改进？（　　　）（多选）

A. 完善教学意见反馈系统，及时调整教学方案

B. 增加视频、音乐、表演等多手段搭建教学场景，改善学习氛围

C. 师生互动交流，提高师生互动频率，改善上课质量

D. 有效利用图像、声音、虚拟环境呈现教学内容

E. 运用案例型教学，增强学习者身心融合的学习感受

F. 建立实时在线监测系统，构建合理的学生学习效果评价体系

G. 完善网络课程的硬件，减少网速等客观条件的影响

H. 其他_____

20. 随着 5G 时代的到来，沉浸式电子技术如虚拟现实技术（VR 技术）在教育等领域的应用将愈加广泛。那么，你认为会对高校网络课程的发展有何影响？（　　）（多选）

A. 教学场景模拟增加，提升体验感

B. 知识还原能力提高，增强知识理解

C. 师生交互模式改进，激发上课激情

D. 没有太大影响

21. 你认为网络课程的发展前景如何？（　　）（单选）

A. 网课会逐渐成为主流　　　B. 还是以传统课堂为主

C. 两者齐头并进　　　　　　D. 不知道

22. 你认为哪类课程更适合开设增加具身（身心融合）的网课？（　　）（单选）

A. 理论性强的课程　　　　　B. 学习和研究方法类课程

C. 人文素养类课程　　　　　D. 实践类课程

附录4 高校网络课程设计访谈提纲

第一部分：网络课程的适应性和网络教学态度

1. 受新冠疫情的影响，网络教学成为主流教学方式，您适应这种教学方式吗？您喜欢这种教学方式吗？您喜欢（不适应）主要是因为什么？学生学习状态和学习效果如何？

2. 您认为网络教学有哪些优点？有哪些缺点需要改进？传统课堂有哪些优点值得网络课堂借鉴学习？

3. 使用网络课程教学后，您认为自己的教学观念有哪些比较大的改变？

第二部分：网络课程师资、学生主动性和教学平台存在的问题

4. 针对现有的高校网络课程，您认为哪些因素会限制网课的发展？（例如课程设计规划、师资力量、教学设计方案、教学理念、平台功能、学生学习自主性等方面）

5. 您目前使用的网络课程平台有哪些？网络课程平台有哪些优点？有哪些缺点是您认为需要改进的？（如平台互动功能、布局结构、导航系统实用感觉、平台稳定性、平台管理维护、问题反馈、网络卡顿现象是否常见）

第三部分：网络课程设计及其具身认知考虑情况

6. 您一般按照什么原则进行网络课程的设计？教学内容是如何选取的？（网络课程设计的原则和做法）

7. 网课教学中，您是如何进行教学情境创设的？如何利用网络

技术改善教学情境？（教学情境创设）

8. 网课教学中，您与学生互动的方式有哪些？（师生互动）您如何看待师生互动、教学场景搭设以及身体动作等在网络教学中的作用？

9. 网络课程教学时，您是如何调动学生学习自主性的？怎样挖掘学生潜力？

10. 您认为什么样的授课方式能带动学生主动参与到网络课堂教学中？（例如借助视频展示、肢体语言、提问、复习知识等）

第四部分：具身认知的网络课程设计前景与展望

11. 您是否了解具身教育理念？在以往的教学过程中，您是否曾经有意或者无意进行过类似于具身教育理念指导下的教学活动？

12. 具身教育理念作为传统教育理念的突破，主张身心统一，强调身体在认知和思维中发挥着重要作用，提倡身心融合学习与体验，您认为这种理念是否有可能在网络课程中得到实施？基于这个视角网络课程设计相比传统课程有哪些优势和局限？在网络课程设计和内容选取方面您认为是否有可能通过某些操纵从而达到身心融合的学习效果？如果可以，您认为可以进行哪些操作？如果不可以，您认为是何原因？

13. 在网络课程中，您是否注重发挥学生的主观能动性参与网课互动？如果是，您是采取何种方法的？如果不是，您认为是何原因？

14. 您认为网络平台现有技术手段是否能够有效实现丰富的交互模式？如果是，您认为应该如何实现？如果不是，您认为是何原因导致？您是如何运用网络平台和技术手段有效实现丰富的交互模式，从而提高感官具身体验？

15. 传统课堂中具身认知主要体现为教师的手势或肢体语言可以帮助学生更好地理解学习内容和调动学习积极性。在网络教学中您是否采用配乐、笑话或其他幽默方式、网红表情包、可视化、视频等方式调动学生五官、大脑、肢体，具体是怎么操作的？

16. 您认为可穿戴技术、虚拟现实、增强现实和混合现实技术的引入会给高校网络课程的发展带来什么改变呢？新技术的支撑会给网络课程实现具身教育在哪些方面带来机会呢？新技术的应用也会对传统教学理念产生相应的影响，您觉得高校网课教学理念会有什么改变呢？您是否运用过新技术进行网课教学？效果如何？

17. 您认为网络课程未来的发展前景如何？高校的网络课程设计哪些方面需要改进？身心融合的网络教学理念发展前景如何？实现具身教育的途径有哪些？

18. 您认为哪些课程更适合开展网络教学？（如理论性强的课程、学习和研究方法类课程、人文素养类课程、实践类课程等）哪些网络课程引入具身理念教学效果更好？您有更好的意见和建议吗？

附录5 具身认知视域下高校网络课程设计的实效评价调查问卷

亲爱的同学：

您好！非常感谢您在百忙之中接受我们的问卷调查。本次调查旨在评估具身认知理论下的"数据科学导论"网络课程体系方案设计的合理性、有效性、适应性。您的意见或建议对我们十分宝贵，再次感谢您的参与及配合！

第一部分：基本信息

1. 您是否参与过网络课程学习？（　　　）

A. 是　　　　　　　　　　　B. 否

2. 您主要通过哪个网络课程平台进行课程学习？（　　　）

A. 中国大学 MOOC　　　　　B. 好大学在线

C. 学堂在线　　　　　　　　D. 华文慕课

E. 超星　　　　　　　　　　F. 网易云课堂

G. 其他

第二部分：实效评价

请根据您对本教学方案的真实感受对以下问题进行打分。分值为1~5分，分值越高表示程度越高。如问题1中：1表示"完全没有帮助"；2表示"没有帮助"；3表示"一般"；4表示"帮助较多"；5表示"帮助很多"。

1. 您认为教学方案中课前学情分析对您的帮助程度如何？（1～5分）

2. 您对教学方案中设计的教学内容期待程度？（1～5分）

3. 您认为教学方案中搭建的教学环境（智能教学设备、虚拟情境技术）如何？（1～5分）

4. 您认为教学方案中设计的教学内容间的关联性如何？（1～5分）

5. 您认为教学方案中设计的教学内容新颖性如何？（1～5分）

6. 您认为教学方案中设计的教学内容动手操作性如何？（1～5分）

7. 您认为教学方案中设计的教学内容启发拓展性如何？（1～5分）

8. 您认为教学方案对您的针对性教学程度如何？（1～5分）

9. 您认为教学方案中的互动程度如何？（如提问、学生演示法、小组讨论等）（1～5分）

10. 您认为教学方案中使用到计算机等教学设备或者音视频等教学资源的程度如何？（1～5分）

11. 您认为教学方案吸引您参与到课堂中的程度如何？（自身在课堂中的参与程度）（1～5分）

12. 您认为教学方案能够在具体的教学课堂中营造的课堂气氛如何？（1～5分）

13. 您认为教学方案中的教学内容与您期望的学习内容匹配程度如何？（1～5分）

14. 您认为具体实施本教学方案后能为您带来的收获程度如何？（如主动积极性增强、学习兴趣增强，运用数据采集、挖掘、可视化等技能的能力增强）（1～5分）

15. 您认为教学方案中教学内容对您的创新能力的帮助程度如何？（1～5分）

16. 请您用简短的语言概述"数据科学导论"系列课程的教学方案融合了哪些具身元素？（具身元素是指可以调动学习者心智、身体

全方位参与学习的因素，如情境性教学、AR/VR 技术、师生互动、以实战拉动理论学习等）（文本作答）

17. 请您用简短的语言评价教学方案中用到的具身教学方法？（具身教学方法如多媒体技术、情境性教学、可视化教学、引导性提问、目标驱动等）（文本作答）

18. 请您用简短的语言评价教学方案中的学习动态记录方式（学习动态记录方式如创建群聊、论坛、博客等）（文本作答）

19. 您认为具体实施本教学方案后能给您带来怎样的共情体验感受？（如相较于传统课程，该课程的课堂能够调动您的感官（除视觉、听觉外）、能够增加交流合作、提高动手能力及思考、多渠道了解知识等）（文本作答）

20. 您认为教学方案的内容对您解决实际生活中的问题有什么帮助？（文本作答）

参 考 文 献

一、中文部分

1. 著作类（译著按著者国别拼音顺序排列，其余按作者姓名的拼音顺序排列）

［1］［澳］布里奇·斯托克．科学技术与社会导论［M］．刘立，译．北京：清华大学出版社，2005.

［2］［巴西］保罗·弗莱雷．被压迫者教育学［M］．顾建新，译．上海：华东师范大学出版社，2014.

［3］［丹］伊列雷斯．我们如何学习：全视角学习理论［M］．孙玫璐，译．北京：教育科学出版社，2014.

［4］［丹］约翰尼斯·延森．媒介融合：网络传播、大众传播和人际传播的三重维度［M］．刘君，译．上海：复旦大学出版社，2012.

［5］［德］汉斯－格奥尔格·加达默尔．真理与方法：哲学诠释学的基本特征．上卷［M］．洪汉鼎，译．上海：上海译文出版社，2004.

［6］［德］马丁·海德格尔．形而上学导论［M］．王庆节，译．北京：商务印书馆，2015.

［7］［德］西尔，［荷］戴克斯特拉．教学设计中课程、规划和进程的国际观［M］．任友群，译．北京：教育科技出版社，2009.

［8］［德］雅斯贝尔斯．大学之理念［M］．邱立波，译．上海：

上海人民出版社，2006.

[9]［法］埃德加·莫兰.复杂性理论与教育问题［M］.陈一壮，译.北京：北京大学出版社，2004.

[10]［法］法爱弥尔·涂尔干.教育思想的演进［M］.李康，译.上海：上海人民出版社，2006.

[11]［法］焦尔当.学习的本质［M］.杭零，译.上海：华东师范大学出版社，2015.

[12]［法］莫里斯·梅洛－庞蒂.可见的与不可见的［M］.罗国祥，译.北京：商务印书馆，2007.

[13]［法］涂尔干.涂尔干文集.第7卷［M］.李康，译.北京：商务印书馆，2020.

[14]［荷］山尼·戴克斯特拉.教学设计的国际观.第2册，解决教学设计问题［M］.任友群，译.北京：教育科学出版社，2006.

[15]［加］富兰.变革的力量：透视教育改革［M］.中央教育科学研究所，加拿大多伦多国际学院，译.北京：教育科学出版社，2004.

[16]［加］穆罕默德·艾利，［希］阿维古斯特斯·提森纳克斯.开放和远程学习展望：通过移动学习增加教育机会［M］.王迎，陈海山，侯松岩，译.北京：中央广播电视大学出版社，2015.

[17]［捷］夸美纽斯.大教学论［M］.任钟印，译.武汉：长江文艺出版社，2019.

[18]［美］J. M. 斯伯克特.教育传播与技术研究手册［M］.任友群，译.上海：华东师范大学出版社，2015.

[19]［美］阿兰·柯林斯，理查德·哈尔弗森.技术时代重新思考教育：数字革命与美国的学校教育［M］.陈家刚，程佳铭，译.上海：华东师范大学出版社，2012.

［20］［美］爱德华·李·桑代克. 卓有成效的学习方法：康奈尔大学最受欢迎的学习课［M］. 刘霞, 译. 北京：中国商业出版社, 2015.

［21］［美］戴尔·H. 申克. 学习理论：教育的视角［M］. 韦小满, 译. 南京：江苏教育出版社, 2003.

［22］［美］戴维·H. 乔纳森, 苏珊·M. 兰德. 学习环境的理论基础［M］. 徐世猛, 李洁, 周小勇, 译. 上海：华东师范大学出版社, 2015.

［23］［美］道格拉斯·费舍, 南希·弗雷著. 带着目的教与学［M］. 刘白玉, 包芳, 潘海会, 译. 北京：中国青年出版社, 2014.

［24］［美］多尔, 后现代课程观［M］. 王红宇, 译. 北京：教育科学出版社, 2015.

［25］［美］弗兰克·纽曼, 莱拉·科特瑞亚, 杰米·斯葛瑞. 高等教育的未来：浮言、现实与市场风险［M］. 李沁, 泽. 北京：北京大学出版社, 2012.

［26］［美］弗雷德里克·赫茨伯格. 赫茨伯格的双因素理论［M］. 张湛, 译. 北京：中国人民大学出版社, 2016.

［27］［美］格兰特·威金斯, 杰伊·麦克泰格. 追求理解的教学设计［M］. 闫寒冰, 宋雪莲, 赖平, 译. 上海：华东师范大学出版社, 2016.

［28］［美］格利·格雷戈里. 差异化教学［M］. 赵丽琴, 译. 上海：华东师范大学出版社, 2015.

［29］［美］贾纳斯泽乌斯基, 莫伦达. 教育技术：定义与评析［M］. 程东元, 译. 北京：北京大学出版社, 2010.

［30］［美］杰罗姆·布鲁纳. 布鲁纳教育文化观［M］. 宋文里, 黄小鹏, 译. 北京：首都师范大学出版社, 2011.

［31］［美］杰斯, 詹姆斯, 加瑞特. 用户体验要素：以用户为

中心的产品设计：第2版［M］．范晓燕，译．北京：机械工业出版社，2011.

［32］［美］杰伊·麦克泰格，格兰特·威金斯．让教师学会提问：以基本问题打开学生的理解之门［M］．俎媛媛，译．北京：中国轻工业出版社，2015.

［33］［美］柯蒂斯·邦克．世界是开放的：网络技术如何变革教育［M］．焦建利，译．上海：华东师范大学出版社，2011.

［34］［美］库尔特·考夫卡．格式塔心理学原理［M］．李维，译．北京：北京大学出版社，2010.

［35］［美］莱斯利·莫勒，杰森·B. 休特．无限制的学习：下一代远程教育［M］．王为杰，译．上海：华东师范大学出版社，2015.

［36］［美］赖格卢斯．教学设计的理论与模型：教学理论的新范式．第2卷［M］．裴新宁，郑太年，赵健，译．北京：教育科学出版社，2011.

［37］［美］雷·库兹韦尔．如何创造思维：人类思想所揭示出的奥秘［M］．盛杨燕，译．杭州：浙江人民出版社，2014.

［38］［美］琳达·B. 尼尔森．最佳教学模式的选择与过程控制［M］．魏清华，陈岩，张雅娜，译．广州：华南理工大学出版社，2014.

［39］［美］罗伯特·D. 坦尼森．教学设计的国际观．第1册，理论·研究·模型［M］．任友群，译．北京：教育科学出版社，2005.

［40］［美］罗伯特·米尔斯·加涅．教学设计原理：第五版修订本［M］．王小明，译．上海：华东师范大学出版社，2018.

［41］［美］罗森塔尔，雅各布森．课堂中的皮格马利翁：教师期望与学生智力发展［M］．唐晓杰，崔允漷，译．北京：人民教育

出版社，2020.

　　[42]［美］玛丽·凯·里琪.可见的学习与思维教学：让教学对学生可见，让学习对教师可见［M］.林文静，译.北京：中国青年出版社，2017.

　　[43]［美］迈克尔·富兰.教育变革的新意义［M］.武云斐，译.上海：华东师范大学出版社，2009.

　　[44]［美］尼尔·布朗，斯图尔特·基利.学会提问［M］.吴礼敬，译.北京：机械工业出版社，2013.

　　[45]［美］斯科特·麦奎根.移动学习：引爆互联网学习的革命［M］.王权，肖静，王正林，译.北京：电子工业出版社，2016.

　　[46]［美］汤姆·图丽斯，比尔·艾博特.用户体验度量：收集、分析与呈现：纪念版［M］.周荣刚，秦宪刚，译.北京：电子工业出版社，2020.

　　[47]［美］托马斯·费兹科，约翰·麦克卢尔.教育心理学：课堂决策的整合之路［M］.吴庆麟，译.上海：上海人民出版社，2008.

　　[48]［美］托尼·瓦格纳.教育大未来［M］.余燕，译.海口：南海出版公司，2013.

　　[49]［美］约翰·D.布兰思福特.人是如何学习的：扩展版［M］.程可拉，译.上海：华东师范大学出版社，2012.

　　[50]［美］约翰·杜威.民主主义与教育［M］.陶志琼，译.北京：中国轻工业出版社，2014.

　　[51]［美］朱莉·德克森.认知设计：提升学习体验的艺术：原书第2版［M］.赵雨儿，译.北京：机械工业出版社，2016.

　　[52]［新西兰］约翰·哈蒂.可见的学习：最大程度地促进学习：教师版［M］.金莺莲，洪超，裴新宁，译.北京：教育科学出版社，2015.

［53］［意］玛丽亚·蒙台梭利.童年的秘密［M］.刘莹,译.广州:广东经济出版社,2012.

［54］［英］阿尔弗雷德·诺夫·怀海德.教育的目的［M］.徐汝舟,译.北京:教学设计中课程、规划和进程的国际观·读书·新知三联书店,2014.

［55］［英］雷蒙德·基恩,东尼·博赞.思考的艺术:东尼·博赞传［M］.卜煜婷,译.北京:化学工业出版社,2014.

［56］［英］维克托·迈尔－舍恩伯格,肯尼思·库克耶.与大数据同行:学习和教育的未来［M］.赵中建,张燕南,译.上海:华东师范大学出版社,2014.

［57］岑磊.现代教育技术应用实训［M］.桂林:广西师范大学出版社,2014.

［58］曾广雄.多媒体技术基础与应用［M］.西安:西安电子科技大学出版社,2013.

［59］陈维维.技术生存视域中的学习力［M］.北京:教育科学出版社,2010.

［60］陈伟,丁永红.计算机应用基础［M］.合肥:安徽教育出版社,2019.

［61］陈向东.C#面向对象程序设计案例教程［M］.北京:北京大学出版社,2015.

［62］陈玉琨,田爱丽.慕课与翻转课堂导论［M］.上海:华东师范大学出版社,2014.

［63］程智编.远程教育学教程［M］.广州:暨南大学出版社,2013.

［64］单丽,李萍.教师信息技术应用能力［M］.长春:吉林教育出版社,2013.

［65］单美贤.论教育场中的技术［M］.北京:教育科学出版

社，2011.

　　［66］丁茂文．新课程教学测量与评价：专题突破．综合卷［M］．
成都：四川大学出版社，2010.

　　［67］董奇．心理与教育研究方法［M］．北京：北京师范大学出
版社，2019.

　　［68］董玉琦，解月光，孙启林．信息技术教育国际比较研究
［M］．北京：人民教育出版社，2005.

　　［69］董玉琦．信息技术课程发展研究导论［M］．北京：教育科
学出版社，2013.

　　［70］冯忠良．教学新论：结构化与定向化教学心理学原理
［M］．北京：北京师范大学出版社，2011.

　　［71］傅钢善，裴国永．学科教育实习指南．计算机［M］．西
安：陕西师范大学出版总社有限公司，2012.

　　［72］高文，徐斌艳，吴刚．建构主义教育研究［M］．北京：教
育科学出版社，2008.

　　［73］郭冲辰．技术异化论［M］．吉林：东北大学出版社，
2004.

　　［74］洪延姬．网络课程设计原理与方法［M］．北京：中国宇航
出版社，2003.

　　［75］胡金柱，何婷婷，杨青．计算机基础教程上机指导［M］．
武汉：华中师范大学出版社，2015.

　　［76］黄甫全．现代课程与教学论［M］．北京：人民教育出版
社，2011.

　　［77］黄荣怀，周跃良，王迎．混合式学习的理论与实践［M］．
北京：高等教育出版社，2006.

　　［78］黄显华，霍秉坤．寻找课程论和教科书设计的理论基础
［M］．北京：人民教育出版社，2005.

［79］解月光.信息技术教学应用研究［M］.北京：人民教育出版社，2005.

［80］金振宇.人机交互：用户体验创新的原理［M］.北京：清华大学出版社，2014.

［81］孔凡哲.教科书研究方法与质量保障研究［M］.长春：东北师范大学出版社，2014.

［82］雷体南，王锋.现代教育技术教程［M］.武汉：华中科技大学出版社，2010.

［83］李方平.当代大学生教育心理学研究［M］.长春：东北师范大学出版社，2012.

［84］李红.统计分析软件及应用实验教程［M］.北京：经济科学出版社，2008.

［85］李曼丽.解码MOOC：大规模在线开放课程的教育学考察［M］.北京：清华大学出版社，2013.

［86］李艺.曲式分析基础理论与应用［M］.沈阳：沈阳出版社，2013.

［87］廖哲勋.课程教学改革与教育思想建设［M］.北京：人民教育出版社，2018.

［88］林崇德.我的心理学观：聚焦思维结构的智力理论［M］.北京：商务印书馆，2008.

［89］林勤.思维的跃迁：高阶思维能力的培养及教学方式［M］.上海：华东师范大学出版社，2015.

［90］乜勇，傅钢善，张首军.2017年教育信息化发展研究［M］.西安：西北工业大学出版社，2017.

［91］乜勇，傅钢善，张首军.2018年教育信息化发展研究［M］.西安：西北工业大学出版社，2018.

［92］乜勇，傅钢善，张首军.教育信息化（2019年）理论与实

践［M］.西安：西北工业大学出版社，2019.

　　［93］乜勇，张宝辉，张立国."互联网＋"时代下的技术与教育创新［M］.西安：西安交通大学出版社，2015.

　　［94］乜勇.教育信息化发展研究［M］.西安：西北工业大学出版社，2020.

　　［95］彭文辉.网络教育资源设计与开发课程设计［M］.北京：清华大学出版社，2014.

　　［96］钱旭升.信息技术课程实施的文化取向研究［M］.北京：教育科学出版社，2009.

　　［97］沈书生.信息化教育在行动［M］.上海：上海交通大学出版社，2016.

　　［98］孙智昌.主体相关性：教科书设计的基本原理［M］.北京：教育科学出版社，2011.

　　［99］唐培和，徐奕奕.计算思维：计算学科导论［M］.北京：电子工业出版社，2015.

　　［100］唐斯斯.智慧教育与大数据［M］.北京：科学出版社，2015.

　　［101］汪凤炎，燕良轼，郑红.教育心理学新编［M］.广州：暨南大学出版社，2019.

　　［102］王晨，刘男.互联网＋教育：移动互联网时代的教育大变革［M］.北京：中国经济出版社，2015.

　　［103］王翠萍.高校思想政治理论课教学改革的当代新视野［M］.北京：光明日报出版社，2014.

　　［104］王陆，张敏霞.基于课堂教学行为大数据的课堂观察方法与技术［M］.北京：北京师范大学出版社，2019.

　　［105］王其云，祝智庭，顾小清.教育设计研究［M］.上海：华东师范大学出版社，2016.

［106］王伟，钟绍春．网络学习空间支持下的自主学习研究［M］．长春：吉林大学出版社，2018．

［107］王言根．学会学习：大学生学习引论［M］．北京：教育科学出版社，2008．

［108］王以宁．教学媒体理论与实践［M］．北京：高等教育出版社，2007．

［109］王以宁．信息化教学实用教程［M］．长春：东北师范大学出版社，2013．

［110］王志军．数字音频基础及应用［M］．北京：清华大学出版社，2014．

［111］王珠珠．远程教育项目管理理论与实践［M］．北京：高等教育出版社，2006．

［112］魏忠，顾小清，龚晓阳．云教育理论基础及实验实训应用研究［M］．上海：东华大学出版社，2013．

［113］吴砥，彭娴．教育信息化标准与应用［M］．北京：高等教育出版社，2015．

［114］吴砥．国际教育信息化典型案例．2013～2014［M］．北京：北京师范大学出版社，2014．

［115］谢克仁，彭成．现代教育技术［M］．北京：科学出版社，2012．

［116］谢幼如．网络课程的开发与应用［M］．北京：电子工业出版社，2005．

［117］辛自强．问题解决与知识建构［M］．北京：教育科学出版社，2005．

［118］许志强，邱学军．数字媒体技术导论［M］．北京：中国铁道出版社，2015．

［119］闫寒冰，魏非．中国教育学会教师培训者联盟2017年度

实践案例集 [M].上海：华东师范大学出版社，2019.

[120] 闫寒冰.师范生教育技术 [M].上海：华东师范大学出版社，2012.

[121] 闫寒冰.信息化教学设计与实践 [M].上海：华东师范大学出版社，2020.

[122] 闫寒冰.远程教学设计 [M].上海：华东师范大学出版社，2008.

[123] 闫守轩.课程与教学论：基础、原理与变革 [M].北京：北京师范大学出版社，2015.

[124] 杨卉，冯涛.教师网络研修活动设计方法与技术 [M].北京：北京师范大学出版社，2012.

[125] 杨九民，黄勃.高等学校文科实验中心教学改革的理论与实践 [M].武汉：华中师范大学出版社，2015.

[126] 杨九民，梁林梅.教学系统设计理论与实践 [M].北京：北京大学出版社，2013.

[127] 杨九民，郑旭东.面向教师教育的教学环境与模式创新研究 [M].北京：科学出版社，2013.

[128] 杨开城.以学习活动为中心的教学设计理论：教学设计理论新探索 [M].北京：电子工业出版社，2004.

[129] 杨宗凯，刘建清.信息化环境下教学创新研究与实践 [M].武汉：华中师范大学出版社，2012.

[130] 杨宗凯，吴砥，郑旭东.信息技术与教育融合发展的中国道路 [M].北京：人民教育出版社，2019.

[131] 杨宗凯.教育信息技术创新应用与协同发展 [M].武汉：湖北科学技术出版社，2013.

[132] 杨宗凯.网络教育标准与技术 [M].北京：清华大学出版社，2003.

[133] 叶浩生. 西方心理学理论与流派 [M]. 广州: 广东高等教育出版社, 2004.

[134] 张际平. 计算机与教育: 新技术、新媒体的教育应用与实践创新 [M]. 厦门: 厦门大学出版社, 2012.

[135] 张剑平, 陈仕品, 张家华. 网络学习及其适应性学习支持系统研究 [M]. 北京: 科学出版社, 2010.

[136] 张玲. 系统化教学设计 [M]. 西安: 陕西师范大学出版总社有限公司, 2017.

[137] 张萍. 基于翻转课堂的同伴教学法: 原理·方法·实践 [M]. 北京: 人民邮电出版社, 2017.

[138] 张其志. 教育科学研究法 [M]. 北京: 北京师范大学出版社, 2015.

[139] 张屹, 周平红. 教育技术学研究方法 [M]. 北京: 北京大学出版社, 2020.

[140] 张祖忻, 章伟民, 刘美凤. 教学设计: 原理与应用 [M]. 北京: 高等教育出版社, 2011.

[141] 赵呈领, 万力勇. 教育信息化发展与师范生教育技术能力培养 [M]. 北京: 科学出版社, 2013.

[142] 赵呈领, 王继新. 教育技术的创新、发展与服务 [M]. 武汉: 华中师范大学出版社, 2006.

[143] 赵呈领, 杨琳, 刘清堂. 信息技术与课程整合 [M]. 北京: 北京大学出版社, 2015.

[144] 赵呈领. 多媒体教学资源设计与开发课程设计 [M]. 北京: 清华大学出版社, 2015.

[145] 郑金洲. 基于新课程的课堂教学改革 [M]. 福州: 福建教育出版社, 2003.

[146] 郑旭东, 王继新. 师范生教学技能体验式学习空间设计

与应用实践［M］.武汉：华中师范大学出版社，2013.

［147］郑燕林，李卢一.实用教育技术［M］.北京：科学出版社，2018.

［148］郑燕林，林秀钦.实用教与学技术工具［M］.北京：中央广播电视大学出版社，2015.

［149］郑燕林，郑方林.信息化教学设计与实施［M］.长春：东北师范大学出版社，2020.

［150］郑燕林.PowerPoint 课件制作实用技巧［M］.长春：东北师范大学出版社，2018.

［151］郑燕林.网络教育原理［M］.长春：吉林大学出版社，2011.

［152］钟柏昌，李艺.教育工程学新探［M］.北京：教育科学出版社，2012.

［153］钟启泉.现代课程论：新版［M］.上海：上海教育出版社，2003.

［154］钟绍春.钟绍春论信息技术应用［M］.长春：东北师范大学出版社，2014.

［155］周俊杰，张引琼，张强.信息技术与教学创新［M］.北京：现代出版社，2016.

［156］周蔚.现代远程教育的学习支持服务［M］.北京：中央广播电视大学出版社，2005.

［157］朱世根，龚跃莲.现代教育技术［M］.南昌：江西高校出版社，2015.

［158］祝智庭，沈书生，顾小清.实用信息化教育［M］.北京：教育科学出版社，2008.

［159］祝智庭.教育技术培训教程.教学人员版.中级［M］.北京：北京师范大学出版社，2007.

［160］左明章，刘震编．非线性编辑原理与技术［M］．北京：清华大学出版社，2008.

2. 学位论文类（按作者姓名拼音顺序排列）

［1］陈梅芬．大规模在线课程用户体验与学习动机的关系研究［D］．武汉：华中师范大学，2017.

［2］陈晓慧．关于教育信息化的文化审视［D］．长春：东北师范大学，2005.

［3］党建宁．基于移动社交网络的大学翻转课堂教学模式研究［D］．兰州：西北师范大学，2016.

［4］冯小燕．促进学习投入的移动学习资源画面设计研究［D］．天津：天津师范大学，2018.

［5］贺斌．智慧教育视域中差异化教学模式研究［D］．上海：华东师范大学，2018.

［6］黄俊．布尔迪厄文化再生产理论研究——一种教育社会学的视角［D］．重庆：西南大学，2018.

［7］姜宛彤．以问题解决为导向的微课程设计与组织研究［D］．长春：东北师范大学，2017.

［8］李士平．网络学习环境下基于反馈的元认知干预设计与实证研究［D］．长春：东北师范大学，2018.

［9］梁云真．网络学习空间中协作问题解决学习的交互机制研究［D］．武汉：华中师范大学，2017.

［10］刘斌．教学互动对大学生在线自我调节学习的影响及干预研究［D］．西安：陕西师范大学，2018.

［11］刘林．面向论坛文本的大学生情绪识别研究［D］．武汉：华中师范大学，2016.

［12］刘名卓．网络课程的可用性研究［D］．上海：华东师范大学，2010.

[13] 罗淳. 协作学习中共享任务理解的研究［D］. 上海：华东师范大学，2019.

[14] 骆昌日. 在线学习论坛学习支持服务若干技术研究［D］. 武汉：华中师范大学，2017.

[15] 马芸. 基于 MOOC 的混合式教学促进大学生高阶学习的研究［D］. 长春：东北师范大学，2019.

[16] 钱研. 基于 BCLRHK 模型的大学生个性化在线学习资源推送研究［D］. 长春：东北师范大学，2017.

[17] 阮士桂. 促进信息技术教师课堂数据应用的策略研究［D］. 长春：东北师范大学，2017.

[18] 王春丽. 发展学习者协作能力的设计研究［D］. 上海：华东师范大学，2012.

[19] 王美倩. 具身视域下教育中人与技术关系重构的理论探索［D］. 武汉：华中师范大学，2018.

[20] 王淑英. 学校体育课程体系研究［D］. 石家庄：河北师范大学，2012.

[21] 吴祥恩. TSELC 在线临场感理论框架构建及应用研究［D］. 长春：东北师范大学，2018.

[22] 徐振国. 智慧学习环境中学习画面的情感识别及其应用［D］. 济南：山东师范大学，2019.

[23] 许欢. 国内高校在线课程建设理念演化研究［D］. 重庆：西南大学，2019.

[24] 杨滨. 培养学生问题解决能力的网络"教学空间"应用模式研究［D］. 兰州：西北师范大学，2016.

[25] 杨绪辉. 课程视角下的创客教育探究［D］. 南京：南京师范大学，2016.

[26] 张金龙. 交互视角下高校教师网络培训效果的影响因素研

究〔D〕.重庆：西南大学，2017.

3. 期刊论文类（按作者姓名的拼音顺序排列）

〔1〕安富海.促进深度学习的课堂教学策略研究〔J〕.课程·教材·教法，2014，34（11）：57－62.

〔2〕安涛，李艺，陈巧云.一体化：教育信息化发展的新理念〔J〕.教育科学文摘，2015（2）：95－96.

〔3〕白玲，梁瀛尹，李倩，等.地方医学院校本科专业设置与调整优化实证研究——以桂林医学院为例〔J〕.医学教育管理，2020，6（3）：239－245.

〔4〕陈桂芳.建构主义的抛锚式教学策略在课堂教学中的应用〔J〕.教育理论与实践.C学科版，2005，25（6）：52－53.

〔5〕陈凯泉，李艺.智能代理：网络教学的角色变革趋势〔J〕.现代远程教育研究，2002（2）：30－34，63－64.

〔6〕陈鹏，黄荣怀，张进宝，等.网络课程内容设计与目标设定的一致性研究——以三所高校网院"C语言程序设计"为例〔J〕.中国远程教育，2013（17）：30－37，95－96.

〔7〕陈卫东，席秋玉.基于Claroline平台的网络课程学习社区的模型设计〔J〕.远程教育杂志，2009（5）：46－49.

〔8〕陈向东，曹安琪.为什么没有坚持——一个MOOC学习个案的分析〔J〕.现代远距离教育，2014（2）：9－14.

〔9〕陈向东，李四清.网络环境下的教育知识建构〔J〕.现代远距离教育，2008（5）：21－23.

〔10〕陈向东.网络视频公开课在基础教育中的应用〔J〕.现代远距离教育，2013（3）：16－19.

〔11〕陈兴冶，李曼.面向具身认知的信息技术学科教学模型设计〔J〕.开放教育研究，2020，26（2）：111－119.

〔12〕陈秀芳.提升线上教学学生投入度的探索〔J〕.办公自动

化，2020（13）：37 – 39，55.

［13］董宏建，金慧，秦彩霞，等 . 网络课程中协作学习环境的设计框架研究［J］. 电化教育研究，2012（5）：43 – 47.

［14］范琳，张其云 . 建构主义教学理论与英语教学改革的契合［J］. 外语与外语教学，2003（4）：28 – 32.

［15］范玉，欧阳明，白柯晨 . 基于具身认知理论研究复杂技能学习模式——以网络课程的设计和开发为例［J］. 中国教育技术装备，2018（4）：88 – 90.

［16］葛运红 . 数字经济环境下学分制应用型高校人才培养方案的创新优化［J］. 佳木斯职业学院学报，2020（7）：50 – 51.

［17］顾小清，许哲 . 电子课本何以支持教学方式变革［J］. 现代远距离教育，2013（2）：13 – 20.

［18］顾小清 . 教师专业发展：在线学习共同体的作用［J］. 开放教育研究，2003（2）：39 – 43.

［19］郭建华，邓丽娟 ."互联网＋"背景下地方高校金融专业应用型人才培养模式探析［J］. 高教学刊，2020（22）：142 – 144.

［20］郭伟，左明章 . 高校实验室中的网络非线性编辑系统管理［J］. 中国现代教育装备，2007（8）：29 – 31.

［21］郭文革，沈旭东 . MPOC：大规模私有在线课程的设计与运营［J］. 现代远程教育研究，2015（1）：22 – 32，71.

［22］韩陈冲，李艺 . 与信息技术课程教师谈研究性学习——访南京师范大学李艺教授［J］. 网络科技时代，2006（4）：4 – 6.

［23］何克抗 . 现代教育技术和优质网络课程的设计与开发［J］. 中国电化教育，2004（6）：5 – 11.

［24］何玲，黎加厚 . 促进学生深度学习［J］. 现代教学，2005，（5）：29 – 30.

［25］何婷婷，刘云 . 网络语言研究蓄势待发［J］. 长江学术，

2007（1）：8.

［26］何亚群．多元协同：我国高校气象新工科人才培养机制的路径选择［J］．高教学刊，2020（22）：148 - 150.

［27］侯湖平，张绍良，公云龙，等．基于移动学习模式的慕课课程建设与教学效果评价研究［J］．高教学刊，2020（21）：63 - 65，69.

［28］胡小勇，林晓凡．促进认知迁移的在线学习课程设计与实证研究［J］．中国电化教育，2011（7）：78 - 83.

［29］胡志金．我国网络远程课程十年研究综述［J］．现代远程教育研究，2011（2）：33 - 39.

［30］胡中峰．智慧教学环境下高校教师教学行为交互深度研究［J］．科教文汇（中旬刊），2020（7）：2 - 3.

［31］黄济，王晓燕．历史经验与教学改革——兼评凯洛夫《教育学》的教学论［J］．教育研究，2011（A04）：3 - 9.

［32］贾丽．网络授课环境下教学内容及资源对学习效果影响的探究——以计算机专业相关课程为例［J］．网络安全技术与应用，2020（7）：102 - 103.

［33］贾丽娜，田良臣，王靖，等．具身教学的设计研究——基于身体参与的多通道整合视角［J］．远程教育杂志，2016（1）：82 - 89.

［34］贾义敏，桑新民．MOOCs在教学设计与学习评价中的创新发展——《复杂性导论》网络课程的个案体验研究［J］．教育发展研究，2014（Z1）：103 - 109.

［35］江雅琴，陈艳，劳颖欣，等．具身认知对高职大学生心理健康课程设计的启示［J］．中国培训，2017（18）：52 - 53.

［36］姜大源．论高等职业教育课程的系统化设计——关于工作过程系统化课程开发的解读［J］．中国高教研究，2009（4）：66 - 70.

［37］金慧，刘迪．新媒体联盟《地平线报告》（2016 高等教育版）解读与启示［J］．远程教育杂志，2016（2）：3－10．

［38］金青，杨岩．完课率低引出的网络课程"活动"模块设计研究［J］．黑龙江高教研究，2017（6）：165－168．

［39］金贤．开放在线课程质量评价 CMM 模型应用研究［J］．中国教育信息化，2020（3）：48－51．

［40］兰国帅，李艺．目前教育技术研究问题的哲学深思：纠结与矛盾［J］．现代远距离教育，2018（1）：9－16．

［41］李恒威，盛晓明．认知的具身化［J］．科学学研究，2006，24（2）：184－190．

［42］李恒威，肖家燕．认知的具身观［J］．自然辩证法通讯，2006，28（1）：29－34．

［43］李洪龙，陈佳欣，郑晓宇，等．高校课堂教学质量评价指标体系的构建［J］．中国继续医学教育，2020，12（17）：85－87．

［44］李芒．论教育技术视域中"人与技术"之关系［J］．中国电化教育，2008（7）：11－15．

［45］李学兰，程莹莹．高校基于 SPOC 的翻转课堂 2.0 教学质量评价体系研究［J］．西昌学院学报（社会科学版），2020，32（2）：111－117．

［46］李艺．简论我国综合性远程高等教育系统的构建［J］．江苏广播电视大学学报，2001，12（2）：22－26．

［47］李艺．英美港信息技术课程总结性评价设计比对性调研［J］．现代远程教育研究，2006（3）：11－17，71．

［48］练旭华．老年教育课程具身化设计初探——基于具身认知理论的视角［J］．山西广播电视大学学报，2020（2）：34－40．

［49］林阳，祝智庭．中国网络信息安全教育研究［J］．开放教育研究，2003（6）：37－40．

[50] 刘丽君，熊才平，林利.利用手机短信互动平台实现移动教学实验研究 [J].现代远距离教育，2011（3）：68－72.

[51] 刘敏杰，宋建桐.高职院校教学诊断与改进 [J].汽车实用技术，2020（6）：191－193.

[52] 刘三女牙，杨宗凯，李卿.教育数据伦理：大数据时代教育的新挑战 [J].教育研究，2017（4）：15－20.

[53] 刘霞.基于内容分析法的美国早期学习标准内容探析 [J].学前教育研究，2012（1）：49－59.

[54] 刘永福，李静辉.网络课程在线评价指标体系的设计与实现 [J].中国远程教育，2015（8）：57－63.

[55] 卢强，左明章.哈佛大学教育技术课程教学质性分析：生态学视域 [J].现代远距离教育，2015（2）：74－81.

[56] 陆峰，刘清堂，戴敏利，等.基于 ASP. NET 的网络考试系统若干关键技术研究 [J].教育信息化，2006（9）：40－42.

[57] 马婧.混合教学环境下大学生学习投入影响机制研究——教学行为的视角 [J].中国远程教育，2020（2）：57－67.

[58] 孟伟.如何理解涉身认知 [J].自然辩证法研究，2007，23（12）：75－80.

[59] 潘旭东，丁秀红.小学低年级数学"游园课程"的开发与实践 [J].课程·教材·教法，2019，39（6）：100－106.

[60] 潘长亮，李金芳.基于 AHP 的课程质量模糊综合评价研究 [J].轻工科技，2020，36（5）：196－197.

[61] 齐春微.基于 CIPP 模式的职业教育教学质量监控评价体系研究 [J].国际公关，2020（5）：49－50.

[62] 钱玲，李征.基于记忆原理的大学英语网络课程信息表征设计 [J].中国电化教育，2011（11）：90－94.

[63] 钱万正，李艺.远程教育课程的交互性评价 [J].开放教

育研究，2002（4）：39－40.

[64] 任友群，徐世猛. 开放课程的探索与思考——从学习者、决策者到建设者 [J]. 现代远程教育研究，2013（5）：3－10.

[65] 任友群. 教育工作者既要走进课堂，也要走进实验室 [J]. 上海教育，2014（9）：31.

[66] 任友群. 教育信息化提升高校核心竞争力 [J]. 中国教育信息化：高教职教，2008（11）：15.

[67] 任友群. 教育信息化新阶段高校科学发展的路径选择 [J]. 中国教育信息化：高教职教，2013（1）：24－25.

[68] 任友群. 人工智能何以驱动教育变革 [J]. 教育家，2017（44）：12－13.

[69] 任友群. 上海信息科技课程开发的思路 [J]. 中国科技教育，2018（12）：12－14.

[70] 尚俊杰，张喆，庄绍勇，等. 游戏化网络课程的设计与应用研究 [J]. 远程教育杂志，2012（4）：66－72.

[71] 申静洁，赵呈领，周端云. 培养学生创新能力：基于项目学习理论的创客课程设计研究 [J]. 现代远距离教育，2019（2）：43－51.

[72] 沈书生. 远程教学与集结式教学的融合 [J]. 中国远程教育，2001（6）：18－21，79.

[73] 石兆. 高校在线开放课程质量评价指标体系建设 [J]. 工业和信息化教育，2019（12）：53－57.

[74] 谭萍. 基于微助教和腾讯课堂相结合的在线教学组织与实施 [J]. 计算机教育，2020（7）：42－48.

[75] 田晓. 中国制造2025背景下高职院校内涵建设研究 [J]. 轻工科技，2020，36（7）：203－204，206.

[76] 王超杰. 认知弹性理论与网络课程设计 [J]. 电化教育研

究，2001（4）：57 – 60.

[77] 王继新，郑旭东 . 免费师范生教学模式之重构与探索 ［J］. 高等教育研究，2012，33（10）：40 – 42.

[78] 王靖，陈卫东 . 具身认知视角下的混合式学习本质再审视 ［J］. 远程教育杂志，2016（5）：68 – 74.

[79] 王美倩，郑旭东 . 具身认知与学习环境：教育技术学视野 的理论考察 ［J］. 开放教育研究，2015，21（1）：53 – 61.

[80] 王延平 . 网络课程质量评价体系研究 ［J］. 中国教育技术 装备，2019（20）：37 – 39.

[81] 危静美，唐必成，邱雯 . 基于职业技能竞赛的高职园林类 专业课程教学改革研究与实践——以福建林业职业技术学院为例 ［J］. 黑龙江生态工程职业学院学报，2020，33（4）：138 – 141.

[82] 武滨，左明章 . 回溯与展望技术在教育教学中的角色—— NETP2016 对我国教育信息化建设的启示 ［J］. 现代远距离教育， 2016（4）：64 – 70.

[83] 熊才平，戴红斌，葛军 . 教育技术：研究进展及反思 ［J］. 教育研究，2018（3）：118 – 128.

[84] 熊才平，汪学均 . 教育技术：研究热点及其思考 ［J］. 教 育研究，2015（8）：98 – 108.

[85] 熊志坚，董倩宇 . 高校翻转——混合式教学课程质量综合 评价研究 ［J］. 高教学刊，2020（18）：1 – 6.

[86] 徐学福 . 探究学习的内涵辨析 ［J］. 教育科学，2002，18 （3）：33 – 36.

[87] 闫寒冰 . 远程教学中的 CMC 模式 ［J］. 开放教育研究， 2000（3）：32 – 34.

[88] 闫建璋，朱豆豆 . 深层学习视域下的大学有效教学策略 ［J］. 现代教育管理，2020（5）：116 – 121.

[89] 杨宗凯, 吴砥, 郑旭东. 教育信息化2.0: 新时代信息技术变革教育的关键历史跃迁 [J]. 教育研究, 2018 (4): 16-22.

[90] 杨宗凯, 吴砥. 信息技术推动教育创新发展 [J]. 中国教育科学 (中英文), 2014 (2): 57-91, 56, 233.

[91] 杨宗凯, 杨浩, 吴砥. 论信息技术与当代教育的深度融合 [J]. 教育科学文摘, 2014 (4): 97-98.

[92] 杨宗凯. 从信息化视角展望未来教育 [J]. 电化教育研究, 2017 (6): 5-8.

[93] 杨宗凯. 教育信息化十年发展展望——未来教室、未来学校、未来教师、未来教育 [J]. 中国教育信息化: 高教职教, 2011 (9): 14-15.

[94] 杨宗凯. 努力办好网络教育 促进教育优质均衡发展 [J]. 中小学数字化教学, 2017 (3): 1.

[95] 杨宗凯. 提升信息化领导力 促进高校教育教学创新发展 [J]. 中国教育信息化, 2016 (13): 19-23.

[96] 杨宗凯. 信息化驱动教育督导现代化 [J]. 国家教育行政学院学报, 2017 (7): 3-8.

[97] 叶浩生. 具身认知: 认知心理学的新取向 [J]. 心理科学进展, 2010, 18 (5): 705-710.

[98] 于开莲. 幼儿园社会领域课程目标的国际比较 [J]. 学前教育研究, 2012 (3): 48-51.

[99] 余文森. 论自主、合作、探究学习 [J]. 教育研究, 2004 (11): 27-30, 62.

[100] 袁磊, 张艳丽, 罗刚. 5G时代的教育场景要素变革与应对之策 [J]. 远程教育杂志, 2019, 37 (3): 27-37.

[101] 张翠凤. 电子化学习: 信息时代的产物 [J]. 全球教育展望, 2002, 31 (5): 52-55.

[102] 张红艳. 基于分层目标的网络课程的设计与实现——以"大学计算机基础"网络课程为例 [J]. 中国电化教育, 2013 (4): 95 – 98.

[103] 张际平, 高丹丹. 信息技术与学科课程整合的不同层面分析 [J]. 中国远程教育, 2003 (23): 56 – 60.

[104] 张际平, 高丹丹. 信息技术与学科课程整合的内涵与层面实质分析研究 [J]. 电化教育研究, 2003 (7): 8 – 14.

[105] 张家华, 邹琴, 祝智庭. 学习分析视角下在线学习干预模型应用 [J]. 现代远程教育研究, 2017 (4): 88 – 96.

[106] 张磊, 方正, 王磊, 等. 基于 BP 神经网络的课程质量评价体系研究与应用 [J]. 赤峰学院学报 (自然科学版), 2020, 36 (1): 102 – 104.

[107] 张晓君, 李雅琴, 王浩宇, 等. 认知负荷理论视角下的微课程多媒体课件设计 [J]. 现代教育技术, 2014, 24 (2): 20 – 25.

[108] 张学军, 巩璐云, 董晓辉. 能力本位与项目导向的网络课程设计与应用研究——以"网站设计与开发"课程为例 [J]. 电化教育研究, 2016 (7): 93 – 98, 105.

[109] 张增田, 靳玉乐. 马丁布伯的对话哲学对现代教育的启示 [J]. 高等教育研究, 2004, 25 (2): 24 – 28.

[110] 张真. "互联网 +" 背景下高校语言教学平台的规范管理和创新实践 [J]. 教育现代化, 2020 (26): 104 – 106.

[111] 赵呈领, 黄琰, 疏凤芳, 等. 学习体验视角下在线开放课程质量评价模型研究——以教师研修类课程为例 [J]. 现代远距离教育, 2020 (3): 32 – 41.

[112] 赵呈领, 李敏, 疏凤芳, 等. 在线学习者学习行为模式及其对学习成效的影响——基于网络学习资源视角的实证研究 [J].

现代远距离教育，2020（3）：32-41.

[113] 赵敏，詹玮．基于深度学习算法的教学质量评价系统 [J]．现代电子技术，2020，43（13）：143-146，149.

[114] 赵晓伟，沈书生．在线教育中教师 TPACK 塔式认知层次构建策略 [J]．现代远距离教育，2019（3）：49-55.

[115] 郑旭东，王美倩．从静态预设到动态生成：具身认知视角下学习环境构建的新系统观 [J]．电化教育研究，2016（1）：18-24.

[116] 钟柏昌，付小连，李艺．课程整合的多向度解析 [J]．教育探索，2005（1）：17-18.

[117] 钟柏昌，李艺．社会网络分析在教育研究领域的应用——基于教育类核心期刊刊文的评述 [J]．教育研究，2013（9）：25-32.

[118] 钟柏昌，李艺．信息技术与课程整合的两个研究视角 [J]．江苏广播电视大学学报，2005（1）：23-26.

[119] 朱彩兰，李艺．信息技术课程技能化倾向原因分析与对策研究 [J]．教育探索，2005（3）：20-22.

[120] 朱光燕．现代教育技术在课堂教学运用中的异化问题 [J]．现代远距离教育，2005（4）：38-39.

[121] 祝智庭，管珏琪．教育变革中的技术力量 [J]．中国电化教育，2014（1）：1-9.

[122] 祝智庭，孟琦．从美国博士学位论文元分析看教育技术研究趋向 [J]．电化教育研究，2002（12）：47-50.

[123] 祝智庭，沈德梅．基于大数据的教育技术研究新范式 [J]．电化教育研究，2013（10）：5-13.

[124] 祝智庭．关于教育信息化的技术哲学观透视 [J]．华东师范大学学报（教育科学版），1999（2）：11-20.

[125] 祝智庭．互联网诞生50周年纪念专题："互联网＋教育"

[J]．浙江师范大学学报（社会科学版），2019（4）：1－8．

[126] 祝智庭．教育呼唤数据智慧［J］．人民教育，2018（1）：29－33．

[127] 祝智庭．教育信息化：教育技术的新高地［J］．中国电化教育，2001（2）：4－7．

[128] 祝智庭．世界各国的教育信息化进程［J］．全球教育展望，1999（2）：79－80．

[129] 祝智庭．以全新的信息技术教育理念指导教材编写［J］．中小学信息技术教育，2004（6）：10－12．

[130] 祝智庭．智慧教育：引领教育信息化走向人本主义情怀［J］．现代教育，2016（7）：25－27．

4．报刊及电子文献类（按时间先后顺序排列）

[1] 教育部．教育部关于进一步深化本科教学改革全面提高教学质量的若干意见［EB/OL］．[2007－02－17]．http：//www．moe．gov．cn/srcsite/A08/s7056/200702/t20070217_79865．html．

[2] 教育部．国家中长期教育改革和发展规划纲要［EB/OL］．[2010－07－29]．http：//www．gov．cn/jrzg/2010－07/29/content_1667143．htm．

[3] 教育部．教育信息化十年发展规划（2011～2020 年）［EB/OL］．[2012－03－13]．http：//old．moe．gov．cn//publicfiles/business/htmlfiles/moe/s3342/201203/xxgk_133322．html．

[4] 教育部．教育部关于全面深化课程改革落实立德树人根本任务的意见［EB/OL］．[2014－03－30]．http：//old．moe．gov．cn/publicfiles/business/htmlfiles/moe/s7054/201404/167226．html．

[5] 教育部．教育部关于加强高等学校在线开放课程建设应用与管理的意见［EB/OL］．[2015－04－13]．http：//old．moe．gov．cn/publicfiles/business/htmlfiles/moe/s7056/201504/186490．html．

［6］教育部．教育信息化"十三五"规划［EB/OL］．［2016 -
06 - 07］．http：//www. moe. gov. cn/srcsite/A16/s3342/201606/t20160622_
269367. html.

［7］教育部．教育部关于中央部门所属高校深化教育教学改革
的指导意见［EB/OL］．［2016 - 06 - 13］．http：//www. moe. gov. cn/
srcsite/A08/s7056/201607/t20160718_272133. html.

［8］陈宝生．办好中国特色社会主义教育　以优异成绩迎接党
的十九大胜利召开——2017 年全国教育工作会议工作报告［N］．中
国教育报，2017 - 02 - 07.

［9］教育部．教育信息化 2.0 行动计划［EB/OL］．［2018 - 04 -
13］．http：//www. moe. gov. cn/srcsite/A16/s3342/201804/t20180425 _
334188. html.

［10］教育部．网络学习空间建设与应用指南［EB/OL］．［2018 -
04 - 16］．http：//www. moe. gov. cn/srcsite/A16/s3342/201805/t20180502_
334758. html.

［11］张烁．习近平在全国教育大会上强调：坚持中国特色社会
主义教育发展道路　培养德智体美劳全面发展的社会主义建设者和
接班人［N］．人民日报，2018 - 09 - 11.

［12］人民网．习近平总书记在全国教育大会上的重要讲话引起
热烈反响：全力推动新时代教育工作迈上新台阶［N］．人民日报，
2018 - 09 - 12.

［13］教育部．教育部关于加强网络学习空间建设与应用的指导
意见［EB/OL］．［2018 - 12 - 12］．http：//www. moe. gov. cn/srcsite/
A16/s3342/201901/t20190124_367996. html.

［14］新华社．中共中央办公厅、国务院办公厅印发《加快推进
教育现代化实施方案（2018～2022 年）》［N］．中国教育报，2019 -
02 - 24.

［15］教育部.教育移动互联网应用程序备案管理办法［EB/OL］.［2019 – 11 – 11］. http：//www. moe. gov. cn/srcsite/A16/s3342/201911/t20191122_409333. html.

［16］教育部.教育部关于加强"三个课堂"应用的指导意见［EB/OL］.［2020 – 03 – 03］. http：//old. moe. gov. cn/publicfiles/business/htmlfiles/moe/s7056/201504/186490. html.

二、外文部分（按作者姓名的字母顺序排列）

［1］Alibali M W，Nathan M J. Embodiment in mathematics teaching and learning：Evidence from learners' and teachers' gestures ［J］. Journal of the learning sciences，2012，21（2）：247 – 286.

［2］Amare N. To slideware or not to slideware：Students' experiences with PowerPoint vs. lecture ［J］. Journal of technical writing and communication，2006，36（3）：297 – 308.

［3］Arbib M A，Gasser B，Barrès V. Language is handy but is it embodied? ［J］. Neuropsychologia，2014，55：57 – 70.

［4］Bahnmueller J，Dresler T，Ehlis A C，et al. NIRS in motion—unraveling the neurocognitive underpinnings of embodied numerical cognition ［J］. Frontiers in psychology，2014，5：743.

［5］Bestor A. Future direction of American education ［J］. The Phi Delta Kappan，1954，35（9）：373 – 384.

［6］Bligh D A. What's the Use of Lectures? ［M］. Intellect books，1998.

［7］Borghi A M，Cimatti F. Embodied cognition and beyond：Acting and sensing the body ［J］. Neuropsychologia，2010，48（3）：763 – 773.

［8］Bunce D M，Flens E A，Neiles K Y. How long can students pay attention in class? A study of student attention decline using clickers ［J］.

Journal of Chemical Education, 2010, 87 (12): 1438 – 1443.

［9］Chi M T H, Wylie R. The ICAP framework: Linking cognitive engagement to active learning outcomes ［J］. Educational psychologist, 2014, 49 (4): 219 – 243.

［10］Clark, A. An embodied cognitive science? ［J］. Trends in cognitive sciences, 1999, 3 (9): 345 – 351.

［11］Craig R J, Amernic J H. PowerPoint presentation technology and the dynamics of teaching ［J］. Innovative higher education, 2006, 31 (3): 147 – 160.

［12］Craighero, L, Fadiga, L, Umilta, C A, & Rizzolatti, G. Evidence for visuomotor priming effect ［J］. Neuro Report, 1996, 8: 347 – 349.

［13］De Nooijer J A, Van Gog T, Paas F, et al. Effects of imitating gestures during encoding or during retrieval of novel verbs on children's test performance ［J］. Acta psychologica, 2013, 144 (1): 173 – 179.

［14］Dewey J. Experience and thinking ［M］. Democracy and Education: Free Press, Collier – MacMillan Ltd, 1916: 139 – 151.

［15］Di Pellegrino G, Fadiga L, Fogassi L, et al. Understanding motor events: a neurophysiological study ［J］. Experimental Brain Research, 1992, 91 (1): 176 – 180.

［16］Flood V J, Amar F G, Nemirovsky R, et al. Paying attention to gesture when students talk chemistry: Interactional resources for responsive teaching ［J］. Journal of Chemical Education, 2015, 92 (1): 11 – 22.

［17］Francesconi, D. & Tarozzi, M. Embodied Education: A Convergence of Phenomenological Pedagogy and Embodiment ［M］. Studia Phenominologica, 2012: XII.

[18] Francisco J. Varela, Evan Thompson, Eleanor Rosch. The Embodied Mind: Cognitive Science and Human Experience [M]. The MIT Press, 1992: 172 – 173.

[19] Garland T B, Sanchez C A. Rotational perspective and learning procedural tasks from dynamic media [J]. Computers & Education, 2013, 69: 31 – 37.

[20] Ginsberg L H. Introduction: An overview of rural social work [J]. Social work in rural communities, 1998, 3: 3 – 22.

[21] Glenberg A M, Gutierrez T, Levin J R, et al. Activity and imagined activity can enhance young children's reading comprehension [J]. Journal of educational psychology, 2004, 96 (3): 424.

[22] Glenberg A M, Jaworski B, Rischal M, et al. What brains are for: Action, meaning, and reading comprehension [J]. Reading comprehension strategies: Theories, interventions, and technologies, 2007, 2.

[23] Glenberg A M. What memory is for [J]. Behavioral & Brain Sciences, 1997, 20: 1 – 55.

[24] Goldin – Meadow S, Cook S W, Mitchell Z A. Gesturing gives children new ideas about math [J]. Psychological Science, 2009, 20 (3): 267 – 272.

[25] Good H G. Rise of the History of Education [J]. History of Education Journal, 1959: 2 – 6.

[26] Hauk O, Johnsrude I, Pulvermüller F. Somatotopic representation of action words in human motor and premotor cortex [J]. Neuron, 2004, 41 (2): 301 – 307.

[27] Izatt E, Scholberg K, Kopper R. Neutrino – KAVE: An immersive visualization and fitting tool for neutrino physics education [C]// 2014 IEEE virtual reality (VR). IEEE, 2014: 83 – 84.

［28］ Jeannerod M, Fellous J M, Arbib M A. How do we decipher others' minds ［J］. Who needs emotions: The brain meets the robot, 2005: 147 - 169.

［29］ Johnson - Glenberg M C, Megowan - Romanowicz C, Birchfield D A, et al. Effects of embodied learning and digital platform on the retention of physics content: Centripetal force ［J］. Frontiers in psychology, 2016, 7: 1819.

［30］ Kerawalla L, Petrou M, Scanlon E. Talk Factory: supporting "exploratory talk" around an interactive whiteboard in primary school science plenaries ［J］. Technology, Pedagogy and Education, 2013, 22 (1): 89 - 102.

［31］ Khuwaileh A A. The role of chunks, phrases and body language in understanding co-ordinated academic lectures ［J］. System, 1999, 27 (2): 249 - 260.

［32］ Kilner J M, Lemon R N. What we know currently about mirror neurons ［J］. Current biology, 2013, 23 (23): R1057 - R1062.

［33］ Kirsh, D., & Maglio, P. (1994). On distinguishing epistemic from pragmatic action. Cognitive Science, 18, 513 - 549.

［34］ Koedinger K R, Kim J, Jia J Z, et al. Learning is not a spectator sport: Doing is better than watching for learning from a MOOC ［C］// Proceedings of the second (2015) ACM conference on learning@ scale, 2015: 111 - 120.

［35］ Kosslyn, S. M., Pascual - Leone, A., Felician, O., & Camposano, S. (1999). The role of area 17 in visual imagery: Convergent evidence from PET and rTMS. Science, 284, 167 - 170.

［36］ Kraskov A, Dancause N, Quallo M M, et al. Corticospinal neurons in macaque ventral premotor cortex with mirror properties: a poten-

tial mechanism for action suppression? ［J］. Neuron, 2009, 64 (6):
922 – 930.

［37］ Lakoff G, Johnson M. Philosophy in the Flesh ［M］. New york:
Basic books, 1999.

［38］ Lakoff G, Núñez R. Where mathematics comes from ［M］. New
York: Basic Books, 2000.

［39］ Lelwica, M. M. Embodying Learning: Post – Cartesian Pedago-
gy and the Academic Study of Religion ［J］. Teaching Theology and Reli-
gion, 2009, (2).

［40］ Liu Y. Virtual neurosurgical education for image-guided deep
brain stimulation neurosurgery ［C］//2014 International Conference on Au-
dio, Language and Image Processing. IEEE, 2014: 623 – 626.

［41］ Lujan H L, Dicarlo S E, Baykan Z, et al. How We Learn Too
much teaching, not enough learning: what is the solution? ［J］. 2005.

［42］ Marcin Milkowski. Explaining the Computational Mind ［M］.
The MIT Press, 2013: 4.

［43］ Marjorie Vai&Kristen Sosulski (2016). Essentials of Online
Course Design: A Standards – Based Guide (Second Edition). New York,
N. Y. : Routledge Press. 93.

［44］ Mayer R E, Fiorella L. 12 Principles for Reducing Extraneous
Processing in Multimedia Learning: Coherence, Signaling, Redundancy,
Spatial Contiguity, and Temporal Contiguity Principles ［J］. The Cam-
bridge handbook of multimedia learning, 2014: 279.

［45］ Mayer R E, Moreno R E. Techniques that reduce extraneous
cognitive load and manage intrinsic cognitive load during multimedia learn-
ing ［J］. 2010.

［46］ Osgood – Campbell E. Investigating the educational implications of embodied cognition: A model interdisciplinary inquiry in mind, brain, and education curricula [J]. Mind, Brain, and Education, 2015, 9 (1): 3 - 9.

[47] Parks, B. Death to PowerPoint! [EB/OL]. www. bloomberg. com/bw/articles/2019 - 08 - 30/death-to-powerpoint.

[48] Ping R M, Goldin - Meadow S, Beilock S L. Understanding gesture: Is the listener's motor system involved? [J]. Journal of Experimental Psychology: General, 2014, 143 (1): 195.

[49] Ping R M, Goldin - Meadow S. Hands in the air: Using ungrounded iconic gestures to teach children conservation of quantity [J]. Developmental psychology, 2008, 44 (5): 1277.

[50] Pitt M B, Orlander J D. Bringing mini-chalk talks to the bedside to enhance clinical teaching [J]. Medical education online, 2017, 22 (1): 1 - 7.

[51] Reigeluth, C. M. Instructional Design Theories and Models, Volume II: A new paradigm of instructional theory [M]. Mahwah, NJ: Lawrence Erbium Associates, 1999: 54.

[52] Rizzolatti G, Fadiga L, Gallese V, et al. Premotor cortex and the recognition of motor actions [J]. Cognitive brain research, 1996, 3 (2): 131 - 141.

[53] Roussou M. Examining young learners' activity within interactive virtual environments [C]//Proceedings of the 2004 conference on Interaction design and children: building a community, 2004: 167 - 168.

[54] Ruangrit N. A development of project-based and blended learning activities using social media tools to enhance article writing skills of graduate students at Silpakorn University [C]//Society for Information Technology & Teacher Education InternationalConference. Association for the Advancement

of Computing in Education (AACE), 2013: 996 - 1001.

[55] Scott C L, Harris R J, Rothe A R. Embodied cognition through improvisation improves memory for a dramatic monologue [J]. Discourse Processes, 2001, 31 (3): 293 - 305.

[56] Shapiro L. Embodied cognition [M]. Routledge, 2019.

[57] Shapiro L. Travelling in style from standard cognitive science to embodied cognition [J]. Constructivist, 2011, 7 (3): 231 - 233.

[58] Smith B O. Fundamentals of curriculum development [M]. World Book Co., 1957.

[59] Smith C P, King B, Hoyte J. Learning angles through movement: Critical actions for developing understanding in an embodied activity [J]. The Journal of Mathematical Behavior, 2014, 36: 95 - 108.

[60] Sommerville J A, Woodward A L, Needham A. Action experience alters 3 - month-old infants' perception of others' actions [J]. Cognition, 2005, 96 (1): B1 - B11.

[61] Spencer H. Education: Intellectual, moral, and physical [M]. CW Bardeen, 1894.

[62] Spiro R J. Cognitive flexibility theory: Advanced knowledge acquisition in ill-structureddomains [J]. Center for the Study of Reading Technical Report; no. 441, 1988.

[63] Teplukhin A, Babikov D. Visualization of potential energy function using an isoenergy approach and 3D prototyping [J]. Journal of Chemical Education, 2015, 92 (2): 305 - 309.

[64] Tesone D V, Ricci P. Fourth generation online learning: So far, so fast [C]//Southern Management Association 2003 Meeting, 2003: 402.

[65] Thelen E, Schöner G, Scheier C, et al. The dynamics of em-

bodiment：A field theory of infant perseverative reaching ［J］．Behavioral and brain sciences，2001，24（1）：1 – 34.

［66］Tucker，M.，& Ellis，R.（1998）．On the relations between seen objects and components of potential actions. Journal of Experimental Psychology：Human Perception & Performance，24，830 – 846.

［67］Varela F，Thompson E，Rosch E. The Embodied Mind：Cognitive Science and Human Experience ［J］．1991.

［68］Varela F. J，Thompson E，Rosch E，Kabat – Zinn. The embodied mind：Cognitive science and human experience ［M］．Cambridge，MA：The MIT Press，1991：172 – 173.

［69］Westbury I，Steimer W. Curriculum：A discipline in search of its problems ［J］．The School Review，1971，79（2）：243 – 267.

［70］Wierzbicki M，Drangova M，Guiraudon G，et al. Validation of dynamic heart models obtained using non-linear registration for virtual reality training，planning，and guidance of minimally invasive cardiac surgeries ［J］．Medical Image Analysis，2004，8（3）：387 – 401.

［71］Wilson M. Perceiving imitatible stimuli：consequences of isomorphism between input and output ［J］．Psychological bulletin，2001，127（4）：543.

［72］Wilson M. Six views of embodied cognition ［J］．Psychonomic bulletin & review，2002，9（4）：625 – 636.

［73］Wilson，M. The case for sensorimotor coding in working memory. Psychonomic Bulletin & Review，2001，8：44 – 57.

［74］Wilson，M.，& Emmorey，K.（1997）．A visuospatial "phonological loop" in working memory：Evidence from American Sign Language. Memory & Cognition，25，313 – 320.

［75］Wilson，Robert A.；Foglia，Lucia. Edward N. Zalta （ed.）.

"Embodied Cognition". The Stanford Encyclopedia of Philosophy.

［76］ Winzenried A, Dalgarno B, Tinkler J. The interactive whiteboard: A transitional technology supporting diverse teaching practices ［J］. Australasian Journal of Educational Technology, 2010, 26 (4).

［77］ Yang S J, Gallo D A, Beilock S L. Embodied memory judgments: A case of motor fluency ［J］. Journal of Experimental Psychology: Learning, Memory, and Cognition, 2009, 35 (5): 1359.

［78］ Zwaan R A, Stanfield R A, Yaxley R H. Language comprehenders mentally represent the shapes of objects ［J］. Psychological science, 2002, 13 (2): 168 – 171.

图书在版编目（CIP）数据

基于具身认知的高校网络课程设计研究/杨维东著
. -- 北京：经济科学出版社，2023.9
ISBN 978 - 7 - 5218 - 5239 - 4

Ⅰ.①基…　Ⅱ.①杨…　Ⅲ.①高等学校 - 网络教学 -
教学研究　Ⅳ.①G642

中国国家版本馆 CIP 数据核字（2023）第 192527 号

责任编辑：李　雪　袁　溦
责任校对：刘　昕
责任印制：邱　天

基于具身认知的高校网络课程设计研究

杨维东　著

经济科学出版社出版、发行　新华书店经销

社址：北京市海淀区阜成路甲 28 号　邮编：100142

总编部电话：010 - 88191217　发行部电话：010 - 88191522

网址：www. esp. com. cn

电子邮箱：esp@ esp. com. cn

天猫网店：经济科学出版社旗舰店

网址：http://jjkxcbs. tmall. com

固安华明印业有限公司印装

710 × 1000　16 开　20.25 印张　260000 字

2023 年 9 月第 1 版　2023 年 9 月第 1 次印刷

ISBN 978 - 7 - 5218 - 5239 - 4　定价：100.00 元

（图书出现印装问题，本社负责调换。电话：010 - 88191545）

（版权所有　侵权必究　打击盗版　举报热线：010 - 88191661

QQ：2242791300　营销中心电话：010 - 88191537

电子邮箱：dbts@ esp. com. cn）